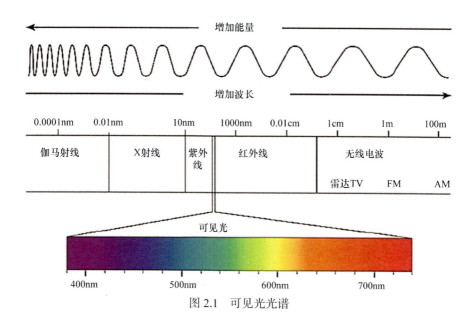

图 2.1 可见光光谱

图 2.4 智能交通系统场景[14]

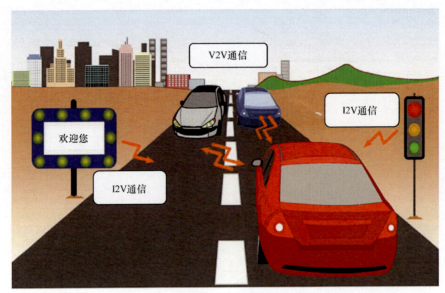

图 2.5 由可见光通信启用的车辆通信的示例

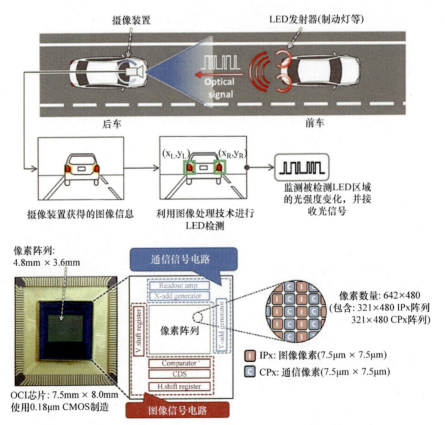

图 2.8 基于 OCI 的 V2V 通信系统（上）及 OCI 结构（下）

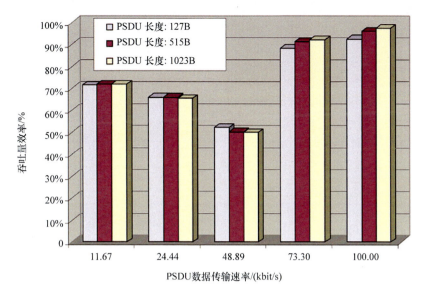

图 2.16   可见光通信系统的吞吐率

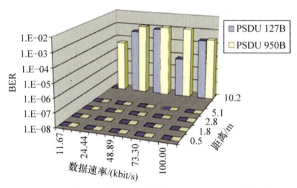

图 2.18   在许多数据速率和距离值和两个有效载荷下
的 BER：127B PSDU，950B PSDU

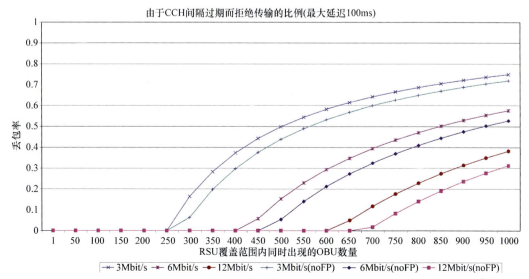

图 3.9   紧急电子制动灯应用中由于控制信道间隔到期而导致的拒绝传输的比例

由于CHH间隔到期而拒绝传输的比例(最大延迟500ms)

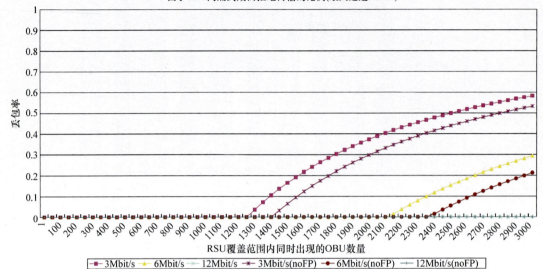

图 3.10　碰撞警告应用中由于控制信道间隔到期而导致的拒绝传输的比例

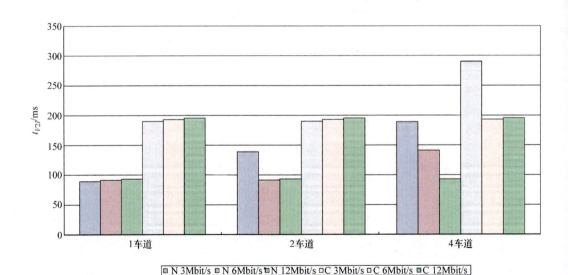

图 3.12　正常交通情况下的上行链路时间（t_{v2i}）的最坏情况（$FP = 0$，$C_r = 750m$）

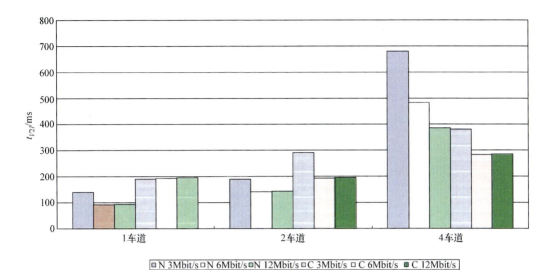

图 3.13 交通拥堵情况下的上行链路时间（t_{V2l}）的最坏情况（$FP = 0$, $C_r = 750\text{m}$）

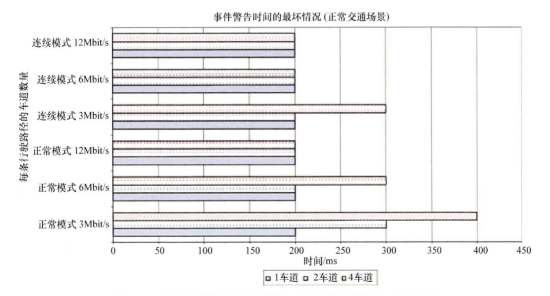

图 3.15 每条车道数量的事件警告时间的最坏情况（正常交通）

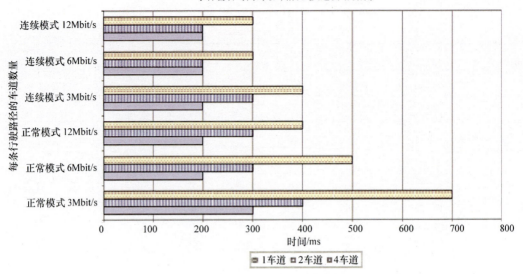

图 3.16　每条车道数量的事件警告时间最坏的情况（交通拥堵）

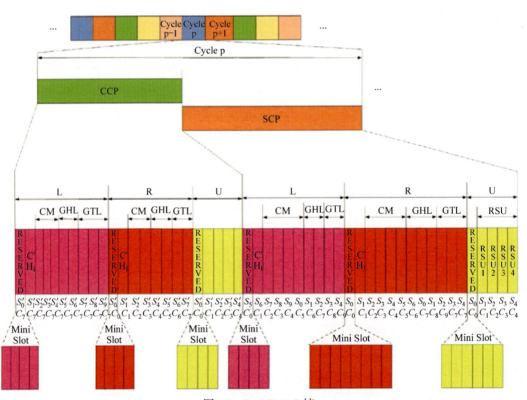

图 6.3　DA-CMAC 帧

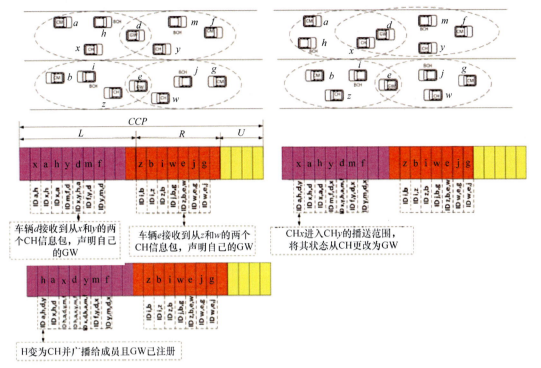

图 6.4　网关车辆和时隙

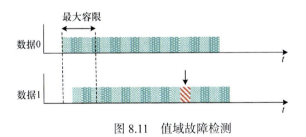

图 8.11　值域故障检测

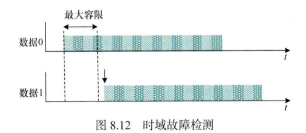

图 8.12　时域故障检测

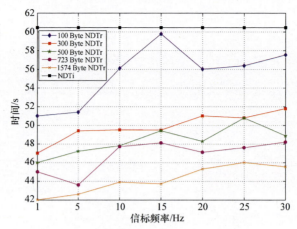

图 9.7　不同信标大小下的 NDTr（30m/s）

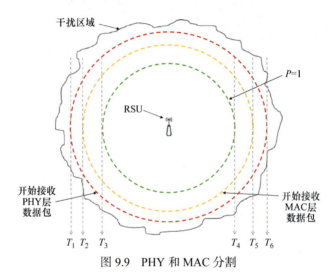

图 9.9　PHY 和 MAC 分割

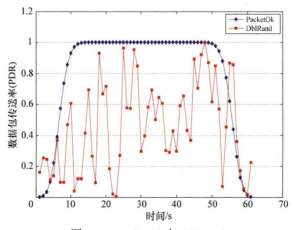

图 9.10　PacketOk 与 DblRand

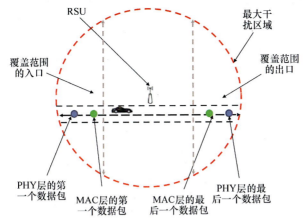

图 9.11 在 PHY 和 MAC 层接收到的第一个和最后一个信标

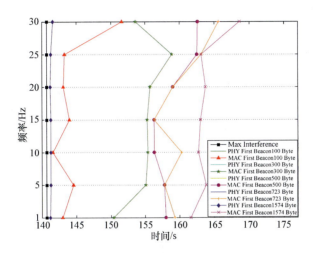

图 9.12 覆盖区入口侧（10m/s）

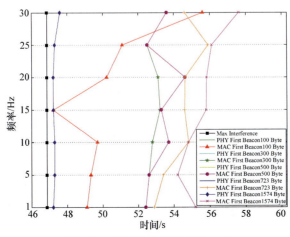

图 9.13 覆盖区入口侧（30m/s）

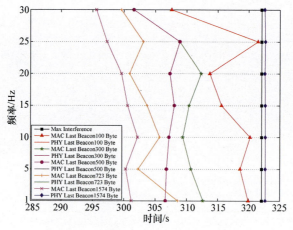

图 9.14　覆盖区的出口侧（10m/s）

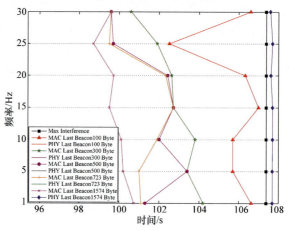

图 9.15　覆盖区的出口侧（30m/s）

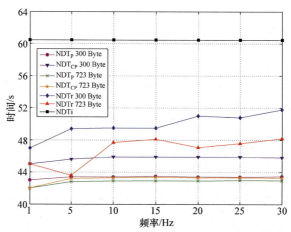

图 9.16　两种信标大小下 NDT_p 与 NDT_{cp}，$NDTr$ 与 $NDTi$ 的比较

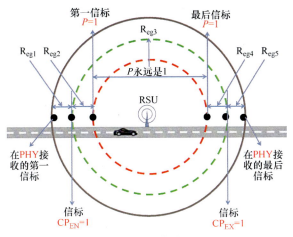

图 9.17 概率分割

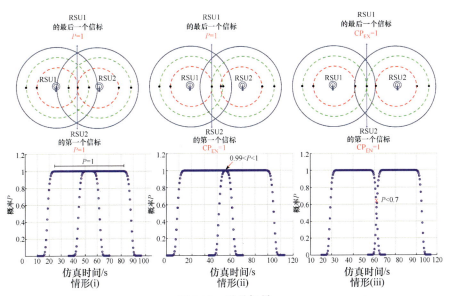

图 9.18 重叠场景

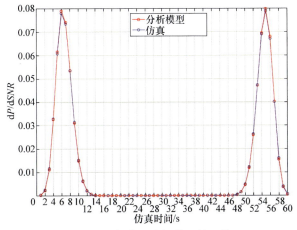

图 9.19 仿真和分析模型的比较

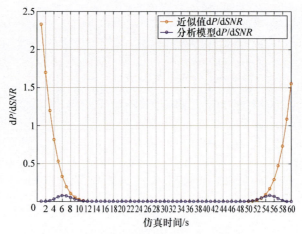

图 9.20　分析模型与近似方法的比较

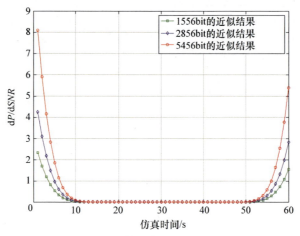

图 9.21　不同数据包长度的近似

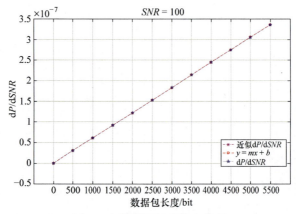

图 9.22　数据包长度的变化率

智能交通先进技术译丛

智能交通系统
提高道路安全的可靠车辆通信

Intelligent Transportation Systems
Dependable Vehicular Communications for Improved Road Safety

穆罕默德·阿拉姆（Muhammad Alam）

[葡萄牙] 若阿金·费雷拉（Joaquim Ferreira）　　编著

若泽·丰塞卡（José Fonseca）

长安大学信息工程学院　组译

惠飞　景首才　贾硕　魏诚　靳少杰　译

机 械 工 业 出 版 社

随着交通系统向着智能化不断发展，信息和通信技术在保障交通的安全、高效和节能，提高车辆舒适度，解决现有的交通瓶颈问题上起到了至关重要的作用。本书以智能交通系统的车载通信网络为主题，提出设计和实现车联网的重要理论和算法。本书概述了与智能交通系统相关的概念、应用与结构；介绍了一种新兴的可见光通信在协同智能交通系统中的应用；针对车载通信网络的不同应用场景和存在的问题，系统地介绍了多种车载网络的通信协议，并针对其应用场景和仿真分析展开讨论；回顾了最新的保障车载网络安全的技术并讨论其发展和应用；提出了一种在基础设施支持下的车载网络容错体系架构；介绍了车辆在相邻路侧单元之间移动时通信的切换技术；为了获得车辆的流体动力学特性，提出了基于异构交通流的数学模型，模型中考虑了车辆之间安全距离和车辆长度变化的微观参数，能够针对不同的路况获取更真实的交通流状况；最后介绍了一个将事故检测算法与多模式警报发布集成于一体的应用程序。

本书适用于智能交通系统和车载通信网络行业相关的研究人员和工程师学习参考，也可作为大专院校公路交通相关专业师生的参考书。

译 者 序

　　智能交通系统在国内和国外正快速发展，使公路交通变得更加安全、高效、节能与舒适。在智能交通领域，集成了电子传感、信息传输、智能控制等先进技术的车载通信系统发挥着至关重要的作用。车载通信系统利用车车、车路通信将人－车－路有机地结合在一起，在交通设施和车辆之间收集和传递有用的信息，为出行者提供更好的出行服务。考虑到交通环境的复杂性和激增的车载数据通信压力，智能交通系统中的车载通信网络不断面临新需求和新发展带来的挑战，迫切需要新技术解决目前遇到的问题。

　　穆罕默德·阿拉姆（Muhammad Alam）、若阿金·费雷拉（Joaquim Ferreira）和若泽·丰塞卡（José Fonseca）三位博士于 2016 年出版了《智能交通系统：提高道路安全的可靠车辆通信》一书。我们抱着严谨的学术态度，在尽可能表达作者原意的情况下，采用通顺易懂的语句翻译了这本书。

　　参与本书翻译的人员有惠飞、景首才、贾硕、魏诚、靳少杰。由于译者水平所限，书中难免有不妥之处，敬请各行业专家和读者朋友批评指正。

惠飞

2022 年 6 月于西安

前　言

交通系统正朝着智能交通系统（Intelligent Transportation Systems，ITS）的方向演变。近年来，我们在日常生活中愈发依赖道路交通，但与此同时也产生了诸多问题，例如，高速公路和城市中心的长期拥堵、能源浪费、二氧化碳排放及其对公共健康的影响，以及频发的交通事故。近期研究表明，将信息和通信技术融入车辆和交通基础设施，将彻底改变我们今天的出行方式。这种技术旨在实现一个在保障道路安全、提升交通效率和加强驾驶辅助方面推动一系列应用和用例的架构。这些应用将允许在车辆之间以及在交通基础设施和车辆之间传播和收集有用的信息，以协助驾驶员安全舒适地行驶。然而，实现车辆与交通基础设施之间可靠、可信赖和实时的通信仍然是一个严峻的挑战，只有解决了这些问题才能实现上述应用。

在理解可靠和实时通信对智能交通的重要性的基础上，本书提出了设计和实现车联网确定性机制的重要理论和算法。本书从基本概念的概述到车载网络可靠实时通信，再到仿真、测试平台及应用演示，内容连贯。本书的独特之处之一是介绍了车载网络的实时和可靠通信技术，这有助于在该领域工作的研究人员、工程师和学生掌握有关方面的知识。本书章节之间的层次关联结构，使读者能够快速掌握从物理层和 MAC 层到应用程序层的可靠实时车载通信的相关概念。

每一章的简要概述如下。

第 1 章介绍了 ITS 的概念、动机和应用。详细介绍了构成欧洲 ITS 通信系统的基本体系架构、通信实体和功能要素。此外，本章还分别对电气与电子工程师协会（IEEE）和欧洲电信标准协会（ETSI）开发的两种主要的车载通信系统协议体系结构进行了说明和比较。最后，对车载通信范围内的可靠实时通信进行了分析。通过引入 IEEE 802. 15. 7 标准，对可见光通信（Visible Light Communication，VLC）的开发给予了特殊考虑，该标准定义了可见光个人区域网（Visible Light Personal Area Networks，VPAN）的物理层和 MAC 层服务。尽管可见光通信的实现和应用仍处于早期阶段，但一些研究团队仍在试图找出利用可见光通信实现高速传输数据和可靠链路的解决方案。

第 2 章主要展示了用于协同智能交通系统的可见光通信。介绍了可见光原型设计的实验研究在智能交通系统方面的应用，以低成本嵌入式系统作为目标平台，开发了基于 IEEE 802.15.7 标准的可见光通信原型系统。

在车联网中，严格的实时性和安全保障通常难以实现，由于分布式算法的响应时间与系统动态性不兼容，在高速移动场景中更难保证实时性与安全性。除此之外，在某些场景中，IEEE 802.11p MAC 协议可能具有不确定性，可能会导致不安全的状况，因而需要一个实时、稳定和安全的可靠通信基础设施来支持安全事件的检测和安全警告的发布。

第 3 章提出了一种确定性 MAC 协议，即车辆弹性时长触发（Vehicular Flexible Time – Triggered，V – FTT）协议，它采用一主多从时分多址（Time Division Multiple Access，TDMA），其中路侧单元（Road – Side Unit，RSU）作为主控单元来调度车载单元（On – Board Unit，OBU）的传输。其提出通过量化高速公路中的基础设施部署而分析提出了 V – FTT 协议，特别是定义了单个路侧单元的一般性覆盖范围以及两者之间的间距。

在第 4 章中对车载网络的 MAC 协议进行了全面的介绍，特别是针对基于基础设施 STDMA 的确定性协议。此外，还提出了一种基于 V – FTT 协议的无线车载通信安全信息调度协议。

第 5 章对基于 IEEE 802.11p/WAVE 标准的 MAC 协议的有效性进行了全面的研究，以及时地传递安全消息。还介绍了基于基础设施的 MAC 协议的诸多方面，以及在特定场景中安全核心消息所需的详细特性和有限时延的 MAC 协议。除了 V2I 或 I2V 通信，在某些情况下，还需要完全依赖 V2V 通信来传播安全消息。因此，本章还提出了一种适用于无法访问基础设施或不在路侧单元覆盖范围内的信息传输方法。

在第 6 章中提出了一种基于方向感知簇的车辆自组织网络（Vehicular Ad – Hoc Networks，VANET）多信道 MAC 协议，在该协议中，反向行驶的车辆可能会导致较短的通信周期。本章详细阐述了如何建立簇，如何根据连接的相邻节点个数、平均速度偏差和相邻节点与自身平均距离的资格函数选择簇头节点。本章还介绍了基于方向的集群和多信道介质访问控制（Direction – Based Clustering and Multi – Channel Medium Access Control，DA – CMAC）协议，该协议旨在通过按移动方向将时隙分为两组来减少信道中的访问和合并冲突。

第 7 章介绍了关于可预测车联网的工作，以提供可靠性和可预测性。本章展示了用于无线移动自组织网络的 MAC 协议如何从定时故障和消息冲突中恢复，并且在不需要外部参考的情况下以分时的方式提供可预测的调度表。此外，还介绍了移动自组织网络和车联网如何模拟虚拟节点以及使用组通信来模拟复制状态机。由于高速移动和高密度的车辆环境，车联网经常面临可扩展性问题。这导致了端到端之间的高延迟和高丢包率，削弱了车辆通信的可靠性。

第 8 章提出了一种容错架构，以提高基于基础设施的车联网的可靠性。路侧单元和回传网络的存在增加了一定程度的确定性，可通过提供全局知识和支持无冲突确定性 MAC 协议的运行来增强实时性和可靠性。

第 9 章探讨并提出了在 VANET 环境中提供无缝连接和可靠通信所需的主动切换技术的发展。本章还对各种切换机制的分类进行了介绍，并基于累积概率提出了一种新的切换过程模型。此外，还提供了仿真和分析模型的结果，并部署一个原型以进一步探索与切换过程相关的问题。

第 10 章介绍了实际道路条件下对车联网的相关研究，提出了一种考虑微观参数的数学模型。该模型能够捕捉到诸如交通信号灯和道路交通事故等道路约束条件对交通流量的影响，证明了如何利用在道路上行驶的车辆的微观和宏观特性来改善车辆的连通性动力学。

eCall 是欧盟发起的一项倡议，旨在为事故地点提供快速紧急援助。因而，在第 11 章介绍了如何通过使用以蜂窝网络和 IEEE 802.11p（ITS – G5）作为通信介质的 Android 手机来实现 eCall，提出该系统的主要目的是加快传统车辆中 eCall 和事故检测机制的集成和实施。此外，此项工作还为 eCall 的实现提供了一种经济、高效且可移植的解决方案，并对事故和翻车检测有关的实验结果进行了说明和讨论。

最后，我们衷心感谢 Springer 出版社给了我们这次机会，并在本书的编写过程中为我们提供宝贵的支持。我们还要感谢葡萄牙 Aveiro 大学的嵌入式系统小组的撰稿人、审稿人和成员，感谢他们提供宝贵的时间和意见，并帮助我们审阅了本书的内容。

编　者

目　录

第1章
智能交通系统概论

摘要

交通系统在现代生活中具有重要地位，近年来在该领域进行的大量研究表明，有效的车载通信技术可以显著提高出行效率，减少交通事故并提高安全性，减轻交通拥堵的影响。基于此设计了智能交通系统（ITS）。本章阐述了本书的基本概念和背景，对智能交通系统及其应用进行了概述，对车载通信进行简要讨论，同时阐述了 ITS 领域中的分布式实时系统可靠性的相关概念。

1.1 协同智能交通系统

交通是人类社会的基础，它使得人、动物和货物从一处移动到另外一处。从最早的驯养动物和手推车到现代的汽车和飞机，交通工具和基础设施一直在不断发展，对我们的社会、经济和环境产生越来越大的影响。

在过去的几十年中，车辆的数量和密度显著增加，尤其是道路交通。这导致交通事故和交通拥堵的增加，给经济、环境和人民生活质量带来了负面影响[20]。根据世界卫生组织（WHO）的统计，2015 年道路交通伤害是导致 15～29 岁年轻人死亡的主要原因，也是全球第九大死亡原因。预测显示，到 2030 年，与道路伤害相关的死亡将成为全球第七大死亡原因（图 1.1）[21]。

尽管大多数国家都存在规范交通的条例、法规和方法（例如交通标志、交通信号灯），但这些都已过时，无法应对车辆密度的增长。这一问题在巴西和印度等发展中国家尤为严重[18,20]。新道路和基础设施的建设和扩建可以缓解部分现存问题，但是，此类方案无法从根本上解决问题，并且由于需要大量的经济投资和土地投入，因此无法做到可持续发展。科学界和政府组织正在寻求新的解决方案，以提高交通安全和交通效率。

1.1.1 综述

科技的发展，特别是计算机科学与通信网络技术的进步，为交通管理的新措施和新应用铺平了道路。智能交通系统（ITS）包括一系列这类新应用，目前正受到政府组织和科学界的激烈讨论和研究。最初的 ITS 概念是由美国在 20 世纪提出的，

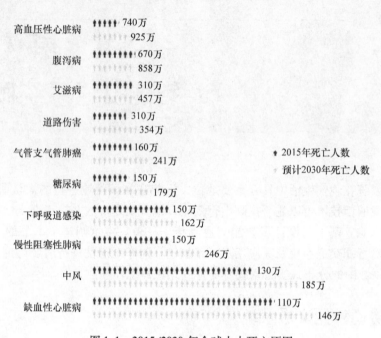

图 1.1   2015/2030 年全球十大死亡原因

在世界范围内，尤其是在美国、日本和欧盟（EU）[1]，ITS 都已成为研究和开发热点。尽管 ITS 可能涉及所有交通方式，但欧盟定义了其在公路交通领域的应用[11]。

ITS 集成了信息和通信技术（ICT），并将其应用于交通运输部门[10]。这些系统从部署在车辆和基础设施中的传感器和设备中收集数据，并提供有利于改善现有交通系统的服务，使其更加高效、可持续、安全和环保。目前智能交通系统已经部署在诸如车辆高级驾驶辅助系统（Advanced Driver Assistance Systems，ADAS）、电子收费系统和交通信息系统中，并且能够在应用市场发现其诸多应用。

但是，诸如上述系统的第一代 ITS 是独立的，即它们不能进行数据共享，彼此之间也不能展开合作。当前，研究人员着眼于研究 ITS 的新子系统，参与主体可以利用彼此之间的通信和信息共享来协助或促进工作的完成。此子系统称为协同智能交通系统（Cooperative Intelligent Transportation Systems，C‑ITS），旨在通过参与主体之间的通信和协作，提高独立系统的安全性、可持续性、效率和舒适性。交换的信息类型包括交通拥堵、事故和道路危险等相关信息[14]。

为了交换信息并增加 ITS 服务和应用程序的优势，协同智能交通系统依赖于 V2V、V2I、I2V 和 I2I 通信。部署在车辆和基础设施中的特殊设备，利用诸如专用短程通信（Dedicated Short‑Range Communications，DSRC）之类的技术来实现上述交互，这些技术概要在 1.2 节中进行介绍。

1.1.2　应用

近期研究结果表明，将信息和通信技术与交通基础设施和车辆相结合，将彻底改变我们今天的出行方式。实施这些技术的目的是在道路安全、交通效率和驾驶协助领域激发一系列应用和用例。虽然这些应用允许在车辆之间以及在交通基础设施和车辆之间传递和收集有用的信息，以协助驾驶员安全舒适地驾驶，但为了成功实施这些应用，仍然需要付出很多努力。

利用协同智能交通系统（C–ITS）参与主体的通信功能，可以开发新的服务和应用程序，这些服务和应用可以通过收集和共享不同类型的信息来提高现代交通系统的安全性、通行效率和舒适性。如图1.2所示，发生碰撞的车辆可以通过V2V通信立即向附近的所有车辆发送警报消息，收到此消息后，每辆车确定出最恰当的响应，例如警告驾驶员或进行规避操作。若车辆在路侧单元范围内，则这些车辆能够将事件及其发生的位置报告给中央系统，并提醒有关责任部门采取适当措施，例如提供必要的应急措施。

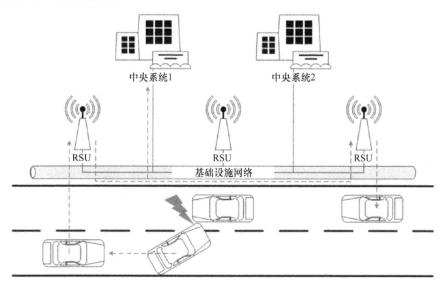

图1.2　C–ITS协作

此外，路侧单元可以监视和广播有关当前交通密度的信息，并为邻近地区的车辆提供替代路线，以避免拥堵，从而提高交通效率。

除了一些基础用例场景之外，还可以想象许多利用C–ITS进行通信的具有挑战性的场景和应用。欧洲电信标准协会（ETSI）EN 302 665标准定义了"基本应用程序集"（Basic Set of Applications, BSA），它由三个主要应用程序类别组成[3,9]：

- 道路/交通安全
- 交通效率

● 其他应用（增值）

1.1.2.1 道路/交通安全应用

交通安全应用旨在降低发生车祸的风险，并最大限度地减轻不可避免的事故造成的损害。由于其性质和重要性，对这些应用提出了最严苛的要求，需要专用的可靠硬件以及可靠实时的通信。这些应用程序包括协同感知应用程序，例如车头时距管理、车道偏离警告和速度管理，以及危险警告应用，例如危险和恶劣天气监测。

交通安全应用强烈依赖于两类安全信息的交换，这两类信息已由 ETSI 进行了标准化：

● 协同感知信息（Cooperative Awareness Message，CAM）

● 分散环境通知信息（Decentralized Environmental Notification Message，DENM）

协同感知信息是时间触发的位置信息，负责在 ITS 网络中的 ITS 站点之间产生和维持感知。协同感知信息中包含产生该信息的车辆或站点的状态和属性信息，这些信息打包后生成的信息会定时发布到一个期望能与当前车辆或站点相邻的 ITS 站点，从而在系统中产生感知。协同感知信息的内容取决于车辆的类型。状态信息包括位置、时间、移动状态等，而属性信息表示站点的属性，例如车辆类型、尺寸、在道路交通中的作用等。因此，通过接收协同感知信息，每个 ITS 站点都可以了解其他邻域的站点及其位置、移动状态、基本属性和基本传感器信息。

ETSI 标准定义的另一类信息类型是基于事件驱动的分散环境通知信息（Decentralized Environmental Notification Messages，DENM），主要由协同道路危险警告（Cooperative Road Hazard Warning，CRHW）应用程序使用，以便向用户警告道路检测到的事件。通过 V2V/I2V/V2I 通信，在车辆 ITS 站点和路侧 ITS 站点之间广播包括有用的主动道路安全信息的分散环境通知信息。例如，路侧 ITS 站点可以从车辆 ITS 站点收集广播的信息，对该信息进行处理并将其转发到中央 ITS 站，从而提高交通效率并改善交通管理。

协同感知信息和分散环境通知信息都被广播到特定区域内的车辆。对于协同感知信息，该区域通常对应紧邻的区域；而对于分散环境通知信息，通常是受通知事件潜在影响的区域（可能跨越几百米）。表 1.1 中描述了协同感知信息和分散环境通知信息的主要要求。在美国，IEEE 和 SAE 也对等效信息类型进行了标准化。

表 1.1　C－ITS 交通安全信息需求

类型	频率	最高延迟	平均值	长度	应用案例
协同感知信息（CAM）	1～10Hz	100ms	300m～20km	最大800B	● 紧急情况车辆预警 ● 碰撞风险预警
分散环境通知信息（DENM）	—	100ms	300m～20km	一般短于 CAM	● 信号违规预警 ● 危险场所

1.1.2.2 交通效率应用

交通效率应用的主要目标是通过减少出行时间和减轻交通拥堵来改善交通流动性，也可以获得间接的经济效益和环境效益，这些应用程序通常通过路侧基础设施向用户提供交通信息。交通效率应用程序包括城市间交通效率应用，例如自适应电子交通标志和路线引导与导航服务；城市交通效率应用，例如交通流优化服务；货运/车队应用，例如危险品车辆的管理。

尽管这些应用没有对延迟和可靠性提出严格要求，但是随着延迟和丢包率的增加，其质量也会降低。表 1.2 中描述了此类应用程序的通用要求。

表 1.2 C–ITS 交通效率应用需求

	频率	最大延迟	平均值	应用案例
交通效率应用	1 ~ 10Hz	200ms	300m ~ 5km	• 交叉路口管理 • 最优速度警报

1.1.2.3 增值应用

增值应用程序为用户提供了舒适便捷的应用程序，包括信息娱乐、旅行信息、行程计划、互联网访问等。虽然这些应用程序的需求高度依赖于应用程序类型，但是一般应用程序可以在一定程度上容忍较长延迟，并且偶尔可能需要高数据吞吐量。表 1.3 中描述了信息娱乐应用的典型要求。

表 1.3 C–ITS 增值娱乐需求

	最小频率	最大延迟	平均值	应用案例
增值应用	1 ~ 10Hz	200ms	300m ~ 5km	• 媒体下载 • 邮件

1.1.3 结构

1.1.3.1 子系统

从文献 [8] 中可知，C–ITS 中有以下四种类型的通信实体（子系统）（图 1.3）：

• 个人：通过个人用户设备（例如具有导航应用的智能手机）提供对 ITS 应用程序的访问。

• 车辆：承载 ITS 应用程序的车载设备［车载单元（OBU）］。这些应用程序可以收集有关车辆及其环境的信息，接收和/或向驾驶员提供信息，在紧急情况下部分或完全控制车辆。

• 中枢：由负责 ITS 不同应用的实体操作的设备，用以维护、监视 ITS 应用程序并为其提供相应功能。

• 路侧：沿路安装了承载 ITS 应用的设施［路侧单元（RSU）］。这些应用程

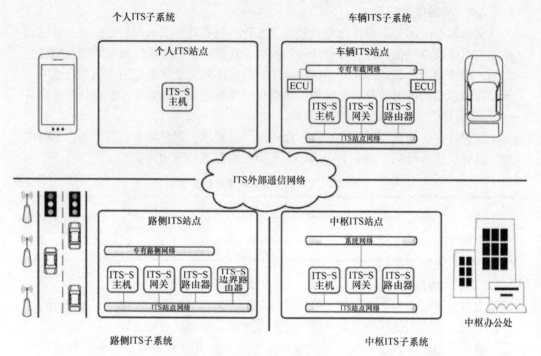

图 1.3　欧洲 ITS 通信子系统

序可以收集有关交通流量和道路环境（例如天气）的信息，控制路侧设备（例如交通信号），并与车辆的 ITS 子系统进行通信以提供/收集信息。

所有 ITS 子系统都建立在相同的参考体系结构上，即每个子系统都有一个 ITS 站点（ITS－S）作为核心组件。ITS－S 承载不同的 ITS 应用程序，并与子系统内的其他组件和其他 ITS－S 通信。例如，车辆的 ITS 子系统可以由车辆 ITS－S 及其传感器和电子控制单元（Electronic Control Unit，ECU）的车载网络组成，而路侧的 ITS 子系统可以由路侧 ITS－S 和路侧传感器、摄像头、路标和信号组成。ITS 站点可以通过通信网络进行互联，该通信网络通常由中枢网络和大量的边缘访问网络组成。ITS 站点之间的通信应该是无缝的，并且与子系统的类型无关[8]。

ITS 站点的架构遵循用于分层通信协议的 OSI 模型[13]原理，并扩展到包括它的应用。ITS－S 参考架构如图 1.4 所示。

在 ITS－S 架构中，OSI 第 1 层和第 2 层的功能由"访问"层表示，第 3 层和第 4 层由"网络和传输"层表示，第 5 层、第 6 层和第 7 层由"设备"层表示。

"应用程序"层代表 ITS－S 应用程序，这些应用程序可以使用来自其他层的服务连接到其他 ITS－S 应用程序。ITS 应用程序是两个或多个 ITS－S 应用程序互补关联的产物，它为 ITS 用户提供 ITS 服务。

"管理"模块负责管理 ITS 站内的通信，而"安全"实体提供安全服务。

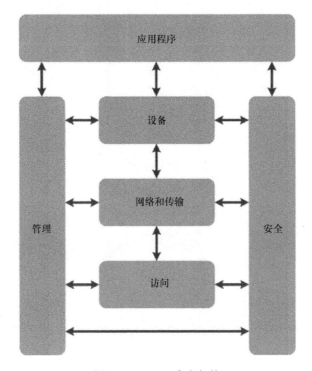

图 1.4　ITS‑S 参考架构

ITS‑S 包含以下组件：

● ITS 站点主机：通过个人用户设备（例如带有导航应用的智能手机）提供对 ITS 应用程序的访问。

● ITS 站点网关：ITS‑S 网关在第 5 层到第 7 层互联两个不同的 OSI 协议栈，并能够转换协议，它们提供与外部专有网络（例如车载网络）的连接。

● ITS 站点路由器：ITS‑S 路由器将两个不同的 ITS 协议栈互联在第 3 层，并能够转换协议，它们提供与其他 ITS‑S 的连接（例如车辆 ITS‑S 和路侧 ITS‑S）。

● ITS 站点边界路由器：ITS‑S 边界路由器几乎提供与 ITS‑S 路由器相同的功能，不同之处在于外部网络可能不支持与 ITS 相同的管理和安全策略。

1.1.3.2　网络

ITS 站点之间依靠通信网络进行通信和协作。C‑ITS 的网络体系架构由内部和外部网络组成。外部网络将 ITS 站点互联（例如车辆 ITS‑S 到路侧 ITS‑S），或者将 ITS 站点连接到其他网络实体（例如互联网中的服务器）。内部网络将 ITS‑S 组件互联（例如 ITS‑S 主机和 ITS‑S 网关）。图 1.5 描述了 C‑ITS 上最相关的外部网络类型[8]。

ITS 自组织网络可通过短距离无线技术在车辆、路侧和个人 ITS 站点之间进行直接通信，这类网络不需要协调实体即可实现较好的移动性和灵活性。典型的 ITS

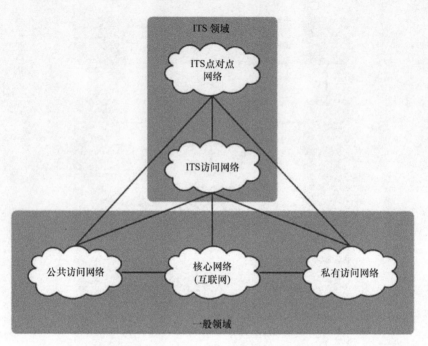

图 1.5　C – ITS 外部网络

自组织网络是通过 IEEE 802.11p 无线技术使车辆和路侧 ITS 站点互联的网络。

ITS 访问网络是专用的，通常由私营道路运营商部署，提供对特定 ITS 服务和应用程序的访问，并且可以将路侧 ITS 站点进行互联。车辆 ITS 站点可以通过互联的路侧 ITS 站点相互通信，而无需使用自组织网络。例如，ITS 访问网络可以将高速公路中的路侧 ITS 站点与中央 ITS 站点（例如道路交通管理中心）连接起来。

公共访问网络，即提供对公共开放的通用网络的访问。例如 LTE 网络，它为车辆的 ITS – S 提供互联网访问。专用访问网络为一组受限的用户提供数据服务以及对另一个网络的安全访问。例如，专用访问网络可以将车辆 ITS 站点连接到公司的内部网。

除上述网络外，ITS 站点还可以连接到专有的本地网络。例如，车辆 ITS – S 可以通过 ITS – S 网关连接到车载 CAN 网络（图 1.3）。尽管车辆和基础设施之间的通信已被高度重视，但与这些专有网络的通信却很少受到关注[17]。

每个不同的网络都至少支持一个 C – ITS 用例（例如道路安全、交通效率、信息娱乐、业务应用等），然而，一个单一的网络不能满足所有应用程序的所有要求，因此，多个网络的组合，包括多个 ITS 接入和网络技术，是我们所预期的。

虽然 ITS 站点之间可能会进行通信组合，但整个 ITS 环境仍然非常重视 ITS – S 之间的直接通信[9]：

- 从车辆 ITS – S 到另一车辆 ITS – S（车对车，V2V）

- 从车辆到路侧的 ITS – S（车辆到基础设施，V2I）
- 从路侧到车辆的 ITS – S（基础设施到车辆，I2V）

1.2　车辆通信标准

车载通信是智能交通系统的重要研究领域。ITS 需要车辆之间以及车辆与路侧基础设施之间进行无线通信。与车辆单独工作的情况相比，车辆通信系统可以更有效地预防道路交通事故。这是由于当车辆和路侧站点有关于其他站点的可用信息（如位置、速度及逆向行驶）时，彼此之间可以互相合作。此类安全应用程序的一个示例是，如果事故附近的所有其他节点都发布了有关第一次碰撞的信息，则可以避免发生连锁碰撞。

专用短程通信（Dedicated Short – Range Communications，DSRC）是一种无线技术，旨在支持基于 V2V 和 V2I 通信的各种应用。DSRC 系统支持的车载通信在5.9GHz 预留频谱中运行，最大范围约为 1000m。车载通信系统有两种主要的协议体系结构，一种是由电气电子工程师协会（IEEE）开发的，另一种是由欧洲电信标准协会（ETSI）开发的，如图 1.6 所示。

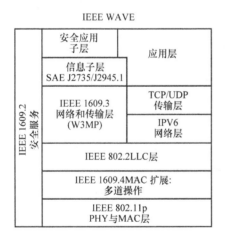
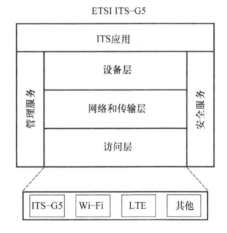

图 1.6　IEEE WAVE 和 ETSI ITS – G5 协议栈

在美国，该协议栈被称为车载环境中的 IEEE WAVE（Wireless Access in Vehicular Environments），而在欧洲，其被称为 ETSI ITS – G5。这两个标准都依赖于Wi – Fi 标准 IEEE 802.11 系列的 IEEE 802.11p，以实现物理层和 MAC 层[12]。物理层几乎与 IEEE 802.11a 相同，使用具有 BPSK、QPSK、16 – QAM 和 64 – QAM 调制的OFDM，但采用双定时参数来减弱由多径传播和多普勒频移效应引起的干扰。使用双定时参数，通道带宽为 10MHz 而不是 20MHz，数据速率为原先的一半，即变成3 ~ 27Mbit/s，而不是 6 ~ 54Mbit/s。

MAC 层采用了带有冲突避免的载波侦听多路访问协议（CSMA/CA），如 IEEE 802.11a，但它是根据车载通信环境进行调整的，这与传统 Wi-Fi 部署的稀疏性和低速性有很大差异。在车辆环境中，节点具有较高的移动性，某些区域通常人口稠密并且经常出现视线不清晰的情况。因此，对标准做出了一定的调整以允许低开销的操作，以保证安全信息的快速可靠交换。例如，它定义了在基本服务集（Basic Service Set，BSS）上下文之外运行的非 IP 信息，通过避免在典型的无线局域网中出现常见的注册和身份验证过程，实现了数据包的快速传输。

美国联邦通信委员会（FCC）和欧洲邮政和电信管理局会议（CEPT）为车载通信分配了一个 5.9GHz 的专用频段（图 1.7）。在美国，保留了 75MHz 的带宽，而在欧洲，仅分配了 50MHz。该频谱被划分为较小的 10MHz 宽的信道，在美国，底端还包括一个 5MHz 的保护频带。因此，有 7 个不同的信道用于 IEEE WAVE 操作，而 ETSI ITS-G5 则有 5 个。

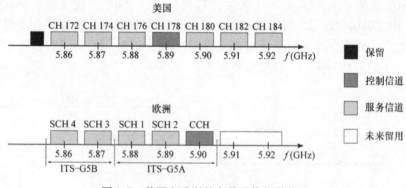

图 1.7　美国和欧洲的车载通信频谱分配

在欧洲，ITS-G5A 频带为道路安全预留了 30MHz（3 个信道），ITS-G5B 频带为通用 ITS 服务预留了 20MHz。通常，控制信道（Control Channel，CCH，在美国为 CCH 178，在欧洲为 CCH 180）专用于协同道路安全和控制信息。其余信道被指定为服务信道（Service Channel，SCH）。在美国，出于对道路安全信息容量降低的担忧，因此决定专门分配 SCH 172，单独用于涉及生命和财产公共安全的应用。

1.3　可靠的分布式实时系统和智能交通系统

1.3.1　分布式系统和智能交通系统

分布式系统可以定义为由多个处理单元组成的系统，这些处理单元通过网络进行通信，以分布式方式执行一组活动。与分布式系统相反，集中式系统中的所有计算都在单个中央节点中完成，而无需与其他计算机系统进行交互。而在分布式系统中，一组节点通过网络互联相互协作和交换信息，以实现共同的目标。传感器网络、自动化装配线、对等网络和飞机控制系统是分布式系统的典型示例[19]。

网络是分布式系统中最重要的组成部分之一。它使得部署在不同地理位置的节点能进行同步和交换信息，从而进行协作。设计此类重要元素时必须特别注意，如果网络过载（即系统资源需求超出了最大可用资源）或无法满足每个通信流的特定要求（例如数据包延迟、丢包率），那么可能会导致系统性能下降，在最坏的情况下，还会出现部分甚至是全局系统故障（即部分或整个系统可能无法有效通信，从而无法正常运行）[5,19]。

车载通信系统本质上是分布式的，因为网络中的不同节点在物理上是分开的，它们通过交换数据和互相合作来实现保证交通安全的共同目标。与传统的分布式系统相比，车载系统的设计面临更大的挑战，因为车载环境呈现出高移动性和不可预测的链路状况，而这些特性在典型的静态网络中不会出现。

1. 3. 2　实时系统和智能交通系统

在某些情况下，分布式系统提出了实时性要求，这些要求由它们所运行的环境决定。由于环境具有固定的时间动态特性，为了与之正确交互，这些系统不仅必须产生逻辑上正确的解决方案，而且还需要在指定的时间间隔内应用它们。当系统行为的正确性既取决于逻辑计算，又取决于它们产生和应用的物理时间时，称之为实时系统[4]。这些系统可以在例如工业自动化系统、汽车应用、飞行控制系统和军事应用中找到。

实时系统通常由计算活动（即任务）组成，这些活动能够实现特定的功能并具有严格的时序约束，必须满足这些约束才能实现相应的功能。任务的一个典型约束是截止时间，即任务在不损害系统性能的情况下完成其执行的时刻。根据错过截止时间的影响，任务可以归类为[4]：

●非实时任务：任务没有时间限制，无论何时完成，执行都会对系统产生相应影响。

●软性任务：任务的输出在超过最后期限后仍对系统具有一定的实用性，但是，系统的性能会降低。

●固定任务：任务在超过最后期限后完成对系统没有任何作用，但是，它不会对系统的行为造成灾难性的后果。

●硬性任务：仅当任务在期限内完成时，任务才对系统有所贡献。超过最后期限可能会造成灾难性后果，例如整个系统故障，并造成人力和物力的损失。

根据所支持的任务类型和因超过截止时间而引起的后果[4, 15]，实时系统可以分为软实时系统和硬实时系统。

●软实时系统：仅集成软性任务和/或固定任务的系统被归类为软实时系统。在这类系统中，截止期出错可能会导致整体性能下降，但不会造成灾难性后果。这类系统的典型示例是视频和声音流，在这种情况下，超过最后期限通常会导致轻微的图像/声音故障。

● **硬实时系统**：包含至少一个硬性任务的系统被归类为硬实时系统。在这类系统中，超过截止日期可能会导致系统故障，造成灾难性后果，例如物力和/或人力损失。这类系统的一个典型示例是核电厂控制，在这种情况下，超过最后期限可能导致核反应堆故障。

如前所述，实时分布式系统的正确操作需要适当的时间行为。整个系统的时间行为取决于几个要素，例如节点的软件，正在运行的任务、行为及底层通信系统提供实时传递信息的能力。能够在特定时间限制内传递信息的通信系统称为实时通信系统[15]。

在一般情况下，特别是在车载通信系统中，智能交通系统的设计应考虑到此类情况下会存在强大的实时约束，因此，应将支持安全关键型应用的车载网络作为硬实时分布式系统进行分析。例如，在发生事故时，接近危险位置的车辆应提前充足的时间收到警告消息，以便采取适当措施，避免可能发生的连锁碰撞。如果超出最后期限，则可能会发生灾难性后果，造成人员、经济和环境损失。除此之外，这类安全关键系统必须提供高概率的连续正确服务，以确保在严格的范围内执行实时活动。这通常意味着在设计系统时要考虑可靠性的几个方面，下面将进一步说明。

1.3.3 可靠性和智能交通系统

可靠性是一个通用概念，它描述了人们在系统运行中可以拥有的信任级别。根据 Laprie 等人的说法[2,16]，可靠性分为 3 类不同的概念：属性、威胁和方法，如图 1.8 所示。

可靠性的属性表示从可信赖的系统中可以预期的不同属性，其重要性在不同的应用程序中可能有所不同：

● 可用性定义为随时准备提供正确的服务（即使发生故障之后）。

● 可靠性定义为系统提供连续正确服务的可能性。

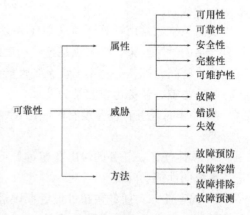

图 1.8　Avizienis 等人的可靠性树[2]

● 安全性定义为没有对操作环境造成恶劣的后果。

● 完整性定义为不存在不当的系统变更。

● 可维护性定义为系统进行修改和维修的能力。

损害或威胁是指可能影响系统可靠性的不良情况。通常，有三个主要的术语与可靠性威胁相关：故障（faults）、错误（errors）和失效（failures）。故障是指系统设计或运行中可能导致错误的缺陷。错误是指可能导致故障的整个系统状态的不正确值。最后，失效或服务失效是指系统已交付的服务相对于正确行为存在一些偏差时发生的事件。

在安全关键系统的设计过程中，可以使用多种方法或技术来获得各种可靠性属性，这些技术的目的是降低故障对整个系统运行的影响。

- 故障预防主要是为了防止故障发生或故障被引入到系统中。
- 故障容错包括避免系统故障的方法，以及在存在故障的情况下提供符合其规范的服务。
- 故障排除旨在降低故障的数量和严重性。
- 故障预测用来检测系统中当前的故障数量，以及它们未来的发生和后果。

在车辆环境中，可靠性至关重要，系统运行故障会导致严重的后果。因此，应防止故障的发生，为此，在设计车载通信系统时必须考虑上述技术。在很多情况下，我们可以在智能交通系统域中有效地利用可靠性的各种属性。例如，在高移动性场景中，由于服务提供商或服务提供商与用户之间的某些组件发生故障，用户（驾驶员或乘客）可能会遇到连接断开的情况。鉴于此，车辆网络的发现协议可以将容错属性用于基于位置的服务中，以保证所请求的服务。

如前所述，交通死亡是世界范围内造成人非自然死亡的重要原因之一，而车载通信已成为提高驾驶员、乘客和行人安全的一种有前景的技术。这些系统被认为受制于分布式系统的不可靠特性，而且通过无线通信连接。车辆之间相互传递重要信息，但是这些信息是否可靠、可信赖？同样，还有许多其他问题等待回答。

因此，考虑到基于可靠的新架构、应用程序和通信机制，需要在这类系统中提出新的设计需求。

参 考 文 献

1. S. An, B.-H. Lee, D.-R. Shin, A survey of intelligent transportation systems, in *3rd International Conference on Computational Intelligence, Communication Systems and Networks*, July 2011, pp. 332–337

2. A. Avizienis et al., Basic concepts and taxonomy of dependable and secure computing. IEEE Trans. Dependable Secure Comput. **1**(1), 11–33 (2004)

3. R. Bossom et al., *Deliverable D31 European ITS Communication Architecture—Overall Framework* (2009)

4. G.C. Buttazzo, *Hard Real-Time Computing Systems: Predictable Scheduling Algorithms and Applications*, 3rd edn. (Springer Publishing Company, Incorporated, 2011). ISBN: 1461406757, 9781461406754

5. G. Coulouris et al., *Distributed Systems: Concepts and Design*, 5th edn. (Addison-Wesley Publishing Company, USA, 2011)

6. ETSI, ETSI EN 302 637-2 V1.3.2: Part2: Specification of Cooperative Awareness Basic Service (2014)

7. ETSI, ETSI EN 302 637-3 V1.3.2: Part3: Specification of Decentralized Environmental Notification Basic Service (2014)

8. ETSI, ETSI EN 302 665 V1.1.1: Intelligent Transport Systems (ITS)—Communications Architecture (2010)

9. ETSI, ETSI TR 102 638 V1.1.1: Basic Set of Applications—Definitions (2009)
10. European Commission, European Commission Mandate M/453 EN (2009)
11. European Parliament, Directive 2010/40/EU (2010)
12. IEEE Standard for Information Technology–Telecommunications and information exchange between systems local and metropolitan area networks–Specific requirements Part 11: Wireless LAN Medium Access Control (MAC) and Physical Layer (PHY) Specifications, IEEE Std 802.11-2012 (Revision of IEEE Std 802.11-2007), Mar 2012, pp. 1–2793
13. International Standard Organization. ISO/IEC 7498-1 (1994)
14. P. Kompfner et al., *Deliverable D3.2 Multimodal Cooperative ITS Architecture: A First Concept* (2009)
15. H. Kopetz, *Real-Time Systems: Design Principles for Distributed Embedded Applications*, 2nd edn. (Springer Publishing Company, Incorporated, 2011). ISBN: 1441982361, 9781441982360
16. J.C.C. Laprie, A. Avizienis, H. Kopetz (eds.), *Dependability: Basic Concepts and Terminology* (Springer-Verlag New York Inc, Secaucus, 1992)
17. B. Oehry et al., *ITS Action Plan—Final Report Action 4.1* (2010)
18. G. Singh, D. Bansal, S. Sofat, Intelligent transportation system for developing countries—a survey. Int. J. Comput. Appl. **85**(3), 34–38 (2014)
19. A.S. Tanenbaum, M. Van Steen, *Distributed Systems* (2007)
20. K. Watkins, *Safe and Sustainable Roads: The Case for a Sustainable Development Goal* (2012). http://www.fiafoundation.org/media/44116/sustainable-transport-goal-report-2012.pdf
21. World Health Organization, Mortality 2015 and 2030—Baseline Scenario (2015). http://www.who.int/healthinfo/global_burden_disease/projections/en/. Accessed 28 July 2015

第2章

协同智能交通系统中的
可见光通信

摘要

可见光通信（Visible Light Communication，VLC）是利用可见光谱的电磁频率进行自由空间光通信的技术。虽然其实际应用尚处于初步阶段，但在过去几年中，一直有很多研究在探索基于普通 LED 和光传感器实现更高速、更可靠的解决方案。可见光通信可用于各种应用程序或终端用户群，现有的照明基础设施使可见光通信成为一个低成本的通信系统。在这些应用中，一个较为有代表性的案例研究是在智能交通系统方面的应用，使用汽车前照灯和交通信号灯来通信，以满足道路安全应用的要求。这种通信方式在短程直接通信中非常高效，可以利用其视线特性，克服与无线电波的各向同性有关的问题。目前，IEEE 开展了关于可见光通信的标准化活动，制定了 IEEE 802.15.7 标准。该标准规范了可见光个人区域网络（Visible－light Personal Area Networks，VPAN）的物理层和 MAC 层服务。本章介绍了在智能交通系统领域的最新研究成果，重点关注基于 IEEE 802.15.7 标准的以低成本嵌入式系统为平台开发的可见光通信原型机。其目的是为实现适合集成在现有 PAN 中的设备提供有用的构思，或协同其他无线网络，为复杂的体系结构（如智能交通系统）提供通信服务。

2.1 引言

可见光通信是一种新兴的无线通信技术，它利用可见光作为通信介质，使用白色或彩色 LED 来提供信息。可见光通信使用 400THz（750nm）~ 800THz（375nm）的所有频率（图 2.1），通过比人眼可观察的闪烁频率更快的速度调制光源来传输数据。在过去的几年中，LED 在转换速度、亮度增强和大规模传播方面的改进引起了研究界的注意，他们开始将可见光作为一种新的通信媒介，与越来越拥挤的射频互补。

与白炽灯、荧光灯相比，大功率 LED 灯具有节能、寿命长、维护成本低、低温发光、可视性好、亮度高等优点。因此，交通信号灯和车辆前照灯逐渐转变为 LED 灯。

LED 可将照明和转换特性相组合，使之具有巨大的发展潜力，这将推动一些

15

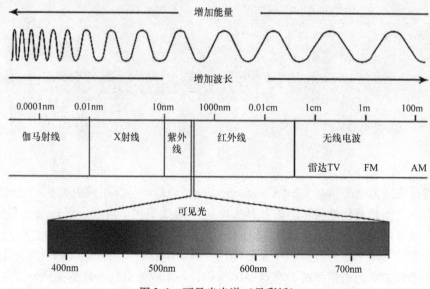

图 2.1　可见光光谱（见彩插）

关键应用的发展。例如，基于 LED 的交通信号灯和车载可见光通信系统可以成为智能交通系统的集成组件，并通过提前向装有低成本可见光通信接收器车辆的驾驶员广播交通信息，从而在道路安全应用中发挥关键作用。

　　从某种程度上来说，可见光通信可以被认为是与红外线（Infrared，IR）无线光通信（Optical Wireless Optical Communication，OWC）相对的。后者在 20 世纪经历了缓慢但持续的演变，发展出短程和低速率的通信应用。在我们的日常生活中就可以找到红外线的应用，最常见的例子就是家用电子设备的遥控。尽管如此，相对于基于射频的短距离技术（如蓝牙），红外无线通信仍是次要的，它还没有发展到更为广泛的范围，如可靠的宽带接入。

　　可见光通信实际上是无线光通信的一个分支，它已经发展成为一种技术，其信号载波可以被人类肉眼所观察到。可见光通信的一个显著特征是能提供照明和通信，而传统无线光通信只注重通信方面。另一方面，可见光通信系统必须借助具有护眼安全限制的照明设备运行，并且当照明光线变暗甚至关闭时，也应该能够提供通信。

　　使用同一设备同时进行数据传输和照明，这种想法有着极大的吸引力。乍一看，已经投入在照明上的电力和资金可以被重新利用，以实现光源和用户之间的高速率数据通信。LED 设备可以充当网络接入点，使可见光通信成为无线宽带技术的直接竞争对手，如 WiFi、第四代/第五代（4G/5G）系统和无线千兆（WiGig）。可见光（Visible Light）的频谱是不需要许可证的，目前大部分尚未用于通信，免费的频谱为低成本的宽带通信提供了契机，有助于使用更多的波段。为此，由射频技术和可见光通信链路组成的，利用定向广播可见光通信信道来补充传统射频信道

16

的室内混合系统，开始引起研究者的关注并通过仿真进行研究[7, 27]。然而，迄今为止，还没有对可见光通信与传统无线网络无缝集成的可评估的解决方案。可见光通信系统的设计仍然具有挑战性，因为这种介质的特殊性带来了新的问题和可能。下面介绍可见光通信最重要的特性。

视距链路（Line of Sight，LoS）：为了建立一个光链路，需要在发射器和接收器之间建立视距链路。这会带来一个主要问题，设备的移动性或在发射器和接收器之间移动的障碍物可能会干扰通信。此外，自然光和人造光会给信道增加噪声和干扰。户外使用时，雨雪雾等恶劣天气条件会进一步影响光信号。

无需申请频谱：可见光是一种不受限制的超宽光谱（400THz 宽），可在全球范围内使用。这与红外线（IR）或射频（R/F）技术形成对比，后者受到法律和频带的限制，许多射频频率被限制用于特殊应用（军事、飞机等）。

安全性：可见光对人体无害，可以大功率传输；而无线电波对人体是有危害的，红外线会危害人眼。

无电磁干扰：可见光通信不受电磁噪声的影响，不会引起电磁污染。它可以用于无线电波不能使用的地方，例如医院和精密机器周围的区域。

保密性：可见光通信需要视距路径，且不穿透墙壁，而无线电频率能穿墙，故可见光通信被限制在它产生的区域内，可对潜在的窃听者隐藏通信数据。

高空间重用：考虑到许多设备同时接入无线网络的情况，例如教室、会议厅和其他空间，传统的无线网络很难处理大量的用户，从而导致性能下降。由于可见光通信是高指向性的，例如，一个单一的光链路可以从天花板上直接指向地板，因此只有少数用户共享该链路。高空间复用性允许在不受干扰的情况下容纳更多的可见光通信设备。

普适计算：可见光通信可以作为普适计算的通信媒介，因为产生光的设备（如室内灯、商业显示器、交通灯、室外灯等）无处不在。

2.2　可见光通信架构和预期应用

典型的可见光通信架构如图 2.2 所示，包括发射端实体和接收端实体，通过调制的可见光进行通信。通信实体可以是终端设备，如移动的个人设备、车辆和基础设施灯。每个实体分别通过可见光通信发射器和接收器来发送和接收数据。可见光通信发射器是一种以可见光为物理传输介质进行信息传输的光电转换器，其中常用的是高亮度 LED。LED 的调制频率很高，人眼无法察觉到与未调制时相比的区别。因此，可见光通信发射器可以同时用于照明和数据通信。可见光通信接收器是一种光电换能器（PIN 光电二极管、雪崩光电二极管或 CMOS 传感器），其接收在可见光光谱中调制的信息，并将其转换成可由解调器/解码器处理的电信号。

可见光通信链路可以有三种类型的拓扑形式：定向视距链路（directed LOS）、

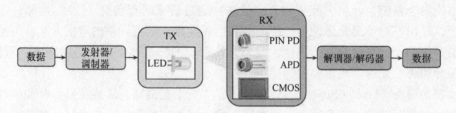

图 2.2　可见光通信架构：传输 – 接收链路

无向视距链路（non – directed LOS）、扩散非视距链路（diffused non – LOS），如图 2.3 所示。定向视距链路允许接收到的信号强度最高，因此它具有最高的比特率和最长的传输距离，这必须严格要求其精确对准；在无向视距链路下，接收器的视角范围更广，对准更简单，但信号强度处于中等水平，因此可以实现较短的传输距离和高/中比特率；扩散非视距链路是自由形式对准问题，只适用于封闭环境，且其比特率最低。

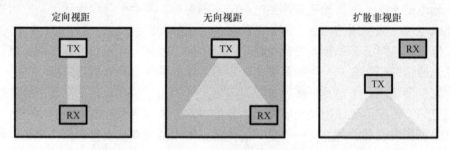

图 2.3　可见光通信链路的可能拓扑形式

可见光通信技术目前仍然处于入门阶段，在它被广泛实际应用之前需要开展大量的工作。尽管如此，基于 LED 的许多应用将在几年内在多个领域蓄势待发：从内部卫星到军事用途，从医院（必须避免电磁干扰）到飞机，从照明到汽车。下面是其应用的简要介绍。

航空：飞机上的乘客不能使用无线电波。基于 LED 的照明灯已经在飞机客舱中使用，这些灯都有可能成为可见光通信发射器，为乘客提供照明和媒体服务。此外，这将降低飞机的建造成本和重量。

智能照明：智能建筑需要美观的照明。利用可见光通信的智能照明不仅可以为基础设施提供照明和通信，也减少了电路和能源消耗。

危险环境：在石化工厂、矿山等环境中，射频信号会带来潜在的爆炸风险，使得通信变得困难。可见光通信作为一种安全的技术，可以在这些环境中提供照明和通信。

设备连接：通过将可见光定向到设备之间，可以使设备拥有高速和安全的数据链路，因为光束是受控的。

防御与安全: 可见光通信可以在军用车辆和飞机上实现安全和高速率的无线通信。

医院: 医院的一些设备易受到无线电波的干扰, 所以使用可见光通信有许多优势。

水下通信: 可见光通信可以支持水下的高速率传输, 而其他无线技术如射频则不能。因此, 这使得潜水员或遥控设备之间的通信成为可能。

车辆和运输: 交通灯和许多汽车都使用 LED 灯。汽车通过相互通信可防止事故的发生, 交通灯与汽车的通信可确保道路安全。可见光通信在这一领域的作用将在下一节中深入介绍。

2.3 ITS 场景

在智能交通系统领域, 由学术界、行业利益相关者和标准开发组织 (Standard Development Organizations, SDO) 推进的项目最新成果, 即协同智能交通系统 (C – ITS)[15]。目标是使用并规划通信和传感器基础设施, 以提高道路安全。道路上的协同通信包括车对车、车对基础设施通信, 反之亦然。车辆和路侧单元提供的数据可以在地理定位网络的边界上供本地使用, 也可以传输到服务器进行融合和处理。这些数据可用于检测事件, 如道路工程、交通堵塞、接近的紧急车辆等。这些数据会被处理, 以产生专门针对某个驾驶员或特定驾驶员群体的驾驶建议, 并通过无线传输到车辆上。

C – ITS 的发展是由大规模使用无线电波技术场景所驱动的, 如图 2.4 所示。在这个更广泛、更普遍的框架中, 我们可以规划出一些用例, 在这些用例中, 不同于传统的无线电波技术, 可见光通信设备的特性可以以更有效的方式应用。需要强调的是, 基于射频的通信技术已相对成熟, 而可见光通信仍处于起步阶段, 这就需要付出大量的努力, 才能使其广泛应用于短程 ITS 应用。

值得一提的是, 在基于 LED 的可见光通信出现之前, 一系列红外 (IR) 光学设备已经在多个项目中成功使用, 如韩国和马来西亚的电子收费站、日本的车辆信息和通信系统 (Vehicle Information and Communication System, VICS)、德国的货车收费方案等[11]。这些项目的经验表明, 近红外可以用于在视线范围内从路侧单元向车辆广播信息, 并用于接收车辆到路侧单元的信标帧, 而远红外则可以用于视频监控[23]。在日本的地面道路上已经安装了超过 5 万个红外车辆信息和通信系统收发器, 其中大部分与交通管理中心相连。红外车辆信息和通信系统信标的最大覆盖范围可达 10 m, 最大数据传输速率为 1Mbit/s, 最大数据包数据大小为 59B[18]。

红外和可见光通信都被用于 ITS 无基础设施技术, 这类技术不需要借助任何传统的电信基础设施来运行[11]。事实上, 不像蜂窝通信网络依赖基站和部署在整个区域内的大量天线, 无基础设施技术很容易安装在现有的路边设施上, 并且在短时

图 2.4　智能交通系统场景[14]（见彩插）

间内就可以应用。关于这点，可见光通信甚至比红外通信更加便宜，因为可见光信号发射器通常是现有的 LED 交通信号灯和汽车前照灯。因此，如果可见光通信替代红外通信在智能交通系统中应用，就不需要在环境中放置临时的红外线发射器。

ITS 中的可见光通信

交通信号灯和汽车照明正逐渐由电灯泡向 LED 灯转变，由于 LED 具有节能、寿命长、维护成本低、可视性好和低温性好等优点，这种新型灯有可能成为信息发射器，其中信号由基础设施路灯发送，由车载接收器接收（I2V 通信）。路边单元如 LED 交通信号灯很适于 I2V 通信模式下车间通信系统的信息广播。交通安全相关信息可在无额外功耗下持续传播，提高交通流的稳定性，降低事故发生率和人员死亡率。由于灯光是直线传播的，可实现高指向通信，比如可以为道路上的不同车道传输不同的数据信息。此外，相邻车辆之间（V2V 通信）可利用前灯、尾灯和应急灯实现数据交换。在一个 V2V 场景中，前车接收到的交通信号灯信息，就可以使用制动灯向后车传播。从车辆自组网的角度来看，可见光通信可以被视为一个与射频相似的新传输方式。如图 2.5 所示，V2X 系统的潜在应用与射频信道的相同，包括道路主动安全、交通效率、本地服务和基于互联网的服务。显然，对于安全关键应用来说，对数据交换延迟和可达性约束的要求更加严格，然而近来的研究表明，可见光通信也可使用现成的组件来适应这些约束。

户外可见光通信依赖于连续的视距链路，在高密度汽车场景中，车辆之间的链

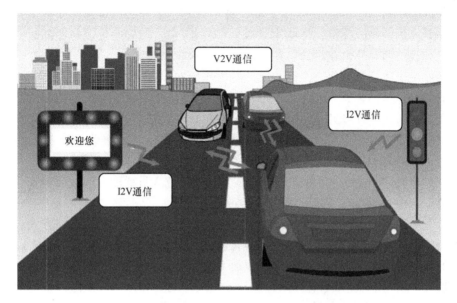

图 2.5　由可见光通信启用的车辆通信的示例（见彩插）

路数量会增加，这可能会改善数据传输能力，因为随着更多的车辆通过光学链路连接在一起，可以使多条路径变得可用。同样情况下对于射频通信，由于广播风暴，射频通信可能会陷入性能问题，干扰实时的安全关键应用程序和信息传输。

户外移动光学网络带来了一些室内可见光通信相关的技术问题和挑战：①车辆之间和车辆与基础设施之间的相对移动可能干扰视距链路；②户外可见光通信很大程度上受到自然光和人造光的影响，主要是太阳光，它会对接收信号施加噪声和干扰。第一个问题可以通过优化固定的和移动的（车载）照明定位的方式解决，而干扰可以通过光学滤波器和优化电子器件来最小化。总之，这些问题对通信范围构成了明显的限制，大量试验结果和仿真数据表明，当可见光通信的发送器和接收器的距离在 40 ～ 50m 内，即可实现可靠通信。

大量基于数值模拟的分析研究了使用可见光通信作为射频 - 专用短程通信（RF DSRC）的补充，来实现 ITS 相关技术的优势，如队列[1]、协同自适应巡航控制（Cooperative Adaptive Cruise Control，CACC）[31]和高级驾驶辅助系统[19]等。除此之外，现已投入了大量的精力来开发和测试实验原型，下一节将对此进行深入介绍。

2.4　ITS 中可见光通信的研究与原型

随着大功率 LED 技术的出现，可见光通信最早的专利应用之一就是 ITS 场景。事实上，在该领域的研究发展之前，利用 LED 交通灯来传输信息的技术在美国[16]

就已获得了专利。之后，在 21 世纪初，许多研究小组开始针对这种新技术开展研究，并开发了一些原型机，将应用领域从 I2V 扩展到 V2V 通信。与此同时，人们对可见光通信的兴趣也在增长，并探索了其他的应用领域。这促使了 IEEE 个人区域网络可见光通信标准化工作组的成立，工作组在 2011 年年底发布了第一个正式版本的 IEEE 802.15.7[17] 标准。

虽然目前还没有可见光通信商业技术进入 ITS 领域，但是已经有了一系列的原型，这些原型大致可以分为两类：一类是 IEEE 802.15.7 标准发布之前的研究成果，另一类是 IEEE 802.15.7 标准发布之后的成果，它们试图说明如何利用可见光通信技术开发 ITS 应用。本节包含标准发布之前研究人员所取得的重要成果，而在下一节中，将介绍标准及其最新的应用尝试。

从 I2V 通信开始，Akanegawa 等人[3] 对基于 LED 的交通灯的调制方式、所需的信噪比、可接收信息量等方面的基本性能进行了初步分析。最近设计的 LED 交通灯的原型机使用分立元件的光电部分和 FPGA 数字电路实现发射器和接收器的信号处理[20,21]，该系统采用的调制方案基于直接序列扩频技术。对原型机的测试表明，数据速率的瓶颈是发射器，其数据速率达到了 200kbit/s。另一方面，接收器能够以最大 1Mbit/s 的速度采样 5 倍的信号。由于交通灯需要较大的电流负载，因此在发射器端会出现数据速率的限制，但在高频下对这种电流的转换仍然具有挑战性。

凡尔赛大学（University of Versailles）[8] 的研究人员还设计了一种从交通信号灯向汽车发送信息的系统原型机。他们申请的专利系统[4] 的主要应用是交通信号灯与汽车之间的通信，用来传输下一个交通灯信号变化前的倒计时信息，如图 2.6 所示。它还可以向车辆发出警报，并控制发动机快速重启或触发绿波。

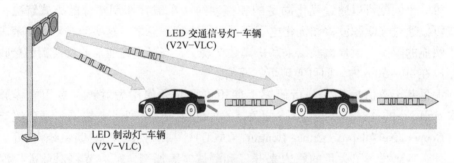

图 2.6　可见光通信增强型交通信号灯用例

该系统由一个以 LED 灯为基础的广播单元和一个基于光电二极管的接收器组成，发射器和接收器都与 PC 连接。该发射器模块是基于商用 LED 交通信号灯开发的，目的是研究何时交通灯可以成为一个数据广播单元，并且几乎不需要改进，而且成本更低。同样的低成本约束也被用于设计电路以及为发射器和接收器选择电子元件，更详细地说，在发射器和接收器使用 8 位微控制器来实现逻辑控制。该接收器使用一个 PIN 光电二极管，其信号通过自动增益控制（Automatic Gain Control，AGC）放大，以接收短距离和长距离的数据。自动增益控制在短距离时尤为有用，因为它可以防止光电探测器模块的饱和。在光电二极管前面的一个光学组件将接收器的视场角（Field - of - View，FOV）降低到 ±10°。该系统具有较强的鲁棒性，但不适合实现复杂的网络栈。系统使用了基本的调制编码方案，如曼彻斯特码（Manchester）和米勒（Miller）码。这两种编码都使用 OOK（On - Off Keying）调幅，这种简单的调幅方式非常适合于数万赫兹频率的数据传输。

实验测试是在实验室走廊或室外安装交通信号灯（红灯和绿灯）的场景下进行的。在实验过程中需要传输的消息在发射器端由数据帧显示米勒码或曼彻斯特码是否被选中。接收器实时解码数据，算法允许后处理或误差计算。在第一次实验中，使用 15kHz 的调制频率连续发送由 7 个 ACSII 字符组成的特定消息。在室外 50m 有日光的地方和室内 20m 有人工照明的地方都可以检测出实现了无差错传输（BER10^{-7}）。

许多研究小组已经研究了可见光通信在 V2V 通信中的应用：可见光通信可以提供准确的定位，又可以增强车辆的安全性。这种装置的结构在许多研究中都有不同程度的细节描述。此外，为了估计该系统与射频 - 专用短途通信相比时的性能差别，进行了多次数值模拟实验。然而，已经实现和测试的原型数量依然很少，这表明该技术仍具有很大潜力。如我们所看到的，其中一些研究人员使用低成本的组件，而其他人则使用了更先进的设备，如高速相机和专用 CMOS 成像传感器。

一个有趣的低成本设备的例子是在摩托车上实现可见光通信系统的原型工作，其中使用了商用 LED 尾灯和软件定义无线电（Software Defined Radios，SDR）[31]。

图 2.7 为原型系统框图。在发射端，电子控制单元（ECU）连接器定期从摩托车收集当前速度、发动机转速、制动状态和转弯信号等状态信息，并将这些信息发送到笔记本计算机。在该笔记本计算机中，创建以信息为有效载荷和带有前向纠错（Forward Error Correction，FEC）码页脚的数字数据包，然后用 4 脉冲位置调制（Pulse Position Modulation，PPM）进行调制。数据包在 SDR 中进行数模转换，然后传输到可见光通信前端，可见光通信前端根据输入的模拟信号改变 LED 尾灯的光强。在接收端，光电探测器将接收到的光信号转换为电信号，电信号以 SDR 的形式进行模数转换。然后，笔记本计算机执行解调和解码过程，以获得原始封包中的摩托车信息。最后，信息被发送到安装在摩托车车把的智能手机上，当前面的摩托车有可能与之相撞时，智能手机会发出警告，并向驾驶员提供相关信息。

之所以选择使用 SDR，是因为它允许在原型设计期间灵活地更改各种物理层设计和网络协议。然后，如果设计一个商业产品，这些设计可以转移到现场可编程逻辑门阵列（Field Programmable Gate Array，FPGA）或专用集成电路（Application - Specific Integrated Circuit，ASIC），以降低成本。

道路试验是在两辆摩托车之间，用单向连接的方式进行的，这样，前面摩托车

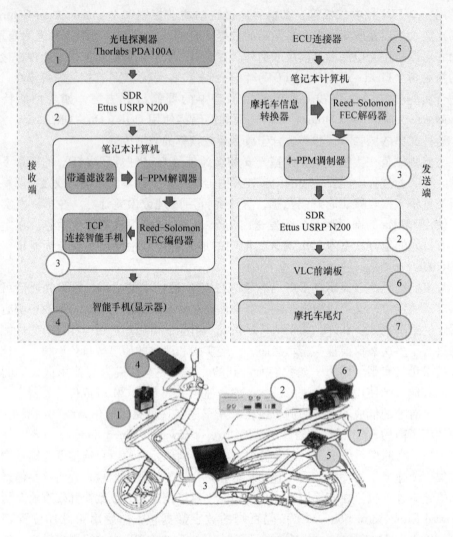

图 2.7　在摩托车上实现的可见光通信原型的功能架构

的尾灯将数据传输到后面摩托车前面放置的光电探测器上。在光电检测器前不使用镜头，形成宽为 90° 的视场角（FOV），而在发射端的束角更窄（约 20°）。

　　试验是在一个没有雨和雾影响的晴天进行的。两辆摩托车都在实际的公路上以 10～40km/h 的速度行驶。一个包含当前速度、制动状态等信息的 20B 数据包以 10kbit/s 的数据速率从尾灯连续广播。当摩托车之间的距离为 4～14m 时，接收端所测得的丢包率在可接受水平范围内。

　　值得一提的是，从低成本系统到复杂系统，基于图像传感器的可见光通信汽车应用的发展显示出其独特特性。这是一种试图将一个特殊的接收器功能集成到传统的图像传感器中的替代方法。在丰田中央研发实验室对该 V2V 通信系统进行了研究，使用了一个能够通过 10Mbit/s 光信号发送各种数据的 LED 发射器和一个摄像机接收器，该接收器使用了一个特殊的 CMOS 图像传感器，即一种光通信图像（Optical Communication Image，OCI）传感器[29]。

如图 2.8 所示，光通信图像传感器具有一个非常规像素阵列，称为通信像素（Communication Pixel，CPx），专门用于高速光信号的接收。此外，它还有一个输出电路，产生一个"1bit 标志图像"，它只对高强度的光源（如 LED）做出反应，从而有利于室外环境下的 LED 检测。通过使用光通信图像传感器，摄像机接收器获得了 10Mbit/s 的光信号接收，也获取了真实驾驶条件下各种实验中精确的 LED 检测能力。实验采用光学 V2V 通信系统，该系统中有两个 LED 发射器安装在前车，一个摄像机接收器安装在后车。

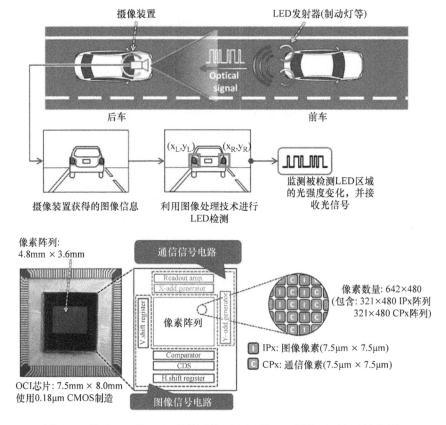

图 2.8　基于 OCI 的 V2V 通信系统（上）及 OCI 结构（下）（见彩插）

发射系统由 PC 控制的 LED 阵列单元组成，控制器收集来自车辆和前摄像头的数据，生成 2464bit 的数据包，用曼彻斯特（Manchester）、块交错（Block Inter-leave）和 BCH 编码对数据包进行编码，最多可纠错 3 次，并将数据发送到 LED 阵列单元。LED 阵列单元有一个驱动电路和 10×10 个发光二极管，能发出高达 4W

的光功率。需要强调的是，该系统并没有使用当前的汽车尾灯 LED，而是使用了能够高速调制的 870nm 近红外（Near Infrared，NIR）LED。因为通信载体是在红外光谱中，所以该系统还不是一个标准的可见光通信设备，但这一尝试的结果将有助于该技术在可见光领域的进一步扩展。

为了确定该系统的性能和潜力，在实际驾驶和室外照明条件下进行了大量实验。实验结果表明，该方法有效地消除了图像中大部分不必要的目标，即使在恶劣的户外环境中也能实现正确的、实时的 LED 检测。在数据传输实验中，前车同时发送一组关于车辆行驶情况的数据（如车辆 ID 和车速）和一组高达 20 帧/s 的彩色图像数据（320×240 像素）。测量结果证明，后车接收到了在可接受丢包率范围内的数据，图像流在白天接收效率为 87%，在夜间接收效率为 89%。

2.5 标准化

可见光通信设备的应用可以通过标准化来推动，目前有两个组织参与了可见光通信的标准化工作：日本的可见光通信联盟（Visible Light Communication Consortium，VLCC）和 IEEE 802.15 WPAN 第七工作组。前者于 2007 年在 JEITA 上提出了两个标准：一种是可见光通信系统标准（JEITA CP－1221），主要用于位置检测应用；另一种是可见光识别系统标准（JEITA CP－1222），尚未被商业化利用。

IEEE 802.15 WPAN 第七工作组做出了最主要的贡献，他们在 2011 年下半年发布了第一个官方的可见光通信标准。该标准涵盖物理层（PHY）空中接口和介质访问控制（MAC）。IEEE 802.15.7 标准对可见光通信意义重大，因为它是开发了具有可靠功能产品的基础，同时也为今后的发展提供了最低基准。该标准旨在支持与可见光通信个人区域网络（VPAN）相关的各种应用程序。

从表 2.1 可以看出，可见光通信考虑了三类设备：基础设施、移动终端和车辆。根据它们的物理特性和能力，如物理移动性、电源以及它们的应用等限制，定义了其规范，如范围和数据速率。例如，基础设施有"无限"的电力供应，而车辆和移动终端的则非常有限。这些设备为基础设施和车辆提供更高功率的光源，提供更大的范围。关于移动性，只有基础设施类型没有物理移动性。基于其应用，车辆设备需要低数据速率/长距离来交换交通信息，而移动设备和基础设施可以在更短的距离内以更高的速率来交换多媒体信息，如高清视频、在线游戏等。

表 2.1　IEEE 802.15.7 设备分类

	基础设施	移动终端	车辆
固定	是	否	否
电量	无限	受限	有限
形状尺寸	不受限制	受限制	受限制

（续）

	基础设施	移动终端	车辆
光源	充足	受限	充足
物理移动性	无	有	有
范围	短/长	短	长
数据速率	高/低	高	低

这一标准定义了一种用于在光学透明介质中利用可见光进行短程光学无线通信的物理层和介质访问控制层。它能够提供足以支持音频和视频多媒体服务的数据速率，还考虑了可视链路的可移动性、与可见光基础设施的兼容性、受环境干扰而造成的影响，以及容纳可视链路的 MAC 层。此外，该标准遵循适用的与眼睛安全相关的法规。

IEEE 802.15.7 标准支持三种拓扑结构：点对点、星型结构和广播模式。室内和室外应用的数据速率从 11.67kbit/s 到 96Mbit/s 不等。一个通用的符合可见光通信标准的设备架构如图 2.9 所示，除了 ISO OSI 堆栈外，还定义了若干层和子层；每一层都向更高层提供服务。

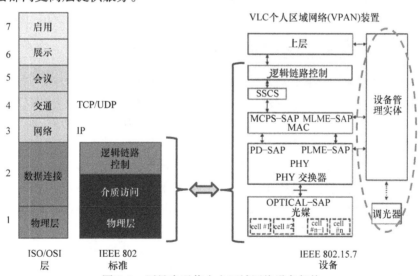

图 2.9　可见光通信个人区域网络设备架构

可见光通信个人区域网络设备包括物理层，物理层包含光的发射器/接收器及其低级控制机制，以及 MAC 子层，为所有类型的传输提供对物理信道的访问，逻辑链路控制（Logical Link Control，LLC）层可以通过服务汇聚子层（Service‐Specific Convergence Sublayer，SSCS）访问 MAC 子层。该体系结构还支持设备管理实体（Device Management Entity，DME），DME 可以与物理层链路管理实体（Physical Layer Management Entity，PLME）和媒体接入控制链路管理实体（MAC Link Management Entity，MLME）进行通信，以实现 MAC 层和物理层与调光器的接口。为了向 MAC 层和物理层提供调光信息，DME 可以从 MLME 和 PLME 访问特定的调光器相关属性。设备管理实体还可以通过物理层链路管理实体控制物理层开关来选择光源和光电探测器。

MAC 层解决物理层管理问题，如寻址、冲突避免和数据确认协议。MAC 子层的许多特性与 IEEE 802.15.4 规范共享，如信标管理、通道访问、保证时隙（Guaranteed Time Slot，GTS）管理、帧验证、确认帧传递、关联和分离。然而，可见光介质具有一些特殊的功能，如可见度、减少闪烁和调光支持。

在所有拓扑中都提供了可见性支持，以在没有通信或处于空闲、接收操作模式时保持照明功能。这个功能的目的是保持照明和减少闪烁。

物理层分为三种类型；PHY Ⅰ、Ⅱ和Ⅲ，它们是使用了不同调制方案的组合。

PHY Ⅰ 的运行速度为 11.67 ~ 266.6kbit/s，PHY Ⅱ 的运行速度为 1.25 ~ 96Mbit/s，PHY Ⅲ 的运行速度为 12 ~ 96Mbit/s。PHY Ⅰ 和 PHY Ⅱ 定义为单一光源，它们支持开关键控（OOK）和可变脉冲位置调制（Variable Pulse Position Modulation，VPPM）。PHY Ⅲ 使用不同频率（颜色）的多个光源，并使用一种称为色移键控（Color Shift Keying，CSK）的特殊调制格式。

每个 PHY 模式都包含调制光源、游程长度限制（Run Length Limited，RLL）行编码和前向纠错（FEC）信道编码的机制。

游程长度限制行编码用于避免长时间运行 1s 和 0s，其会导致出现闪烁、时钟和数据恢复（Clock and Data Recovery，CDR）检测问题。游程长度限制行编码在输入端接收随机的数据符号，保证每个符号在输出端都有 1s 和 0s 的直流平衡。标准中定义了各种游程长度限制行编码，如 Manchester、4B6B 和 8B10B，并在编码开销和实现难易度之间进行权衡。

对于 ITS 应用来说，PHY Ⅰ 型是最方便的，因为它是专门为户外应用设计的。虽然它提供了最慢的数据速率，但强大的卷积码和里德 - 所罗门（Reed - Salomon）编码被用于前向纠错，以克服由于远距离和日光、荧光灯等光学噪声源带来的潜在干扰，从而减少额外的路径损耗。

PHY Ⅰ 调制方式有两种：开关键控（OOK）和可变脉冲位置调制（VPPM）。每一种方式都有一个相关的光时钟速率，这些光时钟速率被不同的编码方案"分解"，并获得最终的数据速率，见表 2.2。

PHY Ⅰ 的光时钟速率选择为不高于 400kHz 的范围，这是因为考虑在交通灯等应用中，所使用的 LED 需要大电流来驱动，使得转换变慢。

开关键控，顾名思义，数据是通过开关 LED 来传递的。最简单的形式是数字"1"表示灯亮的状态，数字"0"表示灯灭的状态。在最慢的光学时钟上，IEEE 802.15.7 标准使用曼彻斯特编码来确保正脉冲的周期与负脉冲的周期相同，但这也使开关键控传输所需的带宽增加了一倍。

表 2.2　PHY I 工作模式

调制方式	RLL 编码	光时钟速率 /kHz	FEC		数据速率 /(kbit/s)
			外码/RS	内码/CC	
OOK	Manchester	200	(15, 7)	1/4	11.67
			(15, 11)	1/3	24.44
			(15, 11)	2/3	48.89
			(15, 11)	–	73.3
			–	–	100
VPPM	4B6B	400	(15, 2)	–	35.56
			(15, 4)	–	71.11
			(15, 7)	–	124.4
			–	–	266.6

通过添加一个开关键控扩展来支持调光，该扩展将总输出调整到正确的水平。调光（Light dimming）定义为根据用户需求控制光源的感知亮度，是物理层和MAC 层之间的一个跨层函数。空闲模式可以在 MAC 空闲或 RX 状态下从基础设施光源发送，以支持调光。这一点很重要，因为我们希望基础设施的空闲或 RX 状态期间能保持可见性。空闲模式与活动数据通信期间使用的占空比相同，因此在空闲期间不会观察到闪烁。该标准还支持在数据传输期间调光：例如，调暗开关键控调制将帧分解为子帧，在每个子帧之前插入补偿符号以增强或降低感知亮度。

当比特率高于 100kbit/s 时，IEEE 802.15.7 规定了 PHY I 层的可变脉冲位置调制方案。脉冲位置调制（PPM）使用给定时间段内脉冲的位置对数据进行编码。包含脉冲的持续时间必须足够长，以便能够识别出不同的位置，例如，当位置为 2（2 - PPM）时，"0"表示在周期开始时的正脉冲，之后是负脉冲，"1"表示在周期开始时的负脉冲，之后是正脉冲。可变脉冲位置调制类似于 2 - PPM，但它是根据调光支持控制脉冲宽度的方式来调整的：脉冲振幅保持不变，而脉冲宽度根据所需的调光水平变化。图 2.10 显示了两个"0"和一个"1"的例子，它们具有不同的调光级别（T 是符号周期）。

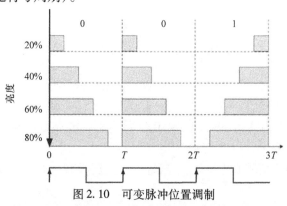

图 2.10　可变脉冲位置调制

29

可变脉冲位置调制模式的发送链通过 RS FEC 编码器发送输入数据以进行错误保护，然后通过 4B6B 游程长度限制码进行直流平衡和闪烁缓解。4B6B 编码采用 4 位符号，并根据表格格式将其更改为直流平衡的 6 位代码，每个可变脉冲位置调制编码符号中 1 和 0 的计数总是等于 3。由于比特率是恒定的，而与请求的调光电平无关，当光线变暗时，范围随调光电平而减小。

到目前为止，所提出的在 ITS 中使用可见光通信的解决方案实际上都不符合 IEEE 802.15.7 标准。主要原因在于，这一标准大部分是在针对 ITS 的可见光通信研究实施之后提出的。

在下一节中，我们将分析一个符合 IEEE 802.15.7 的可见光通信原型机，该原型用于 V2X 消息传递。

2.6 可见光通信 IEEE 802.15.7 系统的 ITS 应用

本节介绍了 CNIT 开发的 IEEE 802.15.7 标准可见光通信原型机的特性，作为嵌入式 ITS 工作站的一个增强扩展。并提供一些指导方案，使用适合 ITS 应用的商用现货（Commercial Off – The – Shelf，COTS）设备来开发低成本的可见光通信系统。

2.6.1 可见光通信原型设计

原型机选择将 SEED – EYE 板作为开发板。SEED – EYE 板是为多媒体业务[28]开发的内部无线传感器网络（Wireless Sensor Network，WSN）节点，其采用高性能的 PIC32 芯片，具有以太网、IEEE 802.15.4/ZigBee、USB 等通信接口。微控制器的计算资源用于处理来自低成本 CMOS 摄像机的图像，使其成为一个具有高效图像处理能力的独特无线传感器网络节点，同时适用于 ITS 应用，如车位检测、交通流监测等[26]。SEED – EYE 板提供完整的软件支持，包括开源的 OSEK/VDX 实时操作系统，它可用于汽车的小型微控制器（ERIKA Enterprise Real Time OS[13]）。该参考系统如图 2.11 所示。

选择 SEED – EYE 板有三个主要原因：①它是由低成本的外部组件构成的，因为该板适用于开发可扩展和具有普适性的系统，能够覆盖大比例的敏感环境，并具有较大的市场渗透率，且适合集成到更复杂的系统中，如 ITS；②为 IEEE 802.15.4 收发器提供了完全定制的固件[25]，并将其作为实现 IEEE 802.15.7 协议的参考指南，尤其是涉及 MAC 层的协议；③虽然目前的工作中没有使用 IEEE 802.15.4 收发器，但是它的功能仍然保留在主板上，以便在接下来的开发中实现 IEEE 802.15.7 VLC 和 IEEE 802.15.4 R/F 技术之间的直接切换。

2.6.1.1 参考模型

由于该设计具有很高的创新性，当时市面上还没有适合于 SEED – EYE 板的可

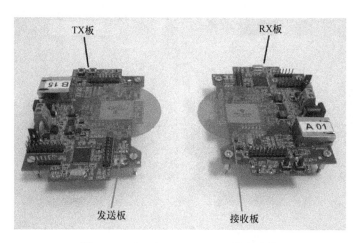

图 2.11 R/F IEEE 802.15.4 单向系统

见光通信收发器专用集成电路。为了克服这一问题，并实现在下一版本的电路板中包含可见光通信专用组件，完成在软件模块上实现可见光通信收发器功能，这些软件模块运行在一个扩展的架构上，并且使用了双电路板。

该扩展架构如图 2.12 所示，带有管理物理层功能的 MAC 层被分配给控制板，而物理层编/解码和传输任务被分配给发送/接收板。为了区分不同任务的电路板，使用了以下术语：

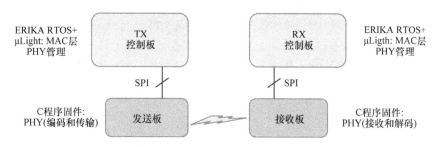

图 2.12 在系统中实现的可见光通信 IEEE 802.15.7 功能架构

TX/RX 控制板：实现应用层任务、MAC 和物理层服务的 SEED – EYE。

发送/接收板：实现光学设备的 SEED – EYE，它的任务是通过可见光介质进行数据编码/解码和数据传输/接收。

控制板和发送/接收板通过 SPI 接口共享通信任务。图 2.12 显示了 IEEE 802.15.7 半双工系统的功能模块，突出了各种 MAC 层和物理层服务的实现级别，它要么作为新的操作系统库（称为 μLight），要么作为原始代码。完整系统如图 2.13 所示。在接下来的章节中，我们将深入介绍硬件和软件设计的一些细节。

2.6.1.2 硬件原型

该系统的基础板是在 IPERMOB 项目[30]中设计的，目的是在比萨国际机场的

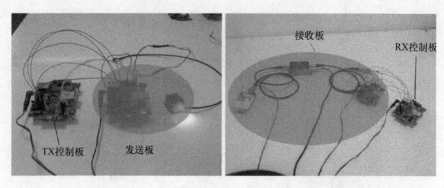

图 2.13　完整系统：TX 控制板及发送板（左）、RX 控制板及接收板（右）

一侧部署和测试一个大规模的原型机。SEED – EYE[28]是专为 ITS 应用而设计的一种先进的无线传感器网络（WSN）节点[5]，它提供完整的软件支持，包括对 Contiki OS[12]和 ERIKA Enterprise RTOS[13]的移植，在目前工作中使用后者。这个设备还配备了一个 80MHz PIC32 微控制器，内置 128KB 的 RAM 和 512KB 的闪存（Flash ROM）。它在硬件上实现了 IRDA、SPI、I2C、UART、USB，以及 CAN 等通信协议，可以简化与外部单元的连接；芯片的工作电压范围从 2.3V 到 3.6V，允许一些电源处于睡眠模式（运行、空闲和睡眠模式），并支持多个可切换的时钟模式，有助于制定节能策略。此外，板上还嵌入了一个 CMOS 摄像机，使得该设备适合下一代成像无线传感器网络[10]。从网络层和无线电通信的角度看，SEED – EYE 嵌入了一个微型芯片 MRF24J40B 收发器。这个收发器是与 IEEE 802.15.4 兼容的，在 2.4GHz 的 ISM 无授权频段内，它具有极高的覆盖率（最高可达 100m 的开放空间），并且是高度可配置的。在这项工作中没有使用射频通信接口，但接口功能仍被保留在板子上，以便在接下来的开发中，能够在 IEEE 802.15.7 VLC 和 IEEE 802.15.4 R/F 技术之间进行直接切换。

2.6.1.3　光学元件

在发射端，只需要两个组件：LED 和光学镜头。该 LED 是一种商用荧光粉白色 OSTAR LED，通常用作光源，产生发散角约 120°的辐射通量；在 LED 之后的光学镜头的作用是减少角度为 18°处的光束发散。而在接收端，有非常多的组件：

定制的雪崩光电二极管（APD）（Hamamatsu C 5331 – 11[6]）：具有极小的（1mm²）活动面积（可接收光信号的表面），频率带宽为 4kHz 至 100MHz。

放大器（FEMTO HVA – 200 M – 40 – B[6]）：它接收 APD 的电信号并将其放大 10 倍或 100 倍（可切换增益 20dB/40dB）。

由两个标准雪崩玻璃纤维二极管 BYW54[6]组成的一种适配电路：该组件是必要的，因为放大器的输出电压在 –5～5V 范围内，但是 SEED – EYE 的输入一般需要 –0.3～3.6V 的电压（有些引脚是 5V 的），适配电路能切断信号的负部分，降低了最大正电压。

　　两个光学透镜：Thorlabs LMR 1/M，焦距为1，用于短距离测试；Thorlabs LMR 2/M，焦距为2，用于中程测试（≥10m）。可将它们放置在 APD 的前面，并将光聚焦在检测器的有源区上，来增加通信距离。

　　在图 2.14 中，列出了所有发送/接收元件。

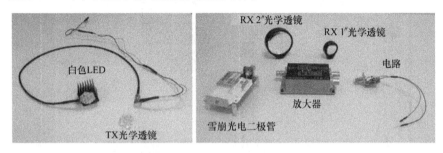

图 2.14　光学元件：发送（左），接收（右）

2.6.1.4　软件原型

　　软件堆栈使用 ERIKA 开源实时操作系统（RTOS）的 API（应用程序编程接口）来开发 TX/RX 控制板，或使用 MPLAB®官方微芯片集成开发环境（IDE）来开发可见光通信发射器/接收器板。

2.6.1.5　μLight 栈

　　使用高度模块化的 ERIKA API 框架，受到之前工作中 IEEE 802.15.4 MAC 和 PHY 实现经验的启发，为 TX/RX 控制板编写了符合 IEEE 802.15.7 的网络堆栈。最终软件库和 μLight 遵循分层的方法，如图 2.15 所示，其符合 VPAN 设备要求。而要描述软件库的细节超出了本书的范围，下面只给出一个简要的概述。硬件抽象层是下面的发射器/接收器驱动程序（光 TX/RX 驱动程序）功能的打包，并添加了一些额外的功能，它负责跟踪发射器/接收器的状态。MAC 和 PHY 层实现了 IEEE 802.15.7 标准的部分功能，一方面实现了大部分 PHY Ⅰ 服务接入点（Service Access Point，SAP）基元，另一方面实现了一组最低限度的 MAC SAP，以便在此开发步骤中进行更简单和有意义的测试。在 MAC 层上，μLight 有一个小型的高级库，服务于需要 IEEE 802.15.7 的简单应用程序：将板子初始化为一个 VPAN 协调器，并创建一个新的 VPAN 以将板子初始化为 VPAN 设备，再寻找一个新的协调器，来设置从 MAC 层接收帧时要调用的函数等。最终，实现了一个非常简单的设备管理实体，该实体能启用并禁用空闲模式调光并设置调光级别。μLight 软件库需要一个驱动程序来控制光发射器/接收器，因此在 ERIKA 操作系统中添加一个新的驱动程序，以此来实现下一段中描述的 SPI 协议的控制板端。

2.6.1.6　光发射/接收器

　　光发射/接收器用于执行以下三个操作：

　　1）为控制板提供一个接口，来传输数据，并对其进行配置（启用/禁用传输/

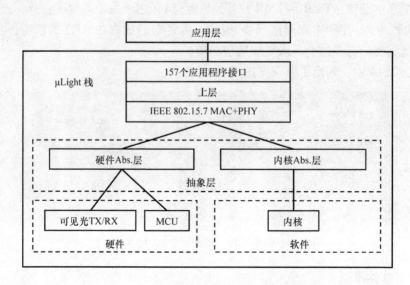

图 2.15   μLight 架构

接收、设置数据速率等）。

2）编码/解码数据。

3）在规定时间内发送/接收数据。

SPI 外设用于传输和接收，发射器和接收器都配置为 SPI 从属。光发射/接收器被控制板视为一组可寻址控制寄存器和一组 TX/RX 数据缓冲区。控制寄存器宽 8 位，其中部分是成对的，可由一个 6 位地址（短地址）来寻址。TX 和 RX 缓冲区的宽度为 1025B：前两个字节保存数据的长度，而其他 1023 个字节保存实际数据，可由一个 13 位地址（长地址）来寻址。所实现的通信协议只允许该标准的物理层执行。这种 PHY 类型是为在户外使用低数据速率应用而设计的，因此它适用于如部署在路边工作站的设备。对于当前的原型，只使用了 OOK 调制格式，数据传输以最大数据速率 100kbit/s 完成，而报头始终以 11.67kbit/s 发送。IEEE 802.15.7 标准规定了一些纠错技术，以最大限度地保证在嘈杂环境中的安全通信。因此，在发射板上实现了里德 - 所罗门（Reed Solomon）编码、卷积码（Convolutional Codes）、曼彻斯特（Manchester）编码和 CRC - 16；同样，在接收板上也实现了里德 - 所罗门（Reed Solomon）解码、维特比（Viterbi）译码器和曼彻斯特（Manchester）解码。这些代码基于公共资源，并根据特定需求进行了调整和优化。

2.6.2　可见光通信原型性能

对所提出的解决方案进行了实验研究，并进行了两种测量：首先，根据信号处理时间和物理层吞吐量的测量，在实验室测试台上对这些设备进行了表征。然后将系统布置在实验室大楼的一个自由通行且明亮的走廊上，用来代表典型的室外噪声条件（例如路边站的 V2I 通信）。并在这种情况下，对误码率（Bit Error Rate，BER）进行测量。

2.6.2.1　测试台测量

按照处理时间，对发射/接收器上的每个通信链任务都进行了表征。收发板固件的源代码已经用 MPLAB ® XC32 Compiler v1. 20 进行了编译，因为使用的是免费版本，所以优化程度最低。时间测量是通过采样发送板/接收板上调试引脚电平的低到高和高到低的转换来完成的，调试引脚电平在任务开始和完成时切换，结果见表 2.3，为同一任务多次重复的平均值。在发射端，标准处理协议导致的信号延迟在预期范围内，其非常接近规定的时钟频率（200kHz）所允许的物理限制。在接收端，数据清楚地表明 Viterbi 算法非常慢。对于具有全部误差校正的 RS（15，7）块，卷积译码时间是其他译码时间的 10 倍。在这种情况下，当前系统的性能远远不能令人满意，这表明需要从根本上改变某些电子部件的结构。例如，在低成本的现有设备上，可以在 FPGA 上实现所有可见光通信收发器功能，FPGA 强大的并行处理能力，可以同时计算多个 Reed Solomon 块，Viterbi 算法可以高度并行。

表 2.3　可见光通信收发器处理时间

板子	任务	处理时间/μs
发送板	SPI 光传输 ISR	2.6
	RS（15，7）块编码	20
	RS（15，11）块编码	16
接收板	Viterbi 单工	15
	Viterbi 全解码[1]	0.27×10^6
	RS（15，7）无差错块解码	32
	RS（15，7）有差错块解码	72
	RS（15，7）差错块解码[2]	0.021×10^6
	RS（15，11）无差错块解码	18
	RS（15，11）有差错块解码	40

[1] 1023 B PSDU + RS（15，7）。

[2] 1023 B PSDU。

为了进一步评估可见光通信器件的效率，还对物理层吞吐量进行了测量，通过发送和接收多个分组并测量从分组传输开始到分组接收结束之间的时间来执行吞吐量测试。时间度量包括完整表示协议数据单元（Presentation Protocol Data Unit，PP-DU）的编码、传输、接收和解码。根据 IEEE 802. 15. 7，完整表示协议数据单元依次由同步标头（Synchronization HeadeR，SHR）、物理层标头（Physical layer HeadeR，PHR）和物理层服务数据单元（PHY Service Data Unit，PSDU）组成。在这些测试中，两个变量分别为 PSDU 长度和数据传输速率。应当注意的是，PHY I 变量数据速率仅适用于 PSDU，因为 SHR（在测试中长度为 8B）以 200kHz 发送，PHR 总是以 11.67kbit/s 发送。结果如图 2.16 所示，其中对不同的 PPDU 和数据速率绘制了吞吐量效率图。吞吐量效率计算为实际吞吐量与参考吞吐量的比率，实际吞吐量可由以下公式计算：$\dfrac{PSDU\ 长度}{总传输时间}$，其中"总传输时间"指的是 PPDU 传输时间（SHR 和 PHR 被认为是间接开销）。参考吞吐量是理想状态下超快速微芯片所能达到的最大理论值，不引入对 SHR、PHR 和 PSDU 的标称数据速率的任何延迟。但在这种情况下，性能的恶化也很明显，标准要求这里使用里德–所罗门（Reed Solomon）和维特比（Viterbi）算法（从 11.67kbit/s 到 48.89kbit/s）。另一方面，当标准不要求使用卷积码时，如 73.3kbit/s［只有 RS（15.11）在工作］和 100kbit/s（无噪声校正）情况下，实际吞吐量接近理想状态。

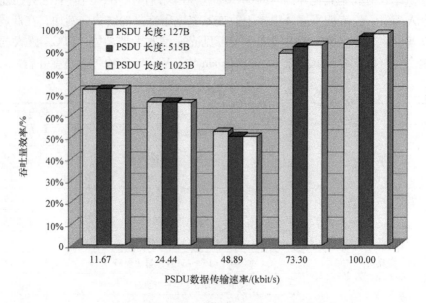

图 2.16 可见光通信系统的吞吐率（见彩插）

2.6.2.2 误码率测量

可见光通信系统被放置在实验室大楼的一个自由通行且明亮的走廊上，以测试它在嘈杂环境中的通信性能（图 2.17）。测试的目的是模拟现实生活，所以发射器和接收器之间是手动进行光学对准的，而不追求高精度。

首先在测试中找出 TX 和 RX 之间的最大可达距离并测量误码率，实验进行了多次，误码率是在给定的传输时间间隔内的比特错误数除以传输比特的总数。每个测试距离（0.5m、1.8m、2.8m、5.1m 和 10.2m）考虑了 10 种不同的系统配置，其中变量是 5 个已实现的数据速率和 2 个数据包大小：小数据包（127BPSDU 长度）和大数据包（950BPSDU 长度）。图 2.18 显示了小数据包和大数据包传输场景的测量误码率。无错误通信达到 5.1m，而 10.2m 的通信显示出一些误差，不同的符号对应不同的数据包大小。在 10.2m 处比较这两幅图，只有在数据速率为 100kbit/s 时才能找到相同的 BER 散布，此时没有纠错协议；而在其他数据速率下，误码率散布在 100kbit/s 时的误码率上下，与有效载荷和数据速率无关。这可能是由于噪声产生的偶然性，再加上协议能纠正某些错误。

图 2.17　误码率测量的实验设置

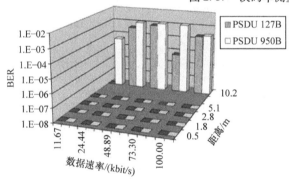

图 2.18　在许多数据速率和距离值和两个有效载荷下的
BER：127B PSDU，950B PSDU（见彩插）

2.7　结论

本章介绍了一个针对 ITS 应用的单工可见光通信的原型机，该设备实现了符合 IEEE 802.15.7 标准的 PHY Ⅰ 和 MAC 层。实验特性表明，在不使用卷积码以及在最高比特率下，消息的传递效果非常接近参考值。当通信以低速率进行时，需要更快的电子设备以适当的方式处理 IEEE 802.15.7 规定的纠错协议。在 10m 范围内，信号传输的质量是可接受的，主要受光学对准系统的影响；而在试验过程中，光学对准系统的精度不高。具有较大有源面积的光电二极管或接收器上的伸缩系统可以改善这些性能。就其领域而言，目前的原型机中只有 I2I 通信服务是可行的，改进后的设备将能够通过可见光通信实现 V2I 和 V2V 通信服务。

今后的工作将着重改进和增加 IEEE 802.15.7 功能在系统中的实现，期望通过将光发射器/接收器功能转移到 FPGA 上能带来更大的性能改进。事实上，专用 HW 架构可以克服由目前所使用的通用 CPU 的处理时间所造成的信号延迟限制[9]。此外，在 IPv6 和 IEEE 802.15.7 之间设计一个适配层，可以有效地使得可见光通信技术访问物联网基础设施。在对符合 IEEE 802.15.7 标准的可见光通信技术进行功能验证之后，评估实现射频和可见光通信系统之间垂直切换的可能性，以扩展其在提供协同智能交通系统服务方面的应用范围。此外，还可以在协同智能交通系统的广泛领域设计许多其他具体的应用程序，并在 ISO 和 ETSI 工作组推动标准化倡议。

参 考 文 献

1. M.Y. Abualhoul et al., Enhancing the field of view limitation of Visible Light Communication-based platoon, in *2014 IEEE 6th International Symposium on Wireless Vehicular Communications (WiVeC)*, Sep 2014, pp. 1–5. doi:10.1109/WIVEC.2014.6953221

2. A. Agarwal, T.D.C. Little, Role of directional wireless communication in vehicular networks, in *Intelligent Vehicles Symposium (IV), 2010 IEEE*, pp. 688–693. doi:10.1109/IVS.2010.5547954

3. M. Akanegawa, Y. Tanaka, M. Nakagawa, Basic study on traffic information system using LED traffic lights. IEEE Trans. Intell. Transp. Syst. **2**(4), 197–203. ISSN:1524-9050. doi:10.1109/6979.969365

4. Y. Alayli et al., Patent n° 09 58694. Communications par phares (2009)

5. D. Alessandrelli et al., ScanTraffic: smart camera network for traffic information collection, in *Proceedings of European Conference on Wireless Sensor Networks* 2012, pp. 196–211

6. A. Bell, Master's thesis. http://noes.sssup.it/images/theses/doc/thesisbe/lle.pdf.2013

7. D.A. Basnayaka, H. Haas, Hybrid RF and VLC systems: improving user data rate performance of VLC systems, in *2015 IEEE 81st Vehicular Technology Conference (VTC Spring)*, May 2015, pp. 1–5. doi:10.1109/VTCSpring.2015.7145863

8. A. Cailean et al., A robust system for visible light communication, in *2013 IEEE 5th International Symposium on Wireless Vehicular Communications (WiVeC)*, June 2013, pp. 1–5. doi:10.1109/wivec.2013.6698223

9. F. Che et al., Design and implementation of IEEE 802.15.7 VLC PHY I transceiver, in *2014 12th IEEE International Conference on Solid-State and Integrated Circuit Technology (ICSICT)*, Oct 2014, pp. 1–4. doi:10.1109/ICSICT.2014.7021249

10. M. Chitnis et al., Distributed visual surveillance with resource constrained embedded systems, in *Visual Information Processing in Wireless Sensor Networks: Technology, Trends and Applications*, ed. by L. Ang, K. Seng (IGI Global, Pennsylvania, 2012), pp. 272–292

11. K. Dar et al., Wireless communication technologies for ITS applications [Topics in Automotive Networking]. IEEE Commun. Mag. **48**(5), 156–162 (2010). ISSN:0163-6804. doi:10.1109/MCOM.2010.5458377

12. A. Dunkels, B. Grnvall, T. Voigt, Contiki—a lightweight and flexible operating system for tiny networked sensors, in *Proceedings of the First IEEE Workshop on Embedded Networked Sensors (Emnets-I)*. Tampa, Florida, USA, Nov 2004

13. Erika Enterprise RTOS. http://erika.tuxfamily.org

14. European Telecommunications Standards Institute, Intelligent Transport Systems. http://www.etsi.org/ITS.2012

15. A. Festag, Cooperative intelligent transport systems standards in Europe. IEEE Commun. Mag. **52**(12), 166–172 (2014). ISSN:0163-6804. doi:10.1109/MCOM.2014.6979970

16. P.A. Hochstein, Traffic information system using light emitting diodes. US Patent 5,633,629, May 1997. http://www.google.com/patents/US5633629

17. IEEE Standard for Local and Metropolitan Area Networks-Part 15.7: Short-Range Wireless Optical Communication Using Visible Light, IEEE Std 802.15.7-2011, Sep 2011, pp. 1–309. doi:10.1109/IEEESTD.2011.6016195

18. M. Kobayashi, K. Suzuki, S. Nishimura, Utilization of probe data for traffic flow control, in *18th ITS World Congress* (2011)
19. N. Kumar, L.N. Alves, R.L. Aguiar, Visible light communication for advanced driver assistant systems, in *7th Conference on Telecommunications, Conftele 2009, Sta Maria da Feira—Portugal*, May 2009
20. N. Kumar, L. Nero Alves, R.L. Aguiar, Employing traffic lights as road side units for road safety information broadcast, in *Roadside Networks for Vehicular Communications: Architectures, Applications, and Test Fields*, ed. by R. Daher, A. Vinel (IGI Global, Hershey, 2013), pp. 118–135
21. N. Kumar et al., Visible light communication for intelligent transportation in road safety applications, in *2011 7th International Wireless Communications and Mobile Computing Conference (IWCMC)*, July 2011, pp. 1513–1518. doi:10.1109/IWCMC.2011.5982762
22. C.B. Liu, B. Sadeghi, E.W. Knightly, Enabling Vehicular Visible Light Communication (V2LC) Networks, in *Proceedings of the Eighth ACM International Workshop on Vehicular Internetworking, VANET'11* (ACM, Las Vegas, Nevada, USA, 2011), pp. 41–50. ISBN:978-1-4503-0869-4. doi:10.1145/2030698.2030705. http://doi.acm.org/10.1145/2030698.2030705
23. M.M. Mahmod et al., Wireless strategies for future and emerging ITS applications, in *Proceedings of T5th World Congress ITS* (2008)
24. P. Pagano, R. Pelliccia, M. Petracca, M. Ghibaudi, On Board Unit hardware and software design for Vehicular Ad-hoc NETworks (VANET), in *Demo session at "The Fully Networked Car @ Geneva International Motor Show (FNC 2011)"* (2011)
25. P. Pagano et al., ERIKA and open-ZB: an implementation for real-time wireless networking, in *Proceedings of the 2009 ACM Symposium on Applied Computing. SAC'09* (ACM, Honolulu, Hawaii, 2009), pp. 1687–1688. ISBN:978-1-60558-166-8. doi:10.1145/1529282. 1529661. http://doi.acm.org/10.1145/1529282.1529661
26. G. Pellerano et al., 6LoWPAN conform ITS-Station for non safetycritical services and applications, in *2013 The 13th International Conference on ITS Telecommunications (ITST 2013)*. Tampere, Finland, Oct 2013
27. M.B. Rahaim, A.M. Vegni, T.D.C. Little, A hybrid radio frequency and broadcast visible light communication system, in *2011 IEEE GLOBECOM Workshops (GC Wkshps)*, Dec 2011, pp. 792–796. doi:10.1109/GLOCOMW.2011.6162563
28. SEED-EYE: An Advanced Multimedia Wireless Sensor Network Node for ITS Applications. http://noes.sssup.it/index.php/hardware/seed-eye
29. I. Takai et al., Optical vehicle-to-vehicle communication system using LED transmitter and camera receiver. IEEE Photon. J. **6**(5), 1–14 (2014). ISSN:1943-0655. doi:10.1109/JPHOT. 2014.2352620
30. The IPERMOB Project. http://www.ipermob.org
31. S.-H. Yu et al., Smart automotive lighting for vehicle safety. IEEE Commun. Mag. **51**(12), 50–59 (2013). ISSN: 0163-6804. doi:10.1109/MCOM.2013.6685757

第3章
由路侧基础设施支持的确定性车载通信：一个案例研究

摘要

协同智能交通系统的无线车载网络的发展，为开展协同应用的研究提供了可能，可以用来提高车辆和道路的安全性、乘客舒适度和交通管理效率。这些应用有严格的延迟和吞吐量要求，如安全关键服务中的紧急电子制动灯要求最大延迟低于100ms，而大多数信息娱乐应用程序要求服务质量（Quality of Service，QoS）支持并高于1Mbit/s的数据速率。目前的无线通信标准，如 IEEE 802. 11：2012 修订版6 和 ETSI – G5，在基于载波侦听多路访问/冲突避免（Carrier Sense Multiple Access/Collision Avoidance，CSMA/CA）的介质访问控制技术方面存在一定的缺陷，特别是在高速、高密度的环境下。针对这种情况，提出了一种基于基础设施的时分多址（Time Division Multiple Access，TDMA）协议，即车辆弹性时长触发协议（Vehicular Flexible Time Triggered，V – FTT）。在本章中，考虑到现实场景和当前适用于这些环境的无线通信标准，对诸多协议参数进行了量化。在整个高速公路上部署这种基于基础设施的网络可能是昂贵的，因此，只要有一部分高速公路被该协议的路侧单元所覆盖，就可以使用安全区域的概念。为了证明 V – FTT 协议在检测出安全事件后和所有在安全区域行驶的车辆接收到检测消息的时间之间的延时是有限的，使用了最坏情况的方法来验证。除了最低比特率（3Mbit/s）外，V – FTT 协议在最常见的车辆安全应用程序的允许延迟下，具有有保证的有界延迟。

3.1 引言

道路安全一直是大多数发达国家关注的问题，特别是随着机动车数量的增长和诸多高速公路的发展部署，道路安全的问题显得愈加重要。除了传统的被动和主动安全装置外，最近几年无线车载网络的发展为协同智能交通系统提供了可能，也为开展协同应用开辟了可能，协同智能交通系统可以提高车辆和道路的安全性、乘客的舒适性和交通管理的效率。为了支持这种设想的场景，车辆上运行的应用程序需要与其他车辆上的应用程序进行通信或与部署在应急服务、道路运营商和公共服务后台的应用程序进行通信。车载网络中的移动单元相当于传统无线网络中的节点，可以作为信息的来源、目的地或路由器。车载网络中的移动单元除了临时实现由相邻车辆组建的车对车（Vehicle – to – Vehicle，V2V）通信的网络外，还可能建立更传统的无线网络，车辆与基础设施（Vehicle – to – Infrastructure，V2I）通信中的道路沿线基站可以用作访问点并管理信息流以及作为外部广域网（Wide Area Networks，WAN）的入口。在车辆内部操作的设备称为车载单元（On Board Units，OBU），而在路侧操作的设备称为路侧单元（Road Side Unit，RSU），两者具有不同的要求和操作模式。

安全、高效和舒适的协同智能交通系统应用具有严格的延迟性和吞吐量要求，例如紧急电子制动灯之类的安全关键服务要求最大延迟小于100ms，而大多数信息娱乐应用则需要服务质量（Quality of Service，QoS）支持和高于1Mbit/s的数据速率。除了延迟性和吞吐量要求之外，安全应用也要求确定性通信（实时通信）。例如，即使在拥挤的道路情况下，发生事故的车辆也应及时地访问无线介质以发送警告消息。

基于此，规定了无线通信标准，例如 IEEE 1609 系列车载环境无线访问标准（Wireless Access in Vehicular Environment，WAVE），该标准基于 IEEE 802.11：2012 修订版6[1]，也称为 802.11p，以及等效的欧洲标准 ETSI ITS G5[7]。它们的介质访问控制（Medium Access Control，MAC）层采用载波侦听多路访问/冲突避免（Carrier Sense Multiple Access/Collision Avoidance，CSMA/CA），与 IEEE 802.11a 一致，但新附加的非 IP 通信协议，基本上是低开销的端口映射协议，设计小巧、高效，并针对容量受限的射频信道上的简单、单跳广播进行了调整。IEEE 802.11p MAC 基于载波侦听多路访问，由于退避机制的不确定性，可能会无限期地发生冲突。因此，仅使用本地 IEEE 802.11 的 MAC 不支持实时通信。但是，如果将网络的负载保持在较低水平（这很难在车辆通信中保证），或者某些 MAC 协议限制并控制介质访问以提供确定性，则可以降低发生冲突的可能性。在点对点（Ad – Hoc）网络中通常很难获得严格的实时行为和安全保证，并且在高速移动性场景中则更难实现，在这种情况下，分布式共识算法的响应时间（例如，簇的构造和簇头选择）可能会与系统动态不兼容。

在某些操作场景中，IEEE 802.11p MAC 或许不再具有确定性，从而可能导致不安全的情况。这就需要一个具有实时、稳定和安全属性的可靠通信基础设施，这对于安全事件的检测和安全警告的发布是必不可少的。为无线车载通信实现确定性 MAC 协议的设计，可选依赖路侧基础设施（V2I）或基于无路侧单元支持的临时网络（V2V）。混合方法也是可能的。为了保证路侧单元协调所需的路侧网络的确定性（实时性），有两种互补的方法：使用实时网络技术（通常在第二层）和采用资源保留协议将保证扩展到多个网络和更高层。用户可能更信任由路边基础设施管理的车辆安全网络。因此，高速公路基础设施可以拥有高速公路的部分或全部视野。

文献[15]中提出了一种确定性的 MAC 协议，即车辆弹性时长触发（Vehicular

Flexible Time Triggered，V – FTT）协议，该协议采用了一主多从时分多址（Time Division Multiple Access，TDMA），其中路侧单元作为主控，用来调度车载单元的传输。在这项工作中，通过量化高速公路上可能的基础设施部署来分析该协议，特别是定义每个路侧单元的常规覆盖范围以及路侧单元之间的间距。根据覆盖范围，可以确定在路侧单元的覆盖范围内同时行驶的最大车辆数量，以便量化同步车载单元窗口（Synchronous OBU Window，SOW）的最大值，在该窗口中，车载单元可以向路侧基础设施发送信息而无需争夺介质。SOW 的持续时间影响 V – FTT 协议的另一个无争用窗口（即基础设施窗口）的持续时间。考虑到在相同的基本循环中尝试服务于满载高速公路的最坏情况场景，进行了几种计算以确定 V – FTT 协议的无争用窗口的最大持续时间。

然后，通过确定车载单元检测到某个安全事件直到其他所有车载单元收到有效警告之间可能产生的最大延迟，来研究最坏的情况。其思路是证明事件检测和事件传播到所有车辆之间的最大延迟是有界限的。然后将最坏情况下的最大延迟与最常见的安全应用所要求的最大延迟进行比较，例如电子紧急制动灯（Electronic Emergency Brake Light，EEBL，最大延迟为 100ms）和碰撞警告（最大延迟为 500ms）。

本章的结尾对一个真实场景中的最坏延迟进行了分析：从里斯本到卡斯卡伊斯的 A5 高速公路（这是葡萄牙最繁忙的高速公路之一）；建议对最危险的高速公路地点进行可能的覆盖，并加以计算，以确定在该场景下何种最坏情况的延迟最为严重。

V – FTT 协议概述

文献[15]中提出了 V – FTT 协议。它是一种基于基础设施的协议，采用一主多从时分多址访问，其中通信介质被分为多个时间窗口，在这些时间窗口中，路侧单元和符合协议的车载单元具有特定的时间窗口，它们可以在没有介质争用的情况下进行传输。V – FTT 协议时间轴是循环的，并被分为基本周期（Elementary Cycle，EC）。每个基本周期有三个窗口：

基础设施窗口（Infrastructure Window，IW）——基于从车载单元接收到的信息以及与信息来源进行交叉验证，路侧单元会为车载单元传输构建时间表。为此，每个车载单元定期广播触发消息（Trigger Message，TM），其中包含允许在下一个车载单元传输周期（称为同步车载单元窗口）中传输安全消息的车载单元的所有标识符（t_{ID}）。基于车载单元信息和交叉验证，路侧单元识别安全事件并向那些受特定安全事件影响的车辆的车载单元发送警告（启用协议和其他方式）。警告消息（Warning Messages，WM）的持续时间取决于发生的事件数。因此，每个路侧单元将在其各自的传输时隙中传输其触发消息和警告消息。由于每个路侧单元时隙的大小都是固定的，因此必须注意将时隙时间公平地分配给触发和警告消息。在基础设施窗口期间无任何介质争用。

同步车载单元窗口（Synchronous OBU Window，SOW）——这是车载单元在没有介质争用的情况下有机会将信息传输到路侧单元（V2I）的时间。每个车载单元都有一个固定大小的时隙，用于传输车辆信息（速度、加速度等）和任何安全事件（例如，电子紧急制动灯）。SOW 的持续时间是可变的。每个车载单元中的每个 SOW 最多具有一个时隙，以确保所有车载单元公平地访问介质。

空窗期（Free Period，FP）——空窗期确保了竞争时段，其中未启用的车载单元可以传输安全消息，而路侧单元和其他车载单元可以传输非安全短消息。已启用的车载单元可能也会传输安全消息，但不能提供任何保证，因为它们必须争夺介质。为了保留基本周期中的争用期，必须保证空窗期的最小值。

图 3.1 为基本周期及其包含的传输窗口。

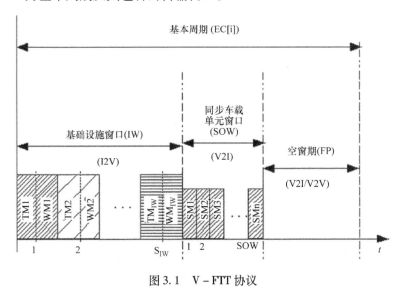

图 3.1　V – FTT 协议

IEEE 802.11：2012 标准为所有车辆定义了同步间隔，用于调整控制信道（Control Channel，CCH）以便接收安全消息，如图 3.2 所示。操作模式有多种，正常模式每 50ms 从控制信道切换到服务信道（Service Channel，SCH），提供 4ms 的保护间隔（Guard Interval，G. I. ）以允许收发器进行切换；而连续模式则是车辆连续监视控制信道。在 ETSI – G5 标准中会发生后一种情况，在该标准中，所有车辆都必须具有两个无线电设备，其中的一个总是被调频于控制信道，以免丢失任何安全警告。

在文献[15]中，提出了一种路侧单元部署模型：路侧单元首先安装在交通密集区域（例如市区附近的高速公路）和事故高发区域（例如危险弯道或桥梁等特定路段）。具有大量碰撞记录的道路位置被称为黑点，此术语将从此处开始使用。为了使该模型有效，每个黑点区域必须处在所有路侧单元覆盖范围内。路侧单元所覆盖的这些特定和有限区域称为安全区 S_z，如图 3.3 所示。

其思路是，路侧单元确切地知道有多少车辆进入安全区，并确定车载单元可以

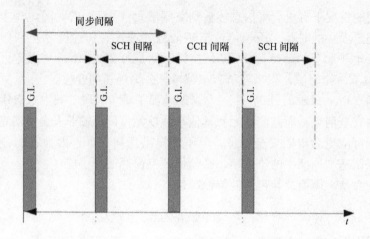

图 3.2　IEEE 802.11p/WAVE 同步间隔（改编自文献[13]）

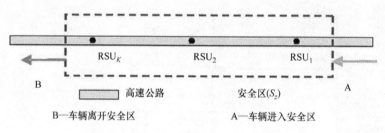

图 3.3　安全区（S_z）的定义

使用上述的 V – FTT 协议进行通信。为此，车载单元在高速公路基础设施或每个安全区中进行注册，并接收一个临时标识符 t_{ID}。每当车辆离开安全区时，其 t_{ID} 均可重复使用。

3.2　V – FTT 协议分析

在本小节中，将对文献[15]中给出的一些 V – FTT 协议参数进行量化，以与 IEEE 802.11p 标准或其他类似的无线通信标准一起使用。

3.2.1　路侧单元覆盖面积

使用真实场景特征来量化 V – FTT 协议有着重要意义。路侧单元覆盖半径（C_r）的量化值会影响路侧单元服务的最大车辆数（N_{VRSU}），进而影响基础设施窗口和同步车载单元窗口的最大值。为了定义每个路侧单元覆盖区域，必须在覆盖区域和终端（车辆）容量之间做出折中。IEEE 802.11：2012/WAVE 设备的设计最大覆盖范围为 1000m[8,18]，但试验证明，覆盖范围 C_r = 750m 更为贴合实际[17]，

因此 C_r 的值假定为 750m：

$$C_r = 750\text{m} \tag{3.1}$$

多项研究[2,3,14]提出，在无线局域网（Wireless Local Area Networks，WLAN）中，接入点之间的覆盖区域重叠应在 15%～25%，以简化切换过程（图3.4）。由于车载网络的处理对象是高速运动的移动站点（车辆），因此路侧单元的覆盖率将被假定为 25%，则重叠范围 O_r 为

$$O_r = C_r \times 0.25 = 187.5\text{m} \tag{3.2}$$

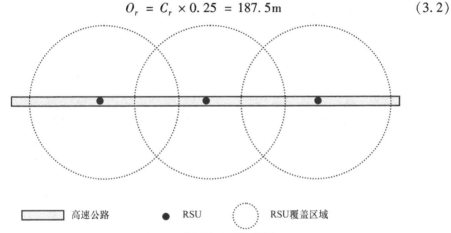

　　□ 高速公路　　　● RSU　　　○ RSU覆盖区域

图 3.4　路侧单元覆盖范围

路侧单元之间的间距（S_r）将等于式（3.3）：

$$S_r = (2 \times C_r) - O_r \tag{3.3}$$

$$S_r = (2 \times 750) - 187.5 = 1312.5\text{m}$$

假设路侧单元呈线性分布，路侧单元的重叠范围为 25%，并且高速公路通常不存在角度大于 90°的弯道，因此一个车载单元最多只能收到 2 个路侧单元同时传输的信息，即 $S_{IW} = 2$（图3.5）。

路侧单元为每辆车分配一个临时标识符，称为 t_{ID}。16 位的大小可识别 65536 辆不同的车辆。式（3.4）定义了在安全区长度（l_{S_z}）内能够容纳的车辆数量。

$$n_{S_z} = \frac{l_{S_z}}{(V_{length} + V_{spacing})} \times n_{lanes} \tag{3.4}$$

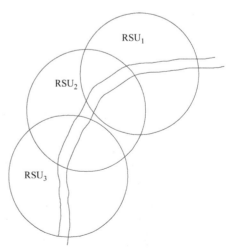

图 3.5　高速公路曲线和路侧单元覆盖区域的示意图（重叠 25%）

使用 65536 辆车的最大值并按 l_{S_z} 的顺序求解上述方程，考虑到车辆平均长度（V_{length}）为 4.58m[6]，车辆间距（$V_{spacing}$）为 10m，并且每当有车辆驶出安全区时，该 t_{ID} 都可以重复使用，这意味着 t_{ID} 大小允许定义如下一个安全区：

- 一条最长为 95km 的高速公路，每条行驶路径有 5 个车道。
- 一条最长为 119km 的高速公路，每条行驶路径有 4 个车道。

计算路侧单元可覆盖的最大车辆数是很有用的。这一数值将被命名为 N_{VRSU}，可以由公式（3.5）确定：

$$N_{VRSU} = \frac{2C_r}{(V_{length} + V_{spacing})} \times n_{lanes} \tag{3.5}$$

N_{VRSU} 在不同交通情况下的取值见表 3.1，且车辆平均长度 4.58m[6]，车辆间距在交通拥堵的情况下为 10m，正常交通情况下为 30m[19]。

表 3.1　N_{VRSU}——每个路侧单元覆盖的最大车辆数量（$C_r = 750$m）

N_{VRSU}	正常交通	拥堵交通
1 车道	44	103
2 车道	87	206
3 车道	130	309
4 车道	174	412
5 车道	217	507

在下列小节中，将确定同步车载单元窗口和基础设施窗口长度的最大值。

3.2.2　同步车载单元窗口长度

确定在 IEEE 802.11p/WAVE 或其他类似标准下的同步车载单元窗口（Synchronous OBU Window，SOW）的最大长度十分关键。

假设最坏的情况是，区域中所有的车载单元都需要分配时隙，并且由多个路侧单元同时覆盖，则同步车载单元窗口的长度为

$$l_{SOW} = SOW_{slots} \times (IFS + BSM) \tag{3.6}$$

每个车载单元传输的安全消息，被称为基本安全消息（Basic Safety Message，BSM），其大小为 390bit[15]。10MHz 信道中的最短帧间间隔（Shortest Inter Frame Space，SIFS）为 32μs[11]，其帧与帧之间的空间小于 IEEE 802.11 标准中使用的帧间空间。根据该信道的比特率，传输 390bit 的基本安全消息所需的时间见表 3.2。

表 3.2　正交频分复用在 10MHz 信道中基本安全消息的持续时间

比特率/（Mbit/s）	基本安全消息/μs	基本安全消息 + 最短帧间间隔/μs
3	288	320
6	164	196
12	106	138

同步车载单元窗口中可用于车载单元传输的时隙数（SOW_{slots}）可由公式 3.7 得出。从 0 到

$$SOW_{slots} = (S_{IW} \times N_{VRSU}) - (S_{IW} - 1) \times N_{V_{int}} \tag{3.7}$$

式中，N_{VRSU} 和 S_{IW} 的值已知，在可重叠范围 O_r 内拟合的车辆数的值为

$$N_{V_{int}} = \bigcup_{i=1}^{S_{IW}-1} S_{RSU_i} \cap S_{RSU_{i+1}} \tag{3.8}$$

表 3.3 给出了 SOW_{slots} 的最大值。

表 3.3　路侧单元覆盖范围为 750m，重叠范围为 25％时，SOW_{slots} 的最大值

SOW_{slots}	正常交通	拥堵交通
1 车道	76	180
2 车道	152	360
3 车道	228	540
4 车道	304	720
5 车道	380	900

通过将表 3.1 和表 3.2 中的值相乘，可获得传输最大值的同步车载单元窗口所需的时间。结果如图 3.6 所示。

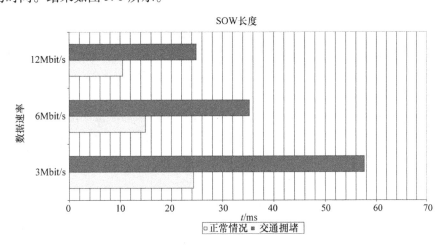

图 3.6　每条车道的同步车载单元长度

为了更好地说明这些值，可做如下假设。在使用 IEEE 802.11：2012 标准下，考虑一条行驶路径有 4 条车道的高速公路。由于在该标准下 WAVE 协议的控制信道的间隔大小在 50～100ms 变化，当高速公路上满载车辆时，尤其是在大型高速公路和出现交通拥堵时，不可能允许所有的车载单元在每个基本周期中更新其状态，如图 3.7 所示。

由于控制信道的间隔大小不大于 100ms（默认为 50ms），因此大致可以确定每

47

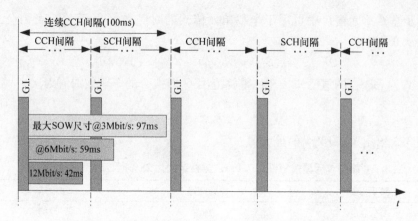

图 3.7　使用 IEEE 802.11：2012 标准正常车流量的
最大同步车载单元窗口长度（$n_{lanes} = 4$）

个控制信道间隔服务的最大车辆数。对于每个控制信道间隔，同步车载单元窗口的
最大可用传输时间对于连续模式将为 100ms，对于正常模式将为 50ms 减去保护间
隔的 4ms：

$$SOW\ 最大可用传输时间 = 100ms\ 连续模式$$
$$SOW\ 最大可用传输时间 = 50ms - GI \qquad (3.9)$$
$$= 46ms（正常模式）$$

　　由于还必须保证基础设施窗口的传输时长，并为未启用的车载单元保留空窗
期，因此同步车载单元窗口的长度将小于此值。上述值将作为同步车载单元窗口长
度的最大参考值，SOW_{slots} 的上限值见表 3.4。

　　通过表 3.4 与表 3.3 的对比可以看出，用于安全服务的常规比特率分别为
6Mbit/s 和 12Mbit/s[14]，不足以在一个完整的基本周期内为所有车辆提供服务，尤
其是在单向 3 车道以上的高速公路拥堵的情况下。因此，上述值是一个上限，之后
会重新定义。

表 3.4　每个控制信道间隔的最大 SOW_{slots}（上限）

比特率/(Mbit/s)	连续模式	正常模式
3	312	143
6	510	234
12	724	333

3.2.3　基础设施窗口长度

　　确定同步车载单元窗口长度后，将对基础设施窗口（Infrastructure Window，
IW）长度进行量化。每个路侧单元使用基础设施窗口发送包含在其传输时隙中的

触发消息以及可能的警告消息。基础设施窗口的持续时间如式（3.10）所示，其中该路侧单元时隙具有固定大小，并且 S_{IW} 等于 2。

$$IW = S_{IW} \times (RSU_{slot} + IFS) \tag{3.10}$$

为了计算 RSU_{slot} 的大小，必须分析触发消息和警告消息的长度。

触发消息以 RSU_{ID} 为起始，后跟一个参数（t_{SOW}），该参数指示触发消息的起始与同步车载单元窗口的起始之间有多少微秒的距离，然后是一系列临时车载单元标识符（t_{ID}）以及相应的传输时隙（tr_s）。触发消息帧如图 3.8 所示。

图 3.8　触发消息帧

首先，需要确定识别路侧单元需要的二进制位长。当使用 8 位作为 RSU_{ID} 的起始值时，足以识别 256 个不同的路侧单元，基于先前确定的 C_r，可以覆盖 168km 长的高速公路两侧。

为了确定触发消息帧的大小，必须量化 t_{SOW} 可能出现的最大值。最小值出现在最后一个 RSU_{slot} 中，并与 RSU_{slot} 的持续时间相对应。最大值出现在第一个 RSU_{slot} 中，对应于式（3.11）中。

$$t_{SOW\,max} = IW - IFS \tag{3.11}$$

这里有一个循环引用，因为触发消息的大小取决于触发消息本身，所以可以考虑在一个荒谬情况下解决此问题，即触发消息在 WAVE 的控制信道间隔中占据最大可能的可用长度（即 100ms）。由于 t_{SOW} 以微秒表示，这意味着至少需要 17 位才能正确定义 t_{SOW}。如果有需要，可以在稍后更新此值。

各参数长度：

- RSU_{ID} 的长度为 8 位。
- t_{SOW} 的最大长度为 17 位（稍后将进行细化）。
- 每个 t_{ID} 的长度为 16 位。
- 每个 tr_s 的长度为 10 位。

在交通拥堵的最坏情况下，如果需要允许所有车载单元都使用传输时隙，则触发消息将占据：

$$8 + 17 + 724 \times (16 + 10) = 18849 \text{bit} \tag{3.12}$$

这是更高比特率的情况。对于 3Mbit/s 和 6Mbit/s，可以确定 SOW_{slot} 的数量分别不会超过 312 辆和 510 辆，见表 3.4。触发消息根据传输速率的大小见表 3.5。

在交通拥堵和正常交通情况下，使用 WAVE 传输最大的触发消息所花费的时间见表 3.6。在 WAVE 中，使用的比特率范围从 3Mbit/s 到 12Mbit/s。表 3.6 中显示了传输触发消息所需的时长，该时长基于 IEEE 802.11p/WAVE MAC 标准，将报头和帧检查序列添加到消息大小中，然后根据所使用的比特率计算所需的填充位。

表3.5 触发消息的大小（上限）

比特率/（Mbit/s）	连续模式	正常模式
3	8137 位	3743 位
6	13285 位	6109 位
12	18849 位	8683 位

表3.6 正交频分复用技术中10MHz信道中触发消息的传输持续时间（上限）

比特率/（Mbit/s）	连续模式/ms	正常模式/ms
3	2.86	1.40
6	2.32	1.12
12	1.64	0.79

消息（警告消息）从路侧单元发送到在安全区内行驶的所有车辆。可能发生几种类型的安全事件，例如，"弯道速度警告"事件需要235位有效负载。更常见的安全信息必须包括以下字段：

- 事件 ID。
- 来源 ID。
- 发送 ID。
- 位置。
- 附加信息。

16 位足够用于事件 ID 字段，来源 ID 和发送 ID 是路侧单元，因此每个用 8 位足以表示。对于位置字段，112 位用于表示 GPS 坐标。这意味着警告消息的最小大小为 144 位。据此，表 3.7 显示了使用 IEEE 802.11p/WAVE 传输最小警告信息和曲线速度警告消息所需的时间。

表3.7 在正交频分复用10MHz信道中警告信息的传输时间

比特率/（Mbit/s）	连续模式/μs	正常模式/μs
3	200	232
6	124	140
12	82	90

为了量化路侧单元时隙的大小，需要找出每个基本周期或控制信道间隔要发送的最大警告消息数。这与求得路侧单元覆盖范围内可能同时发生的安全事件不同，因为路侧单元可能希望广播发生在其覆盖范围之外的事件，例如，行进路线前方发生的事故。将每个路侧单元时隙限制为 10 个警告消息，并考虑在每个路侧单元时隙中广播 10 个警告消息的情况，则每个路侧单元时隙都需要具有的最大传输持续时间为 TM + 10 × WM，见表 3.8。

表 3.8　使用正交频分复用 10MHz 信道的路侧单元时隙的传输持续时间（上限）

比特率/（Mbit/s）	连续模式/ms	正常模式/ms
3	5.18	3.72
6	3.72	2.52
12	2.54	1.69

根据式（3.10），可以确定基础设施窗口最坏情况下的最大传输持续时间，结果见表 3.9。

表 3.9　使用正交频分复用 10MHz 信道的基础设施窗口（$S_{IW}=2$）的传输持续时间

比特率/（Mbit/s）	连续模式/ms	正常模式/ms
3	10.42	7.50
6	7.50	5.10
12	5.14	3.44

在前面的小节中，显示了同步车载单元窗口由于超过了控制信道间隔而无法确定其大小（图 3.7）的情况。基于控制信道间隔的全长，确定了同步车载单元窗口的最大值，并因此确定了基础设施窗口的新上限（因为同步车载单元窗口的大小影响触发消息和路侧单元时隙）。

在 3.2.3 节的开头，确定了 t_{SOW} 的 17 位值，但此值将在以后进行完善。在确定基础设施窗口 t_{SOW} 的更实际的上限值后，可以将其安全地从 17 位减少到 14 位。这意味着触发消息的上限将减少 3 位。虽然使用了这些新值，但是由于在正交频分复用中使用了填充位，所以这额外的 3 位不会对触发消息的传输持续时间造成任何影响。触发消息的计算公式将更新为

$$8 + 14 + SOW_{slots} \times (17 + 10) \tag{3.13}$$

3.2.4　空窗期（FP）长度

在本小节中，将讨论空窗期的长度。由于它取决于路侧单元所覆盖区域中存在的车辆数量，所以该长度是可变的。为了确保非启用车辆和 WAVE 服务通知或非安全应用的传输机会，应定义最小的空窗期长度：

$$FP_{min} = (\sigma) \times (CCH_{Interval}), 0 < \sigma < 1 \tag{3.14}$$

当 σ 等于 10%，预留给 WAVE 服务公告（Wave Service Announcements, WSA）或其他通信的时间为 5~10ms。考虑到文献[12]中给出的 WAVE 服务公告的示例，常规 WAVE 服务公告的传输持续时间见表 3.10。也就是说在一个控制信道间隔中可以传输 16~32 个 WAVE 服务公告，这对于非城市场景是可以接受的。

在某些特定情况下，如果紧急通信需要使用整个基本周期，则空窗期长度可以减少为零。

表3.10 使用正交频分复用 10MHz 信道的常规 WAVE 服务公告的传输持续时间

比特率/(Mbit/s)	持续时间/μs
3	304
6	172
12	106

3.2.5 同步车载单元窗口调整

考虑到最小空窗期长度（FP_{min}）等于控制信道间隔值的 10%，我们将重新计算同步车载单元窗口的最大值和触发消息大小，如式（3.15）所示：

$$SOW = E - GI - IW - FP（连续模式时 GI = 0）\qquad(3.15)$$

由于触发消息和 SOW_{slots} 之间的关系，因此假设初始 IW 长度，将重新计算同步车载单元窗口的长度及其对应的时隙。由于 SOW_{slots} 的数量略有减少，因此触发消息长度和基础设施窗口长度也有所减少。通过重新引入新的基础设施窗口长度，可以获得更准确的同步车载单元窗口长度，重复整个过程直到相应数值与上一次迭代足够接近。最后，得到触发消息、基础设施窗口及同步车载单元窗口长度值表（表3.11~表3.14）。

表3.11 使用正交频分复用 10MHz 信道的触发消息传输持续时间

触发消息	最小空窗期长度 = 控制信道间隔值的 10%		无空窗期长度	
比特率/(Mbit/s)	连续模式/ms	正常模式/ms	连续模式/ms	正常模式/ms
3	2.34	1.08	2.60	1.21
6	1.94	0.91	2.16	1.01
12	1.41	0.67	1.56	0.75

表3.12 使用正交频分复用 10MHz 信道的基础设施窗口时长

触发消息	最小空窗期长度 = 控制信道间隔值的 10%		无空窗期长度	
比特率/(Mbit/s)	连续模式/ms	正常模式/ms	连续模式/ms	正常模式/ms
2	9.39	6.86	9.90	7.12
5	6.74	4.68	7.18	4.89
12	4.68	3.20	4.99	3.36

表 3.13　使用正交频分复用 10MHz 信道进行同步车载单元窗口传输的剩余时间

触发消息	最小空窗期长度 = 控制信道间隔值的 10%		无空窗期长度	
比特率/(Mbit/s)	连续模式/ms	正常模式/ms	连续模式/ms	正常模式/ms
3	80.60	34.13	90.10	38.88
6	83.26	36.32	92.82	41.11
12	85.32	37.80	95.01	42.64

表 3.14　每个控制信道间隔的 SOW_{slots} 值

触发消息	最小空窗期长度 = 控制信道间隔值的 10%		无空窗期长度	
比特率/(Mbit/s)	连续模式/ms	正常模式/ms	连续模式/ms	正常模式/ms
3	251	106	281	121
6	424	185	473	209
12	618	273	688	309

通过比较表 3.1 和表 3.14 的结果，可以看出，在某些特殊情况下，可能需要将整个控制信道间隔用于 V – FTT 协议，而不允许存在空窗期（短时间），以便在同步车载单元窗口中容纳更多车辆。对于较大型的高速公路，需要一种调度机制来公平地将车载单元分配给同步车载单元时隙，并在触发消息和警告消息之间分配路侧单元时隙时长。

3.3　最坏情况影响分析

分析 V – FTT 协议中最坏情况的影响是很重要的，特别是在应用的最大允许延迟之前传输机会到期而发生的情况。在此分析中，不考虑传输损耗带来的丢包概率，也不考虑数据包冲突等其他因素。

考虑到 S_{IW} 路侧单元覆盖的车载单元数量为 n_v，其中：

$$n_v = 1 \sim N \tag{3.16}$$

由于控制信道间隔到期而导致的拒绝传输（t_{dn}）的比例可以由式（3.17）确定：

$$t_{dn} = \begin{cases} 0 & n_v \leqslant SOW_{slots} \\ \left(1 - \dfrac{SOW_{slots}}{N}\right) & n_v > SOW_{slots} \end{cases} \tag{3.17}$$

每当车辆数量符合现有的同步车载单元窗口（Synchronous OBU Window，SOW），将不会拒绝传输，因为所有 OBU 可以在控制信道间隔内传输。如果车辆数量超过同步车载单元窗口中的时隙数量，那么在当前控制信道间隔中没有传输机会的可能性将会更高。

基于表 3.14 和前述公式，下面显示了两种典型的车辆安全应用的结果：最大延迟时间为 100ms 的紧急电子制动灯（EEBL）（图 3.9）和碰撞警告（图 3.10），最大延迟为 500ms。

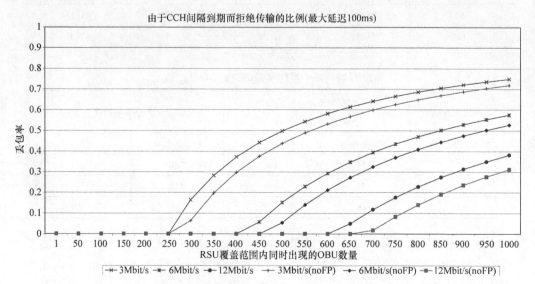

图 3.9　紧急电子制动灯应用中由于控制信道间隔到期而导致的拒绝传输的比例（见彩插）

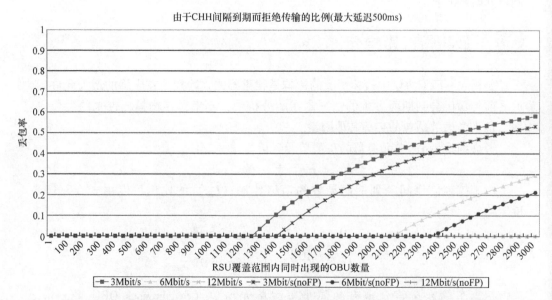

图 3.10　碰撞警告应用中由于控制信道间隔到期而导致的拒绝传输的比例（见彩插）

结果表明，对于具有更严格延迟约束的安全应用程序，当使用更高的传输比特率时，由于传输机会过期而导致的传输被拒绝的比例是可以接受的。显而易见，不使用非激活车辆的空窗期，将降低这一比例，因为在同步车载单元窗口中有可能容纳更多的车载单元。对于具有更高延迟的安全应用，即使比特率较低，V – FTT 协议也非常适合。在接下来的小节中，将研究适用于 IEEE 802.11：2012 的 V – FTT 协议最坏情况延迟的场景。

3.4　V – FTT 协议最坏情况延迟分析

现在将根据事件发生的时刻到车辆收到该事件警告的时刻之间的时间间隔，即端到端延迟，来分析 V – FTT 协议。

假设在安全区域内行驶的车辆中，车辆检测到安全事件（如事故，车辆故障）。从检测出事件到安全区域中的最后一辆车收到由路侧单元发出的警告之间的最大时长是一个重要参数，因此需要分析所涉及的时间参数：

- t_{V2I}：从车载单元检测出事件到该事件传输到路侧单元的时间段。

- t_{valid}：从路侧单元收到有效警告到路侧单元认为该警告有效的时间段。

- $t_{schedule}$：从路侧单元验证结束该事件并根据事件安排触发消息和警告消息的时间段。

- t_{I2V}：从路侧单元调度触发消息和/或警告消息到路侧单元发送警告消息的时间段。

为简化此推理，现在认为覆盖区域内的所有车载单元总是成功接收到警告消息的传输。

3.4.1　上行链路时间（t_{V2I}）

t_{V2I} 的最坏情况发生在车载单元在传输其基本安全消息后立即检测到事件时，这意味着车载单元将不得不等待其下一个分配时隙发送。仅出于分析目的，将此车载单元视为发送器。考虑最简单的公平调度方案，其中所有的车载单元都有一个传输机会，并且在所有其他车载单元都拥有第一个传输机会之后才拥有第二个传输机会。最坏的情况是，仅当在安全区的相同覆盖区域中的所有其余车载单元都有发送机会之后才允许发送器车载单元进行发送。这其中涉及多少个车载单元？最坏的情况就是安全区域车辆满载时。表 3.3 列出了这些数据。在安全区内行驶的车载单元的最大数量取决于高速公路的拓扑结构，即每条行驶路径的现有车道数量。这意味着发送器车载单元的最大等待时间将是可变的。假设在相同的覆盖区域内，将现存车载单元的最大数量超过发送器车载单元的数量称为 M_{OBU}。实际上，M_{OBU} 的值是表 3.3 的值减去 1（即发送器车载单元数量）。这些数据见表 3.15。

表 3.15 在相同覆盖区域内的最大车载单元数（$S_{IW}=2$，$C_r=750\text{m}$）

N_{VRSU}	正常交通	拥堵交通
1 车道	75	179
2 车道	151	359
3 车道	227	539
4 车道	303	719
5 车道	379	899

由于对于每个基本周期（Elementary Cycle，EC）都有最大可用 SOW_{slots} 的限制，发送器车载单元必须等待一些基本周期，直到有机会发送。这被称为 W_{EC}（Waiting Elementary Cycles），即等待的基本周期数。式（3.18）中显示了 W_{EC} 的值，它等于分区中的 M_{OBU} 除以可用的 SOW_{slots} 的最大数量（表 3.14）。

$$W_{EC} = \frac{M_{OBU}}{SOW_{slots}} \tag{3.18}$$

最坏情况下的车载单元传输时间如图 3.11 所示，其中车载单元在发送其基本安全消息之后立即检测到该事件，因此必须等待其下一个可用时隙发送。

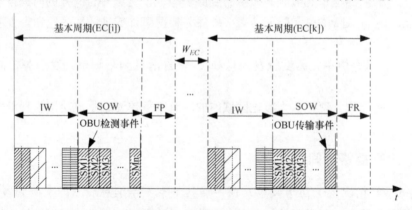

图 3.11　最坏情况下的车载单元传输时间（t_{V2I}）

如果按每个基本周期进行调度，则发送器车载单元唯一能保证的是它将在 W_{EC} 之后在同步车载单元窗口中进行调度。最坏的情况发生在式（3.19）所示的最后一个时隙中：

$$t_{V2I} = SOW + (W_{EC} + 1) \times E \tag{3.19}$$

图 3.12 和图 3.13 展示了针对两种情况（正常交通和拥堵交通）的计算结果，考虑到如前所述的空窗期没有最小长度（这是最坏的情况），基本周期的持续时间可以为 50ms（正常模式）或 100ms（连续模式）。

随着车道数量的增加，最大可能的车辆数量也会增加，这导致上行链路时间增加。有趣的是，对于小型的高速公路（每条行驶路径不超过两个车道），连续模式会导致更长的上行链路时间。这是由于所有车辆都可以在一个同步车载单元窗口中进行发送，并且车载单元必须等待一个完整的基本周期进行发送。此外可以看出，对于大型高速公路和密集场景，3Mbit/s 是不够的，因此 ITS – G5 确定将 6Mbit/s 和 12Mbit/s 用于安全应用[14]。这些结果还强化了一个事实，即需要调度机制，因为直截了当的公平时隙分配可能导致生成某些安全应用无法容忍的值。

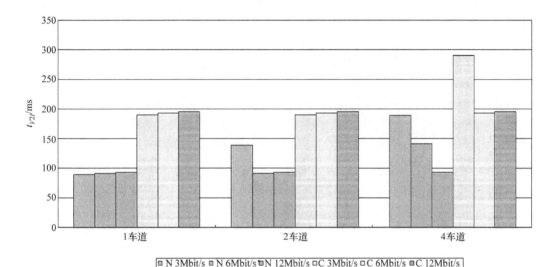

图 3.12　正常交通情况下的上行链路时间（t_{V2I}）的最坏情况（$FP = 0$，$C_r = 750\mathrm{m}$）（见彩插）

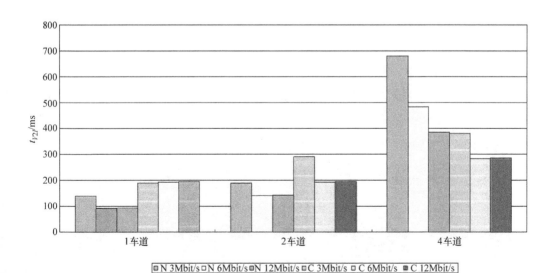

图 3.13　交通拥堵情况下的上行链路时间（t_{V2I}）的最坏情况（$FP = 0$，$C_r = 750\mathrm{m}$）（见彩插）

3.4.2　验证时长（t_{valid}）和调度时长（$t_{schedule}$）

验证时长是自路侧单元收到事件警告以后，直到它认为警告有效为止的时间段。验证时长取决于多个因素，因为路侧单元必须比较从多个来源（例如感应传感器、摄像机、雷达甚至其他车载单元）接收到的信息，以验证该事件。

调度时长是自路侧单元验证事件并根据事件调度触发消息和警告消息所用的时间段。

这两个时长通常结合在一起，最坏的情况是路侧单元在同步车载单元窗口的最后一个时隙中收到消息。对于路侧单元仅有第一个路侧单元时隙的情况，路侧单元必须在保护间隔内（即少于 4ms 内）执行验证、调度和构建其触发和警告消息。路侧单元应该具有足够的计算能力来实现此目标。

3.4.3　下行链路时间（t_{l2v}）

最坏情况的下行链路时间发生在路侧单元在第一个同步车载单元窗口时隙中从车载单元接收信息时，它必须等到下一个基本周期（EC）才有传输的机会（图 3.14）。

综上所述，t_{l2v} 中包含了验证时长和调度时长。

前面已经表明，同步车载单元窗口的持续时间是可变的，并且在 $FP = 0$ 时具有最大值。这意味着 t_{l2v} 的最坏情况实际上等于基本周期（E）的整个持续时长减去触发消息的持续时长。

$$t_{l2v} = (E - TM) \tag{3.20}$$

结果见表 3.16。

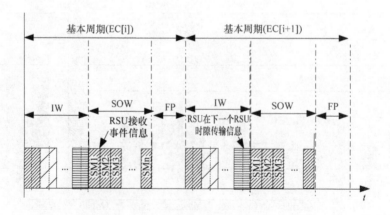

图 3.14　t_{l2v} 的最坏情况

表 3.16　验证、调度和下行链路时长的最坏情况值（$S_{IW}=2$，$C_r=750\text{m}$）

比特率/(Mbit/s)	连续模式/ms	正常模式/ms
3	48.79	97.40
6	48.99	97.84
12	49.25	98.44

3.4.4　事件检测到车载单元警告之间的最坏情况时长（t_{worst}）

在确定了所涉及的相关时长之后，现在可以确定从事件检测到路侧单元向安全区中的最后一辆车发出警告之间发生的时长最坏的情况，被称为 t_{worst}。首先，人们可能会认为是通过将上行链路时长最差情况与下行链路时长最差情况相加而获得的：

$$\begin{aligned} t_{worst} &= (t_{V2I} + t_{I2V}) \\ &= SOW + (W_{EC}+1) \times E + E - TM \\ &= SOW - TM + (W_{EC}+2) \times E \end{aligned} \tag{3.21}$$

但是，式（3.21）只能用作上限值，因为 t_{V2I} 和 t_{I2V} 的最坏情况永远不会同时发生。

t_{V2I} 的发生代表着车载单元在同步车载单元窗口的最后一个时隙中发送。这意味着 t_{I2V} 的残余最大值将近似等于 $FP+IW$，假设空窗期（FP）的值从一个基本周期到另一个基本周期不会发生显著变化。这意味着在这种情况下，t_{worst} 的值可由式（3.22）确定：

$$\begin{aligned} t_{worst} &= SOW + (W_{EC}+1) \times E + FP + IW \\ &\approx (W_{EC}+2) \times E \end{aligned} \tag{3.22}$$

另一方面，如果发生 t_{I2V} 的最坏情况，则意味着车载单元在第一个传输时隙中成功传输了事件，这代表着 t_{V2I} 的值将等于 $SOW+FP+W_{EC} \times E+IW$，即等于 $(W_{EC}+1) \times E$。故 t_{worst} 将由式（3.23）确定：

$$t_{worst} = E + (W_{EC}+1) \times E \approx (W_{EC}+2) \times E \tag{3.23}$$

总之，事件检测和 OBU 警告之间的最坏情况下所用时长线性地取决于基本周期（E）的持续时间，但是，W_{EC} 取决于每个基本周期的最大 SOW_{slots} 值，而后者又取决于 E，因此减少 E 也会减少 SOW_{slots} 值并增加 W_{EC} 值。在表 3.17、表 3.18 中对结果进行了总结，并在图 3.15 和图 3.16 中进行了描述，其中显示了在正常模式或连续模式下使用不同的比特率之间的差异，其中，E 在后面的模式中较长。

表 3.17　正常交通的最坏情况警告时间（无空窗期）

正常交通	1 车道		2 车道		4 车道	
比特率 /（Mbit/s）	连续模式/ms	正常模式/ms	连续模式/ms	正常模式/ms	连续模式/ms	正常模式/ms
3	200	200	200	300	300	400
6	200	200	200	200	200	300
12	200	200	200	200	200	200

表 3.18　交通拥堵的最坏情况警告时间（无空窗期）

拥堵交通	1 车道		2 车道		4 车道	
比特率 /（Mbit/s）	连续模式/ms	正常模式/ms	连续模式/ms	正常模式/ms	连续模式/ms	正常模式/ms
3	200	300	300	400	400	700
6	200	200	200	300	300	500
12	200	200	200	300	300	400

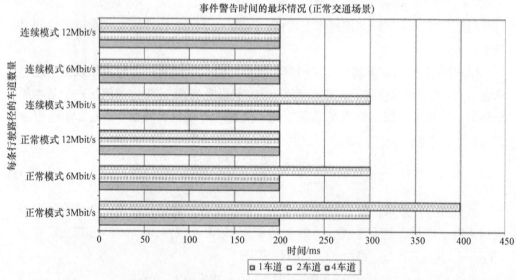

图 3.15　每条车道数量的事件警告时间的最坏情况（正常交通）（见彩插）

分析结果可知，对于有最严格延迟要求的安全应用来说，最低比特率的最坏情况是不能容忍的。但是，其中某些最大延迟（例如紧急电子制动灯）是针对特定的高速场景（大于 100km/h）计算的。对于交通拥堵情况，预计车辆不会以如此高的速度行驶。但是，使用最高的比特率应该可以缓解该问题。由于最坏情况的结果与基本周期的持续时间相关，因此，对于一个同步车载单元窗口内的车载单元数量不超过一个基本周期的情况，较小的基本周期可以获得更好的结果。但是，如果

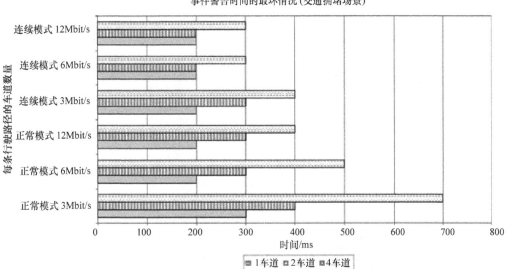

图 3.16　每条车道数量的事件警告时间最坏的情况（交通拥堵）（见彩插）

使用 IEEE 802 – 11：2012，则必须固定基本周期并使其等于控制信道间隔。对于其他标准，必须研究在正常情况下较小基本周期对延迟的影响。

3.5　应用场景：A5——埃斯托里尔海岸公路

在本节中，介绍了一个现实的应用场景：A5——埃斯托里尔海岸公路，这是葡萄牙最繁忙的高速公路之一。V – FTT 协议通过理论上的最坏情况计算和 MAT-LAB 与事件生成器一起应用于 A5 高速公路。

3.5.1　A5 高速公路概况

A5 高速公路连接里斯本和卡斯卡伊斯，全长 25km。根据 2009 年和 2010 年前三个月的月度数据，平均每日交通负荷接近 7.4 万辆，不过在 A5 的某些路段，平均每日交通负荷最高可达 13.4 万辆。A5 高速公路特许经营公司 BRISA SA 提供了 2013 年 10 月高峰时段的交通数据。车道的数量在整个过程中是变化的，见表 3.19。

高速公路上发生严重事故或事故多发的地点被称为"黑点"。从 1996 年到 2006 年，在 A5 高速公路[10]上发现了几个黑点。作者决定将连续的黑点连接起来，最终得到 22 个黑点。里程编号与 A5 中使用的相同，0km 对应里斯本，27.4km 对应卡斯卡伊斯。详见表 3.20。

考虑到 RSU 覆盖会存在重叠，表 3.20 中的 22 个黑点可以转换为以下三个安全区域：

- 安全区域1将覆盖0~3.1km。
- 安全区域2从3.8~5km。
- 安全区域3将覆盖黑点11（5.8km和5.9km）。

表 3.19　A5 高速公路特性（改编自文献[10]和文献[16]）

A5 路段	距离 /km	车道数	ADT(每日 平均流量)	交通事故数量 (2003—2006)	每月高峰时段的 最高流量
杜阿尔帕切科高架桥到 米拉弗洛雷斯	4.0	4	>120000	177	18728
米拉弗洛雷斯到 林达华拉哈	1.5	3	>120000	253	7398
林达华拉哈到 国家体育馆	2.7	3	>120000	216	6862
国家体育馆到奥埃拉斯	5.4	3	>120000	32	6956
奥埃拉斯到埃斯托里尔	9.0	3	>67000	42	6738
埃斯托里尔到卡斯凯什	5.3	2	>38000	——	——

表 3.20　A5 高速公路黑点数（改编自文献[10]）

黑点	里程/km	黑点	里程/km
1	0.1~0.6	12	6.0~6.1
2	0.8~0.9	13	6.3~6.4
3	1.0~1.1	14	6.8~7.2
4	1.5~1.6	15	7.3~7.6
5	1.8~1.9	16	7.8~8.1
6	2.0~2.2	17	8.5~8.6
7	2.4~2.6	18	8.8~9.1
8	2.8~3.1	19	10.0~10.1
9	3.8~4.5	20	11.8~11.9
10	4.7~5.0	21	14.3~14.4
11	5.8~5.9	22	14.5~14.6

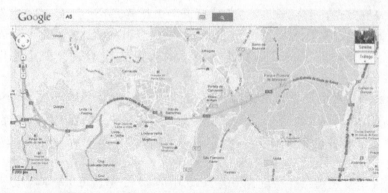

图 3.17　A5 高速公路安全区建议（改编自文献[9]）

在图 3.17 中，A5 高速公路上划分了三个安全区。为了更好地了解 A5 高速公路的环境，我们提供了以下关于葡萄牙法律的信息：

- 葡萄牙公路允许的最高速度是 120km/h。
- 最大车辆尺寸为（来自文献 [4]）：
  - 最大宽度：2.6m。
  - 最高高度：4m。
  - 最大长度（客车）：12m。
  - 最大长度（货车）：18m。

平均车辆尺寸可用于进一步计算，因此典型的平均车辆尺寸见表 3.21。

在接下来的小节中，我们将分析 A5 高速公路上 V – FTT 的可行性。

表 3.21　车辆平均大小（改编自文献 [6]）

车辆类型	平均宽度/m	平均高度/m	平均长度/m
小型载客汽车	1.75	2.06	4.58
公交车	2.50	3.45	11.08
货车	2.45	4.00	9.00
带拖车货车	2.55	4.00	15.60

3.5.2　在 A5 高速公路上 V – FTT 的可行性

在 A5 高速公路场景的应用中，需要量化一些 V – FTT 变量，可以使用 3.2.1 节中的公式。

$$n_{S_z} = \frac{l_{S_z}}{\{[V_{length} \times (1 - Tr_{perct}) + Tr_{length} \times Tr_{perct}] + v_{spacing}\}} \times n_{lanes} \qquad (3.24)$$

对于安全区 1 而言，$l_{S_z} = 3100m$，$n_{lanes} = 4$，$V_{length} = 4.58m$，$Tr_{length} = 9m$，$v_{spacing}$ 其变化范围为 10m（交通拥堵）到 30m（正常交通）[19]，$Tr_{perct} = 0$。也就是说当在最坏的情况，即更多的车辆进入安全区时，正常交通条件下，359 辆车可以进入安全区 1，在交通堵塞的情况下增加到 850 辆。

考虑到将来可能会把安全区扩展到整个 A5 高速公路，重新使用式（3.24），其中 $l_{S_z} = 27400m$，每条行驶路径最多可容纳 7518 辆车。表 3.22 总结了 A5 中三个安全区的结果。

表 3.22　A5 高速公路安全区内同时存在的最大车辆数

安全区	正常交通	拥堵交通
安全区 1（3100m）	359	850
安全区 2（1200m）	139	329
安全区 3（100m）	12	28
A5 高速公路	3170	7518

路侧单元之间的间距由式（3.3）确定，为1312.5m。这意味着可以确定放置在每个安全区的路侧单元的数量，见表3.23。

表3.23 在A5高速公路上布置的路侧单元数（$C_r = 750m$, $S_r = 1312.5m$）

安全区	每条车道上的路侧单元数
安全区1（3100m）	4
安全区2（1200m）	2
安全区3（100m）	1
A5高速公路	22

3.5.2.1 A5安全区1的最坏情况计算

表3.22显示，安全区1最多可同时容纳850辆车。因为至少有4个RSU被部署在安全区1，这意味着无法达到表3.3中为每个RSU覆盖范围定义的最坏情况。将850辆车平均分配到整个安全区（因为这是一个交通堵塞的场景），每个RSU覆盖范围将有411辆以上的车，但是由于RSU覆盖范围重叠，这意味着每个RSU大约有360辆车。通过重复第3.4节中相同的推理和计算得到结果，见表3.24。

表3.24 A5高速公路交通拥堵场景下（4车道）**的t_{worst}值，$S_{IW} = 2$**

比特率/(Mbit/s)	正常模式/ms	连续模式/ms
3	400	30
6	300	200
12	300	200

主要结论是，对于A5高速公路情景，最坏情况的值较小，并且适用于ETSI定义的协同感知消息（Cooperative Awareness Messages，CAM），因为生成CAM之间的最大间隔为1s（1000ms）。协同感知消息的用途与基本安全信息（Basic Safety Message，BSM）相同。然而，最坏情况下的值仍高于某些安全关键应用（例如紧急电子制动灯）的最大延迟，至少在使用最低比特率时是这样。V-FTT保证了有界延迟，但是为了获得更合理的延迟值，应该使用某种调度机制。

3.5.2.2 A5安全区1的MATLAB场景

为了评估A5高速公路的V-FTT协议，同时使用MATLAB与事件生成器[5]，参数见表3.25。

表3.25 MATLAB V-FTT参数

参数	值
车道宽	3m
车道数	4
车辆长度	4.58m

（续）

参数	值
平均车距	10/30m
路侧单元覆盖范围	750m
安全区长度	3100m
基本周期	100ms
调制	BPSK $\frac{1}{2}$（3Mbit/s）/QPSK $\frac{1}{2}$（6Mbit/s）/16 – QAM（12Mbit/s）
S_{IW}	2/3
车辆速度	在 50～120km/h 随机选择（此后保持不变）

结果显示了在同步车载单元窗口和基础设施窗口之后可用的基本周期的百分比。选择该百分比的最小值，然后乘以基本周期，就可以得到表 3.26（$S_{IW}=2$）和表 3.27（$S_{IW}=3$）的结果。

分析表 3.26 和表 3.27 的结果，很明显，在所有情况下，在安全区内行驶的所有车载单元都被安排在一个基本循环内。

利用这些信息，可以计算出事件验证时长的最坏情况，见表 3.28。

t_{worst} 的值是在极少数情况下可能发生的最坏情况。

表 3.26　用于安全区 1（3100m）的最小可用基本周期长度 MATLAB 结果，$S_{IW}=2$

比特率/（Mbit/s）	拥堵交通/ms	正常交通/ms
3	66.96	66.92
6	76.16	76.12
12	89.14	89.04

表 3.27　用于安全区 1（3100m）的最小可用基本周期长度 MATLAB 结果，$S_{IW}=3$

比特率/（Mbit/s）	拥堵交通/ms	正常交通/ms
3	73.26	72.28
6	80.05	79.42
12	82.78	82.80

表 3.28　A5 高速公路交通拥堵场景下的 t_{worst} 值，$S_{IW}=3$

比特率/（Mbit/s）	最小事件传播时间/ms	t_{worst}/ms
3	73	200
6	80	200
12	83	200

3.6 结论

在这一章中，我们研究了 V–FTT 协议如何应用于 IEEE 802.11p/WAVE 标准，以确保车辆环境中的安全应用。我们进行了一些参数量化：路侧单元的覆盖范围应该为 750m，为了便于切换，路侧单元应该至少有 25% 的重叠范围，这意味着路侧单元之间可能的最大间距是 1312.5m。V–FTT 协议的若干参数也使用最坏情况的方法进行了量化，特别是触发消息的长度、基础设施窗口和同步车载单元窗口的最大值。该过程是通过将基本周期（EC）与 IEEE 802.11p/WAVE 控制信道间隔相匹配，并在最坏情况下对正常模式（控制信道间隔 = 50ms）和连续模式（控制信道间隔 = 100ms）进行计算来完成的。在两种不同情况下（拥堵交通和正常交通），所有车载单元都需要在一个基本周期中服务。在紧急情况下，为了服务更多的车辆，可能有必要在短时间内将空窗期时长减少到零。

在应用的最大容许延迟之前，使用最坏情况方案对传输机会到期所造成的拒绝传输比率的影响表明 V–FTT 协议在路侧单元覆盖区域和 450 个车载单元之下工作得很好。此外，WAVE（3Mbit/s）提供的较低数据速率不足以应对高密度场景，这提高了 ITS–G5 选择使用 6Mbit/s 和 12Mbit/s 进行安全通信的可能。

事实证明，V–FTT 协议具有最大有界延迟。之后分析了事件传输的最坏情况延迟（使用公平的调度机制），可以得出对于某些比特率延迟超过 300ms 的最坏情况下，是无法满足最严格的安全应用要求的，这表明需要适当的调度机制。

在本章中，给出了一个实际的应用场景，即 A5 高速公路（从里斯本到卡斯卡伊斯），以及在这条高速公路上部署路侧单元的可能模型。V–FTT 协议可应用于 A5 高速公路，其结论是，对于高峰时段的交通，V–FTT 仍然能保证有限延迟。

参 考 文 献

1. 802.11-2012—IEEE Standard for Information Technology Telecommunications and information exchange between systems Local and metropolitan area networks Specific requirements Part 11: Wireless LAN Medium Access Control (MAC) and Physical Layer (PHY) Specifications. Technical report IEEE Std 802.11TM-2012. IEEE-Inst. doi:10.1109/IEEESTD.2012. 6178212. http://ieeexplore.ieee.org/servlet/opac?punumber=6178209
2. V. Ancusa, R. Bogdan, A method for determining ad-hoc redundant coverage area in awireless sensor network, in *2nd International Conference on Networking and Information Technology, IPCSIT*, vol. 17 (2011)
3. Best Practices for Deploying Polycom® SpectraLink® 8400 Series Handsets White Paper. Technical report POLYCOM, Aug 2011
4. Diário da República. Portaria 1092/97 - Limites de peso e dimenso dos veículos (Código da Estrada). https://dre.pt/application/file/107488.1997
5. D. Dinis, Vehicular flexible time triggered simulator. Technical report, Telecommunications and Informatics, Aveiro University, Department of Electronics, Aug 2013
6. en Wegenbouwen de Verkeerstechniek Centrum voor Regelgevingen Onderzoek in de Grond- Water-.Recommendations for Traffic Provisions in Built-up Areas: ASVV. C.R.O.W. record. Centre for Research and Contract Standardization in Civil Engineering (1998). ISBN:9789066282650. https://books.google.pt/books?id=4aYqAQAAMAAJ

7. ETSI ITS-G5 standard—Final draft ETSI ES 202 663 V1.1.0, Intelligent Transport Systems (ITS); European profile standard for the physical and medium access control layer of Intelligent Transport Systems operating in the 5 GHz frequency band. Technical report ETSI (2011)

8. B. Gallagher, H. Akalsuka, H. Suzuki, Wireless communications for vehicle safety: radio link performance and wireless connectivity methods. IEEE Veh. Technol. Mag. **1**(4), 4–24 (2006). http://ieeexplore.ieee.org/xpls/abs%5C_all.jsp?arnumber=4149621

9. Google Maps Search, A5 Motorway Portugal. http://www.google.com/maps.2012

10. T. Guerreiro, Análise da Sinistralidade Rodoviáriaem Portugal–estudo de duas vias: EN6 e A5, Dissertação para obtenção do grau de Mestre em Engenharia Civil. M.A. thesis. Instituto Superior Técnico, September (2008)

11. IEEE Standard for Information Technology—Telecommunications and Information Exchange Between Systems—Local and Metropolitan Area Networks—Specific Requirements—Part 11: Wireless LAN Medium Access Control (MAC) and Physical Layer (PHY) Specifications. IEEE Std 802.11-2007 (Revision of IEEE Std 802.11-1999) (June 2007), pp. 1–1076. doi:10. 1109/IEEESTD.2007.373646

12. IEEE Standard for Wireless Access in Vehicular Environments (WAVE)—Networking Services Corrigendum 1: Miscellaneous Corrections. Undetermined. doi:10.1109/IEEESTD. 2012.6239546

13. IEEE Trial-Use Standard for Wireless Access in Vehicular Environments (WAVE)—Multi-Channel Operation. IEEE Std 1609.4-2006 (2006). doi:10.1109/IEEESTD.2006.254109. http://dx.doi.org/10.1109/IEEESTD.2006.254109

14. K. Katzis, D.A.J. Pearce, D. Grace, Fixed channel allocation techniques exploiting cell overlap for high altitude platforms, in *The Fifth European Wireless Conference Mobile and Wireless Systems beyond 3G* (2004)

15. A. Perallos, *Intelligent Transport Systems: Technologies and Applications* (Wiley, Chichester, 2015). ISBN:9781118894781

16. Relatório de Tráfegona Rede Nacional de Auto-estradas - 1° *trimestre*. Technical report INIR—Instituto Nacional de Infra-Estruturas Rodoviárias (2010)

17. L. Stibor, Y. Zang, H.-J. Reumerman, Evaluation of communication distance of broadcast messages in a vehicular ad-hoc network using IEEE 802.11p, in *Proceedings of Wireless Communications and Network Conference (WCNC) 2007. Hong kong, China, Mar 2007*, p. 5. ISBN:1-4244-0659-5. http://www.comnets.rwth-aachen.de

18. Vehicle Infrastructure Integration (VII), VII Architecture and Functional Requirements, version 1.0. Technical report, U.S. Department of Transportation, Federal Highway Administration, Apr 2005

19. Q. Xu et al., Vehicle-to-vehicle safety messaging in DSRC, in *Proceedings of the 1st ACM International Workshop on Vehicular Ad Hoc Networks. VANET'04* (ACM, Philadelphia, PA, USA, 2004), pp. 19–28. ISBN:1-58113-922-5. doi:10.1145/1023875.1023879. http://doi.acm. org/10.1145/1023875.1023879

第 4 章
基于STDMA的基础设施车载网络调度算法

摘要

为了提高交通运输的安全性和效率，人们在交通运输领域开展了大量的研究工作，进而推动了所谓的智能交通系统（Intelligent Transportation Systems，ITS）的发展。在智能交通系统中，车辆、驾驶员和交通基础设施之间存在一个闭环的相互作用，由专用网络（通常称为车载网络）支持。虽然一些赋能技术正进入成熟阶段，但目前提出的通信协议还不能满足智能交通系统许多业务的时效性约束，特别是在道路拥挤的情况下。为了解决这一问题，设计了几种基于基础设施或直接点对点通信的媒体访问协议（MAC）。这些协议中的大部分均采用时分多址（Time Division Multiple Access，TDMA）技术来管理通信并达到一定程度的确定性。为了提高标准点对点网络和无线网格网络的效率，对 TDMA 协议中空间复用算法（Spatial Reuse Algorithms for TDMA，STDMA）的使用进行了广泛的研究，但智能交通系统网络具有独特的性质和需求，而这些算法并没有解决这些问题。本章（本章是文献［21］的扩展工作）讨论了在智能交通系统车联网中提供确定性实时通信方面的一些最为相关的挑战，以及致力于解决这些挑战所做的工作。重点讨论了基于 TDMA 基础设施的协议，以及在车载环境中采用空间复用方法的挑战，提出了一种新的无线车载通信体系结构 V – FTT，旨在为车联网提供确定性通信。本章以交通调度分析、STDMA 时隙分配算法和 V – FTT 的 Matlab 仿真器的设计为结尾。

4.1 车载网络

协同智能交通系统的无线车载网络由于其潜在的应用和服务，近年来引起了广泛的关注。具有数据传感、采集、处理和通信的协同应用为增强道路安全、提高乘客舒适度和改善交通管理带来了前所未有的潜力。为了支持这种有远见的场景，需要在那些部署在车辆上的应用程序与部署在紧急服务、道路运营商或公共服务后台的应用程序之间进行通信。这些应用程序在无人监管的情况下运行，报告信息并从车辆或网络中的相应应用程序接收命令。

欧洲电信标准协会（European Telecommunications Standards Institute，ETSI）EN 302 665 标准定义了"基本应用程序集"（Basic Set of Applications，BSA），它由以

下三个主要应用程序类组成[6,11]：

- 道路/交通安全应用：旨在降低车祸风险，以及尽量减小不可避免事故带来的损害。
- 交通效率应用：旨在改善交通流动性。
- 其他应用（增值）：旨在为用户提供舒适和娱乐。

上述每个类都展示了必须提供的不同级别的服务质量，以确保其能正确运作。例如，由于它们的性质，安全相关的应用通常需要保证最大延迟在 100ms 以下，而大多数信息娱乐应用优先于高数据速率。除了延迟，安全应用程序在通信中还需要高度的确定性和可靠性。例如，发生事故的车辆应能及时进入媒介，实现即使在道路拥堵情况下也能发送警告信息。因此，合理的车联网管理和设计是必不可少的。

车载网络的移动单元相当于传统无线网络中的节点，除了由相邻车辆组成的网络（通常称为车辆自组织网络，Vehicular Ad – Hoc Networks，VANET）的点对点配置，即参与者进行车辆对车辆（V2V）通信外，还可能存在更传统的无线网络设置，这种网络的基站在道路两侧。这些站点充当接入点，管理车辆到基础设施（V2I）通信的信息流，它们还可以提供对外部网络和服务的访问。使用上述通信类型并承载智能交通系统应用程序的设备，当其部署在车辆中时称为车载单元（OBU），部署在路边站时称为路侧单元（RSU）。

IEEE 1609 车载环境无线接入标准（Wireless Access in Vehicular Environments，WAVE）定义了一个体系结构和一组标准化的服务和接口，这些服务和接口共同支持 V2X 无线通信。WAVE 支持两个协议栈：用于容纳标准 IP 应用程序的传统互联网协议第 6 版（IPv6），以及用于容纳具有严格时间和可靠性要求的高优先级应用程序（如安全关键应用程序）的专有 WAVE 短消息协议（WAVE Short Message Protocol，WSMP）。两个堆栈共用相同的物理层和数据链路层，但在网络层和传输层上有所不同。WAVE 的物理层和数据链路层依赖于 IEEE 802.11：2012 第 6 修正案（20），也被称为 802.11p；等效的欧洲标准被称为 ETSI – ITS G5[12]。IEEE 802.11p 采用与 IEEE 802.11a 相同的带冲突避免的载波侦听多路访问（Carrier Sense Multiple Access with Collision Avoidance，CSMA/CA）机制，以及 IEEE 802.11e 的增强型分布式信道访问（Enhanced Distributed Channel Access，EDCA）服务质量（Quality of Service，QoS）技术。IEEE 802.11p 还对 IEEE 802.11 扫描、关联和认证过程进行了简化，以便更好地应对车联网中发现的快速拓扑变化[28]。

尽管 IEEE 802.11p 是实现车载通信的新型标准，但它仍存在一些问题和局限性，这些问题和局限性削弱了 IEEE 802.11p 提供可靠、公平、及时和服务质量保证的通信性能和能力。IEEE 802.11p MAC 依赖于 CSMA/CA 技术，其回避机制使得其表现出不确定性。在流量大的情况下，这个问题更为严重，因为在流量大的情况下，会经常发生无穷的介质访问延迟和高丢包率。此外，由于安全消息以广播模式发送，因此没有交换确认消息（ACK）来确认接收，并且不使用虚拟载波侦听（Virtual Carrier Sensing, VCS）机制。这导致在有隐藏节点时，会出现更高的冲突概率，并会降低通信的可靠性[3]。因此，IEEE 802.11p 不能满足车联网（尤其是VANET）中安全应用的固有服务质量和可靠性要求。然而，如果网络的负载保持在较低的水平（这在车载环境中很难保证），或者如果 MAC 协议限制和控制媒体访问来提供确定性行为，那么发生冲突的概率可能会降低。

4.2 车载网络的 MAC 协议

车载网络 MAC 协议的设计是一项具有挑战性的任务，因为它必须在支持智能交通系统应用所要求的各种服务质量的同时，还要应对节点的高移动性、高速以及频繁的拓扑变化。为了提出一种恰当的 MAC 协议，必须解决以下几个关键挑战[19]：

- 高速和灵活性：所实现的机制应该能够应对高速的节点，无缝地适应频繁的网络拓扑变化，而且必须要能够在公路和城市场景中运行。
- 可扩展性：MAC 协议应在不同的流量负载条件和网络规模下提供有效的信道利用机制。
- 支持广播：需要有效的广播服务，以便在区域范围内传播信息（例如安全相关应用）。
- 隐藏和暴露节点：由于通信介质的共享性质，MAC 协议应考虑隐藏/暴露节点的可能性，这些节点会引起一些冲突，MAC 协议应采用能够避免或减少这些冲突发生概率的技术。
- 服务质量支持：MAC 协议应提供适当的传输服务，以支持具有严格 QoS 要求的应用，即具有有限延迟的可靠通信，同时确保对带宽要求高的应用（如信息娱乐）的高吞吐量。

为车载通信设计可扩展的、确定性的 MAC 协议可以遵循两种主要的可能方法，它既可以依赖于基础设施，也可以仅基于自组织车对车通信而不依赖于任何基础设施，还可以采用兼顾这两种模式优点的混合方法。在点对点网络中，严格的实时行为和安全保证通常很难实现，而在高速移动场景中更难实现，在高速移动场景中，分布式一致性算法的响应时间（如簇形成和簇头选择）可能与系统的动力学不兼容。因此，基础设施（例如路侧单元和骨干网）的存在可能会增加一定程度的确定性，这有助于在网络的无线端实施实时性和可靠性。

车辆点对点解决方案的明显优势是不需要基础设施，因此成本更低，更易于部署，这使得它们对农村地区和发展中国家具有吸引力。此外，这些网络的延迟原则上比基于基础设施的解决方案要低，因为通信是直接从源到目的地的[34]。然而，点对点解决方案在涉及安全应用方面存在以下严重的缺点[5,25]：

- 为了将消息中继到目的地，可能需要进行多跳，从而导致端到端延迟的增加。
- 为了在 V2V 通信中实施确定性，需要不同形式的分布式共识（例如节点和簇头选择），这些通常会增加复杂性并消耗额外的资源。
- 恶意用户可能会广播不能被基础设施传达/验证的虚假信息。
- 除非强制执行某些协议来避免这种情况，否则可能会发生警报风暴，也称为广播风暴，使介质超载。

尽管基于基础设施的解决方案的部署成本较高，但这些解决方案具有一些特殊性，可以利用这些特殊性来获得收益，特别是在以下高密度和高车速的场景中：

- 接收到的车辆数据可以由基础设施进行分析，然后基础设施可以通过与其他信息源（如摄像机、感应回路）进行交叉检查来编辑和验证所报告的事件，这样可以最大限度地减少漏洞问题。
- 基础设施可以管理对媒体的访问，避免冲突并避免上述广播风暴问题。
- 基础设施和/或协调它们的实体可以对覆盖区域有一个全局视野，因此可以做出更好的决策。
- 处理开销可以限制在基础设施中，降低了 OBU 设备的复杂性和成本。

此外，路侧基础设施可以被视为"虫洞"的一个实例[35]，其中假设不确定性在所有系统组件中既不统一也不永久，即某些部分比其他部分更可预测。通过这种方式，可以将系统中更可预测的部分视为"虫洞"，因为它们执行某些任务的速度或可靠性明显高于系统其他部分。因此，可以认为，I2V 通信可以比纯 V2V 更安全，因为基础设施（即路侧单元和骨干网）的存在，增加了在网络无线端实施实时性和安全性所需的确定度。为了确保骨干有线网络的确定性，需要实时网络技术（通常在第 2 层）或将保证扩展到多个网络和更高层的资源预留协议，这些技术不在本章讨论范围之内。

MAC 协议通常分为两大类：基于争用和基于无争用。在基于争用的协议中，每个节点试图使用载波侦听机制获得对媒体的访问，而无争用协议则在任何给定时间将对信道的访问分配给单个节点。在基于争用的协议中，如 IEEE 802.11p 协议中，多个相邻节点可以感知到媒体是空闲的，并同时进行传输，从而在目的节点处造成冲突，影响车联网的实时性能。无争用协议可以以复杂性为代价提供有界延迟和更好的服务质量支持：它们通常要求网络中的所有节点之间交换周期性控制消息，以保持同步和构建/更新调度表。

无争用协议的设计可以基于三种主要技术：频分多址（Frequency Division Multiple Access，FDMA）、码分多址（Code Division Multiple Access，CDMA）和时分多址（Time Division Multiple Access，TDMA）。这些协议允许车辆分别使用唯一的频带、码序列或时隙来访问媒体，避免了相同两跳的相临车辆之间发生冲突。

基于 FDMA 的协议通常很复杂，并且表现出很高的通信开销，因为它们需要在发射器和接收器处使用频率同步机制。为了协调频率，这些机制依赖于使用专用频率控制信道交换控制消息。相比之下，基于 CDMA 的协议在不同车辆之间共享相同的频率频道，然而，在给定的车辆对/组之间的通信是使用唯一的代码序列进行编码的。每一次通信都需要一个协调和分配代码的算法，这会增加传输延迟和开销。基于 TDMA 的协议不需要任何编码即可共享相同的频率，但会为每辆车分配不同的时隙。基于 TDMA 的协议可以有效地支持 I2V/V2I 通信，而基础设施可以创建、管理和分发时隙预留时间表。此外，可以在线灵活地管理时隙，例如，可以将多个不同的时隙分配给同一车辆以增加带宽或冗余。该基础设施还可以预测车辆的移动和位置，并将相同的时隙分配给不在干扰范围内的车辆（空间复用）。由于其特点具有吸引力，目前基于 TDMA 的车联网解决方案是一个新兴的研究领域。

考虑到基于基础设施 TDMA 的 MAC 协议在车联网中的重要性及其与本文提案的相关性，本章的剩余部分将集中讨论这些内容。

4.2.1　基于基础设施 TDMA 的确定性 MAC 协议

如前所述，基于 TDMA 的 MAC 协议目前正受到研究界的极大关注，本节将讨论和分析基于基础设施 TDMA 类别中与当前最相关的协议。

Guo 等人[17]提出了一种基于集中式动态 TDMA 机制的车联网自适应无冲突 MAC（Adaptive Collision – Free MAC，ACFM）。在自适应无冲突 MAC 中，时间被 RSU 划分为包含多个帧的周期；每个帧包含一个 RSU 时隙（RS），用于向车辆广播控制消息和时隙调度；以及 36 个数据时隙（DS），车辆可使用这些时隙广播数据。RSU 将 DS 动态分配给其覆盖范围内的车辆，并使用周期长度伸缩机制根据交通密度调整周期内的帧数。随后，作者提出了一种用于车辆协同防撞系统的 ACFM 扩展方案，称为风险感知动态 MAC 协议（Risk – Aware Dynamic MAC Protocol，R – MAC）。此扩展方案添加了一个基于争用的段，用于在紧急情况下传输警告消息。尽管与 IEEE 802.11p 相比，这些方案在平均访问延迟和丢包率方面有了改进，但它们也存在一些缺点，例如仅限于周期性消息，并且需要两跳相邻 RSU 在不同频率下工作以避免干扰。

Zhang 等人[38]提出了一种用于 V2I 通信的基于 TDMA 的统一调度协议（Unified TDMA – based Scheduling Protocol，UTSP），其目标是优化非安全应用的吞吐量。在建议的解决方案中，RSU 收集关于其覆盖区域内车辆的信道质量、速度和访问类别（Access Category，AC）的信息，然后 RSU 通过考虑从先前收集的信息中获得的权重来为车辆分配时隙。信道质量被用于最大化吞吐量，速度因子用于确保不同速度的车辆能公平访问媒介，而车辆访问类别用来区分访问优先级。仿真结果表明，与 IEEE 802.11p 相比，统一调度协议具有良好的吞吐率和公平性，但仅对一个 RSU 进行了评估，没有考虑和解释重叠区域中车辆间的干扰影响。

一些研究[1,4,24]通过扩展 IEEE 802.11 – A6[20]标准（通常称为 IEEE 802.11p

标准），提出了用于 V2I 通信的确定性媒体访问控制（MAC）方案，引入了无冲突阶段。在该阶段中，协调器（在本例中为 RSU）负责调度数据流量和轮询移动节点。通过这种方式，在特定时间段内将信道分配给配备了车载单元（On Board Unit，OBU）的每辆车，并且实时数据流量由每个 RSU 以无冲突的方式进行调度。

Böhm 和 Jonsson[4] 根据地理位置、潜在危险的接近程度和总体道路交通密度，为每辆车分配了单独的优先级。在 IEEE 802.11p 协议的基础上引入一个实时层，通过创建一个超帧来获得无冲突阶段（Collision Free Phase，CFP）和冲突阶段（Contention Based Period，CBP）。在无冲突阶段中，路侧单元负责调度数据流量和轮询移动节点以获取数据。然后，车辆发送带有位置信息和附加数据（如速度、意图等）的心跳信号。路侧单元周期性地发送信标来标记超帧的开始，说明无冲突阶段的持续时间，以便每辆车都知道轮询阶段何时结束以及何时从用于冲突阶段的 IEEE 802.11p 切换到常规 CSMA/CA。CFP 和 CBP 的长度是可变的，实时可调度性分析用于确定 CFP 的最小长度，以保证所有截止时间，剩余的带宽用于尽力服务和 V2V 通信。为了让路侧单元开始调度车辆传输，车辆必须在侦听到路侧单元后立即通过发送连接建立请求（Connection Setup Requests，CSR）来注册自己。这是在 CBP 中进行的，所以车辆无法注册的风险最小，但是，它们可以从路侧单元接收信息并使用 CBP 进行通信。Böhm 提到，车辆可能希望增加在变道或在某些危险区域发送的心跳次数，但这并未得到明确的解释。另一个有趣的问题是，基于对道路和路侧单元位置的了解，定义了主动切换过程，关于路侧单元协同以及如何进行协同，没有任何提及。

Böhm 的方案与 Tony Mak 等人[23] 有许多相似之处，后者提出了 802.11 点协调功能（Point Coordination Function，PCF）工作模式的变体，以便将其应用于车联网；还提出了一种控制信道，将时间划分为周期性的规定间隔（重复周期），每个周期分为一个无争用周期（Contention Free Period，CFP）和一个无规则争用周期（Contention Period，CP）。该方案类似于 Böhm 方案，即每辆车在 CFP 期间由 RSU 或接入点（AP）进行轮询，类似于常规 IEEE 802.11 的 PCF。车辆需要注册和注销，以便轮询列表保持更新。为此，将创建一个组管理间隔，以便进出该区域的车辆可以通知 RSU。然而，这个信标是在 CP 中发送的，并与其他通信相竞争。为了降低信标接收失败的概率，作者提出重复使用信标，这在文献［23］中没有进行可调度性分析，但是作者声称 RSU 覆盖区域内车辆的连续轮询之间的时间是有限制的。

与文献［4］中采用的单点应答方案（individual pool – reply scheme）相比，Meireles 等人[1,24] 提议的方案具有更低的开销，因为它在单个 RSU 消息中发送多个 OBU 传输的调度。Meireles 等人[24] 的协议称为车载灵活时间触发（Vehicular Flexible Time – Triggered，V – FTT），其采用一主多从时分多址（TDMA），其中路侧单元作为主站并调度车载单元的传输。该协议有一些有趣的属性，例如可采用多种调度策略的动态在线调度、严格的事件和时间触发流量隔离以及在线准入控制等。4.3 节对 V - FTT 进行了概述，并对其机制进行了讨论。

4.2.2 空间时分多址

现实世界的场景通常需要使用多个路侧单元，不仅要覆盖广泛的地理区域，而且还要覆盖通常会阻塞或阻碍通信的自然障碍或人为障碍。由于城市地区的车辆密度通常很高，因此有效利用可用带宽也很重要。在文献 [26] 中首次提出无线 TDMA 体系结构（STDMA）中通信时隙的空间复用问题，已经在无线网状网络（mesh）和点对点网络中得到了广泛的研究，包括寻求实时服务保证的场景。STDMA 的基本思想是，通过在可能的情况下允许在同一时隙中并发传输（由不同节点发出）来增加通信容量，当节点在地理上分离并且产生的干扰很小时，可以进行时隙共享。

STDMA 调度算法可分为链路调度算法和广播/节点调度算法[31]。在链路调度中，算法将时隙分配给某些链路，即发射器和接收器之间的通信流，而节点算法将时隙分配给各个节点。链路调度适合于单播业务，而节点调度更适合于广播业务。

基于节点的调度器构建无冲突 TDMA 调度的基本方法为：首先识别节点及其干扰范围以及传输的时间特性，然后将不同的时隙分配给已识别出的冲突节点，以防止发生干扰。为了提高效率和减少所需的时隙数，调度器可以将一个给定的时隙分配给几个不冲突的节点。相反，基于链路的调度器首先识别每个源节点和目标点之间的链接，以及通信需求（消息的数量、大小和时间特性）。然后，通过使用适当的信道信息，识别干扰/冲突链路。之后，再使用适当的算法根据一些特定的标准（例如，最小化 TDMA 周期、最小化延迟等）生成 TDMA 调度。由于可能的链路模式的数目可能明显大于网络中的节点数目，因此基于链路的调度器会表现出更高的复杂性。此外，所得到的 TDMA 帧可能因太大而无法被网络有效地实现/支持。

尽管前面提到的 STDMA 调度器在概念上或多或少算简单，但获得满足特定应用约束的最优 STDMA 调度器绝非易事。事实上，对于基于节点和基于链路的方法，分组无线网络中 TDMA 周期的最小化都是一个 NP 完全问题[14,31]。

在协调内，大量基于 STDMA 的调度生成算法，无论是集中式还是分布式，都可以在文献中找到。例如，在文献 [15] 中，Funabikiy 和 Takefuji 提出了一种基于神经网络的集中式算法，而 Pond 等人[29]提出了一种考虑多跳 TDMA 广播分组无线网络的分布式协议。Lloyd 等人[30]提出了一种通过考虑链路和节点调度情况来生成最小调度的算法。Hafeez 等人[8]提出了一种基于局部拓扑数据计算时隙分配的高空间复用分布式时隙分配协议，根据节点的邻居数量为节点分配时隙，从而实现优先级方案。

最近，有人试图解决更为现实的频道模型，通常是这两类：协议干扰模型和物理干扰模型。在前一种模型中，如果在节点 r（接收方）的预定义干扰范围内没有并发传输，则认为两个节点，即 s（发送方）和 r（接收方）之间的通信是成功的。物理干扰模型则更实际，因为只有在接收方 r 处的信噪比（Signal to Interference and Noise Ratio，SINR）高于某个阈值时，它才会认定是成功传输，该模型更为现实，因为它考虑了信道中多个节点的干扰，但以更大的复杂性为代价。Xue 等人提出了一种贪婪算法，该算法通过考虑物理干扰模型来进行链路调度，从而改进了文献 [7] 中提出的贪婪方法。Gore 等人[16]基于网络的图模型和 SINR 计算，提出了一种基于 STDMA 链路的自组织网络调度器。Chen 和 Lea[9] 提出了一种基于 SINR 信道模型的 STDMA 网状网节点时隙分配方法。

最近引起科学界关注的另一个研究方向是混合网络中的链路分配路由和调度。例如，在文献 [32] 中，作者提出了一种通过在适当的位置放置自由空间光学链路并以集成方式导出路由和调度来优化吞吐量的方法。

如上所述，STDMA 是一个已深入研究的课题，有着丰富的研究成果。然而，关于车联网资源调度的相关文献目前还很少。最近对这一领域的研究包括 Yu 等人的研究工作[37]，提出并模拟了一种分散自组织 TDMA 算法，用于高速公路场景下的 V2V 通信。虽然这不是一个纯粹的 STDMA 算法，但它为远程车辆采用了时隙重用机制，该机制在没有可用时隙时触发。Zhang 等人提出了一种适用于 V2V 通信链路的加权集中式 TDMA 调度算法，调度权重因子取决于感知的信道质量、车辆的速度和访问优先级，此外，还应用了远程车辆的时隙复用。

然而，本章所述的 V2I/I2V 场景具有独一无二的特性和要求。具体内容如下：

- 由于车辆的快速移动，时间表必须不断更新，因此不能使用计算复杂的算法。
- 在某种程度上，可以预测车辆在短期内的位置，此类信息可用于进度更新。
- 系统具有全局视野，不同的 RSU 实时共享信息，系统可以以分布式或集中式的方式执行。
- 通信是唯一的广播和单跳。
- 调度是在节点上执行的，而不是在链路上执行的。
- 消息具有不同的优先级。
- 所有消息的大小和时隙相等。

到目前为止的相关文献中的研究工作都没有以综合的方式解决这些问题，因此尚未对基础设施辅助无线车联网的进一步研究开辟道路。

4.3　V - FTT 协议概述

最近，在文献 [1, 24] 中提出了一种针对车载环境的确定性媒体访问控制（MAC）的提案，称为"车载灵活时间触发（Vehicular Flexible Time - Triggered，V - FTT）协议"。该协议采用多主多从空间时分多址（Spatial Time Division Multiple Access，STDMA）技术，其中路侧单元作为主节点，调度车载单元的传输。如图 4.1 所示，该协议分为周期性基本周期（Elementary Cycles，EC），其中每个基本周期均以包含触发和警告消息的基础设施窗口（I2V）开始。

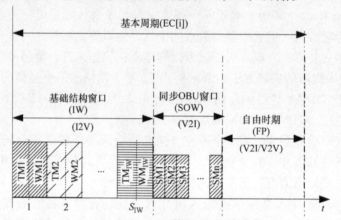

图 4.1　车载灵活时间触发协议的基本周期[24]

V-FTT 协议继承了最初的"灵活时间触发协议"定义[2]的大部分概念，同时还提出了一些新功能来应对无线车载场景。特别是，它为 OBU 传输采用了冗余调度，以提高可靠性，并能够应对大气和交通条件引起的 RSU 传播模式的变化。根据所提出的冗余调度方案，针对相同的传输时隙，通过可配置数量的 RSU 来调度单个 OBU。由于 RSU 协同调度 OBU 的安全通信，它们必须能够协调自己的传输，避免可能的相互干扰。为支持 RSU 协调，假设它们通过回程网络完全互联，同时假设 RSU 能够接收来自双向行驶的车辆的消息，并且车辆能够接收来自各个相邻 RSU 的消息。

每个 RSU 将在其传输时隙中传输其触发消息（Trigger Message，TM），以便仅使用一条消息来调度 OBU 传输时隙，这种方案被称为主从式。单个主从式（RSU）消息触发多个从式（OBU）消息的传输，而传统的主从式消息中每个主从式消息只触发一个从式应答。由于可配置的多个 RSU 协同冗余地调度同一 OBU 的传输，可以说 V-FTT 采用了多主多从空间 TDMA。在这个 RSU 协调方案中，RSU 在被称为基础结构窗口的保留窗口中传输 OBU 调度，在此窗口内，为每个 RSU 保留时隙，由于 RSU 是同步的，因此它们能够遵守时隙边界。

基础结构窗口之后是同步 OBU 窗口，在该窗口中，OBU 可能会向 RSU 传输信息（V2I）。每个 OBU 都有一个固定大小的时隙，用于传输车辆信息（速度、加速度、前进方向等）和/或安全事件。同步 OBU 窗口持续时间是可变的，基本周期以可选的空闲周期窗口结束，在该时段，未启用 V-FTT 的 OBU 能够传输安全消息，而 RSU 和 OBU 能够传输非安全消息。

在 V-FTT 中，路侧单元负责两个主要操作：

- 将车辆 OBU 的传输时刻安排在与它们必须广播的安全帧有关的位置。
- 从 OBU 接收信息，编辑该信息，并在适当的位置和时刻（可能是广播，也可能是与选定车辆的通信）发布已编辑的安全信息。

从通信的角度来看，OBU 必须做到以下两点：

- 监听 RSU 传输（至少应听到一个 RSU），检索安全信息并发送该信息。
- 始终在 RSU 分配的时隙中发送其特定的安全帧。

在同步 OBU 窗口期间发送恒定大小的协同感知信息（Cooperative Awareness Messages，CAM)[13]，协同感知信息是广播消息，包括几个可能的数据元素（例如碰撞状态、维度、方向、纬度、经度、海拔、纵向加速度、速度）。协同感知信息是周期性传输的，对时间有严格的要求。它们由协同感知信息管理服务生成，并根据每100ms 检查一次的一组规则[13] 传递到下一层。只要在下一条消息生成之前，信道访问请求未导致实际的信道访问，则丢弃协同感知信息消息。如果周期性消息未达到其时间限制，则会暂时降低应用程序的性能效率。

未注册的 OBU 也将从 RSU 接收安全信息，然而，它们无法根据提议的协议传输信息。尽管它们仍然可以在空闲期内争用来进行传输，但没有任何保证。

RSU 广播的信息必须是可信的，因此，RSU 必须在广播到车辆之前验证 OBU 的事件。显然，这种验证必须在有限时间内执行，以便能够将结果实时传输到 OBU。

运行 V - FTT 协议的 RSU 覆盖的路段称为安全区（Safety Zones，SZ）。每当车辆进入安全区时，它都会在基础设施中注册自己，以便 RSU 可以为每辆车（OBU）分配一个标识符并安排其传输。调度车辆沿装有路侧基础设施的道路行驶的任务以协作和分布式的方式在各 RSU 之间传输，此移交过程必须可靠且及时。

4.4　流量调度

在由路侧回传网络支持的 ITS 应用范围内所部署的安全无线车载通信，需要端到端的确定性行为。例如，发生事故的车辆应被允许及时访问无线媒介以传输安全信息，一旦路侧基础设施验证安全信息，应触发向接近事故现场的其他车辆及时发送警告信息。因此，对通信信道进行适当的调度以允许以最小的延迟传输关键信息是很重要的。此外，靠近事故或朝事故方向行驶的车辆可能位于不同 RSU 的覆盖区域内，每个 RSU 对其覆盖区域内的车辆实施实时 MAC 协议。在这种情况下，调度车辆传输的任务被传递到最近的 RSU，因此需要确定性的移交，以将本地（RSU）实时保证扩展到整个路侧基础设施。

V - FTT 提供了一个确定性的 MAC 协议来支持上述的实时保证。下一节将介绍一个分析框架，该框架可以适当地管理流量。

4.4.1　问题陈述与系统模型

在系统模型中，考虑一个或多个 RSU 覆盖的地理区域，其中 RSU 通过确定性实时网络互联。系统管理的车辆集成了一个 OBU，执行紧急任务的车辆，如救护车、警车和消防车，都有特权进入。此外，涉及事故和/或报告事故或其他异常事件信息的车辆也可以获得对通信信道的特权访问。信息的时间有效性是可变的，因此有一个相关的截止日期。

更正式地说，所考虑的系统可以描述如下：

$$R = \{RSU_1, RSU_2, \cdots, RSU_N\}, N \geq 1 \tag{4.1}$$

R 是覆盖某个地理区域 A 的 N 个 RSU 的集合，每个 RSU 覆盖给定的子区域 A_i，使得 $A = \{A_1 \cup A_2 \cup \cdots \cup A_n\}$。由于系统的高动态性（车辆可能以相对较高的速度行驶），并且可能需要管理的车辆数量较多，因此采用更简单的协议干扰模型，而不是更精确但更复杂的物理干扰模型。因此，在具有多个 RSU 的情况下，可以定义二进制矩阵 I，其定义了干扰范围，见表 4.1。该表假定存在 4 个具有均匀范围的 RSU，其中每个元胞可能干扰相邻小元胞。因此，如果 RSU_i 覆盖的区域 A_i 中的车辆可能干扰 RSU_j 覆盖的区域 A_j 中的车辆，$I(i, j) = 1$，反之亦然。

不同的子区域部分重叠意味着 OBU 可能在多个 RSU 的通信范围内，OBU 有一个唯一的标识符（ID），并发送包含系统范围内固定数量数据（W 字节）的协同感知信息消息，传输时间为 C 秒。

表 4.1　干扰距离矩阵

RSU	R1	R2	R3	R4
R4	0	0	1	1
R3	0	1	1	1
R2	1	1	1	0
R1	1	1	0	0

V – FTT 协议的固定基本周期持续时间 $LEC = 100\text{ms}$，对应于 IEEE 1609.4 的同步间隔。同步车载单元窗口被配置为最多容纳 S 个安全消息，每个安全消息均被分配给一个大小为 C 的时隙。时隙大小和消息大小等于在同步车载单元窗口期间阻止外来消息（即非 V – FTT）的传输。

覆盖区域中的节点集生成消息集 M，如下所示：

$$M = \{m_i, m_i = \{ID_i, X_i, C, T_i, P_i, D_i\}\}, i = 1, \cdots, O \tag{4.2}$$

ID 表示唯一的 OBU 标识符，$X_i \in A_i$ 表示车辆位置，T_i 表示消息周期，P_i 表示消息优先级，D_i 表示截止期限，O 表示系统中 OBU 的数量。请注意，T_i、P_i 和 D_i 是系统根据车辆状况和整个系统负载管理的动态参数。

4.4.2　基本问题：单一 RSU

V – FTT 中用于调度同步 OBU 消息（CAM）流量的模型与文献［2］中的模型非常相似，根据该模型，消息周期和截止期限是基本周期持续时间（LEC）的整数倍，其中消息传输时间短于 LEC。消息激活总是与周期的开始同步，并且同步通信被限制在最大长度为 $L = SC$ 的基本周期子窗口中。

如文献［2］所示,模拟上述影响的一种简单技术是将消息传输时间增加一个等于 $\dfrac{LEC}{L}$ 的因子,这相当于将同步车载单元窗口扩展到整个基本周期。将此转换应用于原始消息集将生成一个如式（4.3）定义的新虚拟集（M^v）,其中除传输时间以外的所有剩余参数保持不变。由于所有的协同感知信息消息大小均为 C,因此该调整只需要执行一次简单的计算即可,而与该区域的车辆数量无关。

$$M^v = \{M_i, M_i = \{ID, X_i, C^v, T_i, P_i, D_i\}\}, i = 1, \cdots, O, C^v = C \times \frac{LEC}{L} \qquad (4.3)$$

来自优先车辆的协同感知信息消息更为重要,并应尽可能频繁地发送。因此,消息的优先级与其速率之间存在直接关联,从而使得采用隐式速率单调优先级分配。这一观察结果,加上式（4.3）所示的转换,允许使用式（4.4）所示的简单 Liu &Layland 利用率测试[22]。

$$\sum_{i=1}^{O} \left(\frac{C^v}{T_i} \right) < O(2^{\frac{1}{O}} - 1) \qquad (4.4)$$

通过同样的调整,还可以使用其他一些最终结果更精确的可调度性测试,例如响应时间分析。这种改编是相当标准的,如式（4.5）和式（4.6）所示,值得注意的是,由于协同感知信息消息的同步激活,没有阻塞项。

$$R_{wc_i} = I_i + size(IW) + C^v \qquad (4.5)$$

$$I_i = \sum_{k \in hep(i)} \left(\lfloor \frac{I_i}{T_k} \rfloor + 1 \right) \times C^v \qquad (4.6)$$

照例,迭代式（4.6）直到收敛（$I_i^j = I_i^{j-1}$）或直到超过最后期限（$R_{wc_i} > D_i$）。式（4.5）中的术语 $size(IW)$ 模拟了这样一个事实,即协同感知信息消息仅限于同步车载单元窗口中,该窗口始终遵循基本周期中的基础设施窗口。

事件的最坏情况响应时间可以从式（4.5）计算的消息最坏情况响应时间中推导出来。事件由环境生成,并且相对于 V – FTT 网络是异步的。因此,在关联节点的协同感知信息消息传输之后发生的任何事件都必须在进入仲裁之前等待下一个协同感知信息消息的激活,此延迟对应于指定为 σ_i^{dead} 的空载时间。然后,由于干扰,如式（4.5）中计算的,节点必须等待给定数量的基本周期。最后,在最后一个基本周期中,它可以在同步车载单元窗口中的任何时隙中传输。因此,最坏情况下的延迟发生在分配了最后一个时隙（σ_i^{block}）时。图 4.2 说明了一个简单情况的空载时间和阻塞时间的来源,在这个场景中,协同感知信息消息的周期为 1 个基本周期。因此,由式（4.7）~式（4.9）计算得到与节点 i 相关联的事件 j 的最坏情况响应时间。

$$R_{wc_i^j} = \sigma_i^{dead} + w_i + \sigma_i^{block} \qquad (4.7)$$

$$\sigma_i^{dead} \leqslant LEC - size(IW) + T_i - 1 \qquad (4.8)$$

$$\sigma_i^{block} \leq size(IW) + L \tag{4.9}$$

如果在激活协同感知信息消息后，在第一个基本周期的第一个时隙中执行协同感知信息消息的传输，则会发生最坏情况下的空载时间。在这种情况下，事件必须等待第一个基本周期的一部分 $[LEC - size(IW)]$ 加上剩余的基本周期 $(T_i - 1)$，如式（4.8）所示。

实际上，协同感知信息消息仅限于同步车载单元窗口。因此，式（4.5）不是理想结果，原因是，由于使用了过多的消息时间，它允许在基本周期的任何点调度协同感知信息消息。为进一步改善，可以使用式（4.5）来计算来自高优先级或相同优先级消息 (ω_i) 的干扰而产生的基本周期的个数。如果该消息是同步车载单元窗口的最后一个消息，上限为式（4.9），则会在最后一个基本周期中遭受协同感知信息消息的最坏情况延迟。由干扰引起的基本周期的整数数量由式（4.10）给出。

$$w_i = \frac{R_{wc_i}}{LEC} \times LEC \tag{4.10}$$

上述两种方法都允许对消息集进行可调度性评估，因此可用于接纳控制。

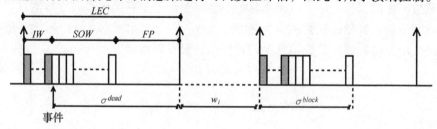

图 4.2　事件延迟组件

4.4.3　实际场景：多个 RSU

如前所述，由于系统的高动态性，以及系统必须同时管理的车辆数量可能很多，因此必须选择适用于实时操作的高速技术。因此，采用干扰模型来代替物理干扰模型（物理干扰模型更为精确，但管理起来要复杂得多）。

网络由图 $G = (V, E)$ 表示，其中 V 代表顶点（节点，即 OBU 和 RSU），E 代表边集（OBU 和 RSU 之间的无线链路）。假设所有边都是双向的，那么，对于任意两个不同的顶点 i 和 j，如果 i 和 j 可以相互通信，有 $\{i, j\} \in V$，$\{i,j\} \in E$。

由于节点是系统的基本实体，因此采用了节点分配方案，目的是得出一个保证无冲突节点传输的调度。为了增加系统中的车辆数量，有效地利用通信介质等资源，采用了时隙复用机制。

设 Z 定义为任意节点集，$\Psi(Z)$ 定义了节点 $z \in Z$ 的逻辑邻域集，这些邻域与节点 z 注册的 RSU 相同，因此会产生传输冲突，也称冲突。允许将同一时隙分配给 Z 中的节点的必要条件是：

$$Z \cap \varPsi(Z) = \phi \tag{4.11}$$

也就是说，Z 中没有两个节点可以到达相同的 RSU，$\varPsi(Z)$ 的计算很容易从 4.4.1 节中定义的干扰矩阵和消息集 M，式（4.2）中得到，消息集 M 分别定义了相邻区域和每辆车所在区域之间的冲突。

如前所述，查找时隙分配的问题是一个 NP 完全问题。文献中有一些启发式方法，但它们不适于直接用于此场景，因为它们不处理多跳网络或应用程序定义的优先级，也无法在高度机动性的情况下得到有效结果。基于这些原因，本章提出了一种考虑这些约束的算法。

算法 1 将一组系统配置参数（RSU 的集合、同步车载单元窗口中最大协同感知信息时隙数和干扰矩阵）以及由消息集定义的系统的动态状态作为输入，算法的输出是一个矩阵（$Sched$ matrix），它包含一组与协同感知信息消息相对应的消息 ID，这些消息 ID 应由以下基本周期中的每个 RSU 调度。鉴于时隙复用的可能性，$Sched$ 采用矩阵形式，因为其内容可能因 RSU 而异。

第一步是按优先级对消息进行排序（第 2 行），确保最高优先级的节点具有特权。然后处理每个就绪消息 m_i（第 3、4 行），再定义每个消息 m_i 的干扰范围（R_u）（第 5 行）。接下来，识别相邻干扰 RSU 中的时隙的可用性（第 7 ~ 12 行），如果时隙可用，则分配给消息 m_i（第 13 ~ 16 行），否则返回非缓存消息 m_i（第 20 行）。需要注意的是，上述算法在所有 RSU 中同时执行。然而，由于该算法是确定性的，只要不同 RSU 所观察到的系统状态保持一致，并且调度是同步进行的，那么决策就会是一致的。

Algorithm 1　Slot Assignment for Multiple RSUs

Inputs

R：set of RSUs

M：message set

S：maximum number of slots on SOW

I：interference matrix

Outputs

Sched［R，S］：array of CAM IDs（EC schedule）

1. Sched = ϕ
2. Sort M by priority
3. For each message $m_i \in M$
4. 　　if m_i is ready and $d_i \leqslant D_i$
5. 　　　　$R_u = R_{main} \cup R_I$
6. 　　　　For each $s \in [1:S]$
7. 　　　　　　Found = TRUE
8. 　　　　　　For each $r \in R_u$

（续）

```
9.          If Sched[r, s] ≠ FREE
10.             Found = FALSE
11.          endIf
12.       endFor
13.       If Found = = TRUE
14.          For each r ∈ R_u
15.             Sched[r, s] = ID_i
16.          endFor
17.          Break
18.       endIf
19.    endFor
20.    If Found = = FALSE return NON_SCHED
21. endIf
22. endFor
```

为了便于说明，让我们考虑表 4.1 中四个 RSU 的情况，还要考虑到每个 RSU 在其当前覆盖区域中有五辆车，因此节点总数是（V_1，…，V_{20}）。如果没有空间复用，则需要在每个 RSU 中使用总共 20 个时隙（每辆车/协同感知信息）。

假设在不失一般性的情况下，优先级为 $Pr(V_1) \geq Pr(V_2) \cdots \geq Pr(V_{20})$，算法 1 的输出导致图 4.3 所示的时隙分配。

		RSUs			
		RSU1	RSU2	RSU3	RSU4
基于空间复用的时隙分配	Slot1	v1	v1	v16	v16
	Slot2	v2	v2	v17	v17
	Slot3	v3	v3	v18	v18
	Slot4	v4	v4	v19	v19
	Slot5	v5	v5	v20	v20
	Slot6	v6	v6	v6	可用的
	Slot7	v7	v7	v7	可用的
	Slot8	v8	v8	v8	可用的
	Slot9	v9	v9	v9	可用的
	Slot10	v10	v10	v10	可用的
	Slot11	可用的	v11	v11	v11
	Slot12	可用的	v12	v12	v12
	Slot13	可用的	v13	v13	v13
	Slot14	可用的	v14	v14	v14
	Slot15	可用的	v15	v15	v15
	Slot16	可用的	可用的	可用的	可用的
	Slot17	可用的	可用的	可用的	可用的
	Slot18	可用的	可用的	可用的	可用的
	Slot19	可用的	可用的	可用的	可用的
	Slot20	可用的	可用的	可用的	可用的

浅色	直接分配
深色	受到干扰的分配

		RSUs			
		RSU1	RSU2	RSU3	RSU4
基于空间复用的时隙分配	Slot1	v1	v1	×	×
	Slot2	v2	v2	×	×
	Slot3	v3	v3	×	×
	Slot4	v4	v4	×	×
	Slot5	v5	v5	×	×
	Slot6	v6	v6	v6	×
	Slot7	v7	v7	v7	×
	Slot8	v8	v8	v8	×
	Slot9	v9	v9	v9	×
	Slot10	v10	v10	v10	×
	Slot11	×	v11	v11	v11
	Slot12	×	v12	v12	v12
	Slot13	×	v13	v13	v13
	Slot14	×	v14	v14	v14
	Slot15	×	v15	v15	v15
	Slot16	×	×	v16	v16
	Slot17	×	×	v17	v17
	Slot18	×	×	v18	v18
	Slot19	×	×	v19	v19
	Slot20	×	×	v20	v20

可用的	可用的分配
×	未被占用仍不可用

图 4.3 有无空间复用的调度程序时隙分配输出

可以看出，分配的时隙数量显著减少，RSU {1，4} 每个只使用 10 个时隙，而 RSU {2，3} 每个只使用 15 个时隙。因此，所使用的带宽从 25% 增加到 50%，使得能够容纳更多的车辆进入系统和/或其他交通类别的空闲带宽，并最终增加整个系统的容量和吞吐量。

4.5　一种新型调度仿真器的开发

许多用于网络仿真的软件工具，如 SUMO[33]、ns - 3[10] 和 iTETRIS[27]，现在都可以作为免费的开源工具使用。然而，将上述工具作为运行 V - FTT 协议的网络基础设施开发调度算法是一项耗时且艰巨的任务。因此，我们选择开发一个新的简单易用的软件包，专门针对基于智能交通系统的特殊基础设施来模拟 V - FTT 协议范围内的通信模式。仿真器的主要目标是将简单的交通场景与基于 V - FTT 的调度集成起来，而不必像这些软件工具所要求的那样显式地仿真无线信道。需要注意的是，在基于 V - FTT 的冗余调度中，每个 OBU 由 2 个或 3 个 RSU 调度，OBU 不接收触发消息的概率非常低。并且，我们计划在后期与 SUMO 集成，以便调度仿真器能够提供更真实的交通模式。该仿真器将无线通信和道路交通平台集成在一个环境中，该环境可以轻松地针对那些允许对 V - FTT 协议进行性能分析的场景进行定制，下一节将详细讨论该仿真器。

4.5.1　基于 Matlab 的 V - FTT 仿真器用户界面及输入

基于 Matlab 的 V - FTT 协议仿真器的用户界面如图 4.4 所示，其中包含仿真所需的默认输入。用户需要从三个输入部分中选择某些参数，即与高速公路（SZ）、V - FTT 协议和仿真器设置相关的输入。用户可从高速公路输入部分选择诸如车道宽度、车辆长度、车辆间距和 RSU 覆盖范围（均以米为单位）等变量，具体取决于用户期望输入到仿真器的特定场景。V - FTT 输入部分允许用户选择 V - FTT 设置，例如基本周期（Elementary Cycle，EC）的大小和调制类型。仿真器设置部分允许用户选择生成的结果是图形格式还是文本日志文件格式。用户还可以选择以非随机方式运行该仿真器，并使用一系列先前已知的输入。在这种情况下，仿真器从名为 event - list. txt 的输入文件中获取数据。

与 V - FTT 协议、安全区和仿真设置相关的所有输入参数都用于初始化仿真器内定义的辅助结构和统计计数器，根据这些输入参数的值和它们之间存在的相关性（由仿真器内部的数学表达式定义）生成输出。这些输出可以是图形形式，也可以是用户在仿真开始之前选择的文本文件。图 4.5 中的流程图显示了在仿真器内触发的事件的流程。

在仿真开始时，根据输入参数初始化所有辅助变量和统计计数器，根据这些输入参数的值，生成一个事件列表，该事件列表指定每个 OBU 进入安全区的时间。

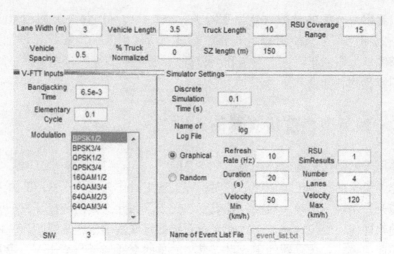

图 4.4　车载灵活时间触发模拟器（默认输入）的用户界面

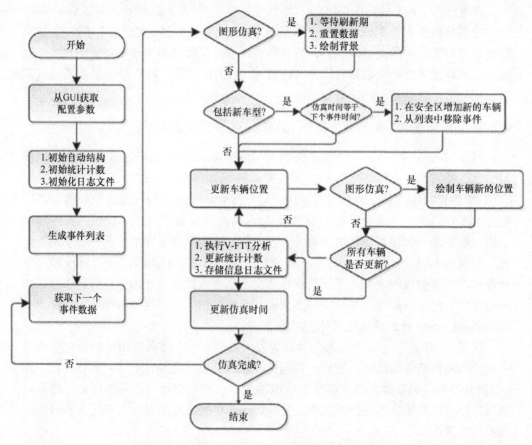

图 4.5　基于 Matlab 的 V – FTT 仿真器事件流程图

之后仿真器检查用户是否选择了图形格式或文件格式的输出，在前一种情况下，仿真器绘制背景，包括安装在道路两侧的所有 RSU、高速公路的车道数量以及非连续时间进入的 OBU 数量。如果没有选择图形模式，仿真器将继续运行，而不会以 GUI 格式绘制整个场景。然后，仿真器开始从事件列表中提取 OBU，并根据其进入时间将其添加到安全区。在将 OBU 添加到 SZ 中时，会在同时将其从事件列表中删除。随着仿真时钟的更新，车辆在 SZ 中的位置也随之更新，并执行 V - FTT 分析。生成的结果存储在临时变量中，以文本文件 logfile.txt 和图形的形式输出。持续检查仿真时间的完成时间，在此之前，仿真将在非连续时间内继续生成结果。

4.5.2　基于 Matlab 的 V - FTT 的仿真器输出

在简要讨论了 V - FTT 协议仿真器的用户界面、体系结构和输入参数之后，本节将讨论仿真器生成的输出。图 4.6 显示了默认输入参数仿真器的图形输出，高速公路（SZ）设为 150m，默认每条车道 3m 宽，基本周期（EC）持续时间等于 100ms，调制类型为 BPSK1/2。当仿真开始时，出现图 4.6 所示的界面，该界面表示用户通过输入参数来显示交通状况的图形视图。

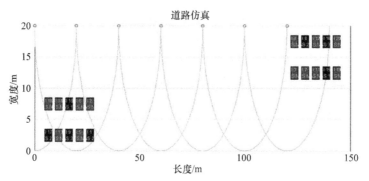

图 4.6　车载灵活时间触发协议的图形输出

平行线表示高速公路的车道，而抛物线表示路侧单元（高速公路）覆盖的地理区域。高速公路（默认情况下）是一条双向四车道道路，其中节点沿两个方向行驶。移动方块表示从 RSU 到 RSU 的 OBU 或节点在两个方向上穿过 SZ。在穿越安全区时，可以看到这些移动节点的颜色发生变化。深色节点是在当前基本周期的同步车载单元窗口中已分配时隙的节点，而浅色节点是在当前基本周期的同步车载单元窗口中未分配时隙的 OBU。随着节点的移动，当它们在下一个基本周期中得到时隙时，颜色从浅色变为深色。移动节点还提供关于临时 ID 和每个 RSU 分配给它的时隙号的信息。随着仿真的继续，每当发生重大事件时，所有这些信息都会更新。

图 4.7 ~ 图 4.9 显示了不同 SIW 值的仿真结果，其中其余输入参数被认为是相同的。SIW 是在 RSU 基础设施窗口中使用的时隙数目（每个 RSU 一个时隙），对

应于 OBU 可以同时侦听的最大 RSU 传输数量。

图 4.7 ~ 图 4.9 表明，当拥塞较小（在仿真开始时发生）时，由于几乎所有节点（OBU）都由 V-FTT 调度器分配时隙，因此时隙分配的效率较高。然而，随着 SZ 中节点数目的增加，时隙分配的效率也会相应降低。同样，对于较大的 SIW 值，效率较高，而对于较小的 SIW 值，效率较低。

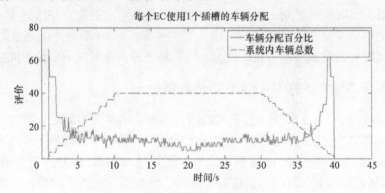

图 4.7　SIW = 1 的已分配时隙百分比

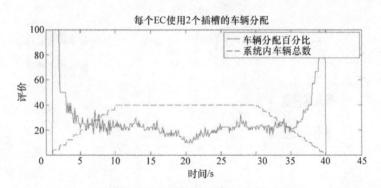

图 4.8　SIW = 2 的已分配时隙百分比

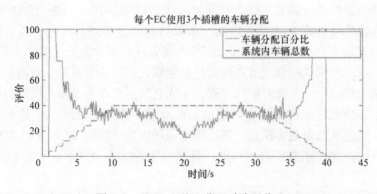

图 4.9　SIW = 3 的已分配时隙百分比

4.6　结论

本章提出了一个无线车载通信范围内基于车辆时间触发协议的安全消息调度方案。所提出的解决方案是空间时分多址 MAC 技术的一个实例，该技术基于确定的路侧单元网络。在本章中还分析了相关工作，并简要讨论了车载灵活时间触发协议（Vehicular Flexible Time Triggered Protocol，V‐FTT），它是 FTT 协议对无线车载通信的一种适应。在车辆密度较高的情况下，V‐FTT 协议保证了道路安全、数据隐私和安全事件的及时性。

本章提出的调度策略旨在通过采用冗余调度来提高安全消息传输的可靠性，同时通过时隙复用的实现来最小化对带宽利用率的影响，为此，描述了一种用于多个路侧单元场景的时隙分配算法。

未来的工作包括定义新的启发式方法来改善时隙复用，设计一个协议来处理车辆进入安全区时的注册，以及设计一个确定的移动性机制以在相邻的路侧单元之间切换车载单元的会话。

致谢

这项工作是由欧盟第七框架方案（FP7）根据第 3176711 号拨款协议以及 BRISA 根据与电信协会的研究合同资助的。

参 考 文 献

1. ICSI FP7 317671. Design and performance evaluation of a real-time MAC for IEEE 802.11p—D3.1.1: Fundamental Design Decisions of the Deterministic MAC Protocol. http://www.ict-icsi.eu/deliverables.html, online, as in June 20 2014 (2013)
2. L. Almeida, P. Pedreiras, J.A.G. Fonseca, The FTT-CAN protocol: why and how. IEEE Trans. Ind. Electron. **49**(6), 1189–1201 (2002)
3. K. Bilstrup, et al., Evaluation of the IEEE 802.11p MAC method for Vehicle-to-Vehicle Communication (2008)
4. A. Böhm, M. Jonsson, Handover in IEEE 802.11p-based delaysensitive vehicle-to-infrastructure communication. Technical Report IDE—0924. Halmstad University, Embedded Systems (CERES), (2009)
5. A. Böhm, M. Jonsson, Real-time communication support for cooperative, infrastructure-based traffic safety applications. Int. J. Veh. Technol. (2011)
6. R. Bossom et al., Deliverable D31 European ITS Communication Architecture—Overall Framework (2009)
7. G. Brar, D.M. Blough, P. Santi, Computationally efficient scheduling with the physical interference model for throughput improvement in wireless mesh networks, in *Proceedings of the 12th annual international conference on Mobile computing and networking*. September 2006
8. M.H. Chaudhary, B. Scheers, High spatial-reuse distributed slot assignment protocol for wireless ad hoc networks, in *Military Communications and Information Systems Conference (MCC'2012)*. (October 2012), pp. 1–8
9. W. Chen, C.-T. Lea, A node-based time slot assignment algorithm for STDMA wireless mesh networks. IEEE Trans. Veh. Technol. **62**, 272–283 (2012)
10. NS-3 Consortium. NS-3 Simulator. http://www.nsnam.org/

11. ETSI, ETSI TR 102 638 V1.1.1: Basic Set of Applications—Definitions (2009)
12. ETSI, Final draft ETSI ES 202 663 V1.1.0: Intelligent Transport Systems (ITS) : European profile standard for the physical and medium access control layer of Intelligent Transport Systems operating in the 5GHz frequency band. November 2011
13. ETSI, Technical Specification 102 637-2: Intelligent Transport Systems (ITS); Vehicular Communications; Basic Set of Applications; Part 2: Specification of Cooperative Awareness Basic Service, v.1.2.1. March 2011
14. S. Even et al., On the np-completeness of certain network testing problems. Networks **14**, 1–24 (1984)
15. N. Funabikiy, Y. Takefuji, A parallel algorithm for broadcast scheduling problems in packet radio networks. IEEE Trans. Commun. **41**(6), 828–831 (1993)
16. A.D. Gore, S. Jagabathula, A. Karandikar, On high spatial reuse link scheduling in STDMA wireless ad hoc networks, in *IEEE Global Telecommunications Conference (GLOBECOM'07)*. December 2007
17. W. Guo et al., An adaptive collision-free mac protocol based on TDMA for inter-vehicular communication, in International Conference on Wireless Communications and Signal Processing (WCSP) (June 2012), pp. 1–6
18. W. Guo et al., R-mac: Risk-aware dynamic mac protocol for vehicular cooperative collision avoidance system.Int. J. Distrib. Sens. Netw. (2013)
19. M. Hadded et al., TDMA-based MAC protocols for vehicular ad hoc networks: a survey, qualitative analysis and open research issues. IEEE Commun. Surv. Tutor. (2015)
20. IEEE, IEEE Standard for Information Technology: Telecommunications and information exchange between systems. Local and metropolitan area networks: Specific requirements Part 11: Wireless LAN Medium Access Control (MAC) and Physical Layer (PHY) Specifications (2012)
21. S. Khan, P. Pedreiras, J. Ferreira, Improved real-time communication infrastructure for ITS. Simpósio de Informática INFORUM (2014)
22. C.L. Liu, J.W. Layland, Scheduling algorithms for multiprogramming in a hard-real-time environment. J. Assoc. Comput. Mach, **20**(1) (1973)
23. T.K. Mak, K.P. Laberteaux, R. Sengupta, A Multi-channel VANET providing concurrent safety and commercial services, in *Proceedings of the 2nd ACM International Workshop on Vehicular Ad Hoc Networks*, pp. 1–9 (2005)
24. T. Meireles, J. Fonseca, J. Ferreira, The Case For Wireless Vehicular Communications Supported by Roadside Infrastructure, *Intelligent Transportation Systems Technologies and Applications* (Wiley, 2014)
25. V. Milanes et al., An intelligent V2I-based traffic management system. IEEE Trans. Intell. Trans. Syst. **13**(1), 49–58 (2012)
26. R. Nelson, L. Kleinrock, Spatial TDMA: a collision-free multihop channel access protocol. IEEE Trans. Commun. **33**(9), 934–944 (1985)
27. Open Simulation Platform For Intelligent Transport System (ITS) Services. http://www.ict-itetris.eu/index.html
28. M. Picone et al., *Advanced Technologies for Intelligent Transportation Systems* (Springer International Publishing, 2015)
29. L.C. Pond, V.O.K. Li, A distributed time-slot assignment protocol for mobile multi-hop broadcast packet radio networks. in *IEEE Military Communications Conference (MILCOM'89)*.vol. 1. (October 1989) pp. 70–74
30. S. Ramanathan, E.L. Lloyd, Scheduling algorithms for multihop radio networks. IEEE/ACM Trans. Netw. **1**(2), 166–177 (1993)
31. S. Ramanathan, Scheduling Algorithms for Multihop Radio Networks. Ph.D. thesis. Faculty of the University of Delaware, 1992
32. Y. Tang, M. Brandt-Pearce, Link allocation, routing, and scheduling for hybrid FSO/RF wireless mesh networks. IEEE/OSA J. Opt. Commun. Netw. **6**(1), 86–95 (2014)
33. Institute of Transportation Systems. SUMO—Simulation of Urban MObility. http://sumo-sim.org/
34. A.N. Vegni, T.D.C. Little, Hybrid vehicular communications based on V2V-V2I protocol switching. Int. J. Veh. Inf. Commun. Syst. **2**, 213–231 (2011)

35. P. Verissimo, *Uncertainty and Predictability: Can they be Reconciled?* (Springer, Berlin, 2003), p. 2584
36. D. Yang et al., A simple greedy algorithm for link scheduling with the physical interference model, in *Global Telecommunications Conference, 2009. GLOBECOM 2009. IEEE.* November 2009, pp. 1–6
37. H. Yu, Z. He, K. Niu, STDMA for Vehicle-to-Vehicle communication in a highway scenario, in *IEEE 5th International Symposium on Microwave, Antenna, Propagation and EMC Technologies for Wireless Communications (MAPE 2013)*, pp. 133–138
38. R. Zhang et al., A novel centralized tdma-based scheduling protocol for vehicular networks, in *IEEE Transactions on Intelligent Transportation Systems*, (August 2014), pp. 1–6

第 5 章
用于提高安全性的介质访问控制（MAC）技术

摘要

车载网络是一个新兴的研究和应用领域。无线通信的应用为车载网络提供了广泛的可能性，但同时也对有限延迟特别是在与安全相关的应用中提出了要求。本章详细介绍了基于 IEEE 802.11p/WAVE 标准的 MAC 协议在及时传递安全消息方面的有效性。它涵盖了基于基础设施的 MAC 协议的几个方面，还详细介绍了几种在特定场景中安全关键型和有界延迟 MAC 协议所需的特征。另一方面，还可以仅依靠 V2V 通信来传播安全消息。通过它，提供了一种方法可以解决无法访问基础设施，甚至无法覆盖整个 RSU 的问题。

5.1 引言

车辆安全应用对实时性具有严格的要求，它们通常需要具有明确上限的低信道访问延迟。例如，对突然制动的车辆发出警告信息，其他车辆在特定时间段内收到该信息，否则，此类信息可能失效。这些要求主要由传输调度和介质预留来解决，这些功能在 OSI 模型数据链路层的一个子层，即介质访问控制（Medium Access Control，MAC）层中执行。

在处理道路交通时，密集的车辆场景在城市地区最为常见，在高速公路上并不常见，这与道路上车辆的绝对数量有关。然而，我们可以得到密集场景，其中"密集"的含义与车辆的绝对数量没有直接关系。以在适当时间范围内传送安全消息为背景，"密集"是指用于调度新的安全消息传输的可用带宽/介质几乎被完全占用的情况。因此，MAC 层协议在调度安全消息传输以便及时传递它们等方面发挥着重要作用。通常，MAC 协议被设计成适合特定的网络拓扑和通信模型。

出于一些原因，在典型的车辆自组织网络（Vehicle Ad – Hoc Networks，VANET）（也就是具有自组织网络拓扑结构）中设计用于紧急消息传输的 MAC 协议，是一个具有挑战性的问题。到现在，大多数商业无线网络都用于集中式拓扑/控制和基于单播的通信，由于节点之间的点对点连接而被允许反馈。相反，在处理 VANET 的过程中，节点始终是移动的，在分散的网络拓扑中使用基于广播的通信，因此，MAC 协议需要：

● 全分布和自组织：由于没有基站可以以集中的方式协调调度，且车辆的移动导致节点在不断变化。

● 可扩展性：由于没有集中控制，不能限制车辆数量，可扩展性是需要设法解决的重要问题。所以 MAC 协议不应该阻塞通信，并且应该具有处理过载情况的能力。

如文献 [6] 所述，在 VANET 中发现的数据流量模型与在 Wi – Fi 或 3G 中发现的模型不同，新诞生的安全应用程序的主要流量类型是周期性消息（具有车辆位置和速度的短状态消息），更新频率为 1～10Hz，当道路交通安全网络达到全覆盖时，其将与事件触发的危险警告共存。因此，通信模型具有一些重要的特点：

● 它主要是通过广播进行连续时间触发（与迄今存在的集中式商业网络的主要事件驱动模型相反）。

● 为了增加可靠性，必须支持由于安全消息的重发（转发）而导致的瞬态高网络负载。这是因为使用广播损害了诸如自动重复请求（Automatic Repeat reQuest，ARQ）等技术的使用，自动重复请求中使用了对所有分组的确认（Acknowledgement，ACK）。

● 不可预测的延迟（信道访问或传输冲突）是不应该存在的，因为紧急信息具有实时截止时间而无法容忍。

● 由于限制了可用带宽，导致高过载的数据包可能会影响所需的快速数据交换。

为了满足有限的实时截止时间，需要以及时和可预测的方式访问信道。如果使用载波监听多路访问（Carrier Sense with Multiple Access，CSMA）方法，由于缺乏 ACK 反馈，无法使用自适应传输速率，节点数量的增加将导致更多的同时传输，这将导致包接收率降低和信道访问延迟增大，从而危及要求有界访问延迟和高可靠性的道路交通安全应用。CSMA 的争议点主要是，VANET 很少经历高网络负载，并且可以使用流量平滑技术来保持数据流量的可接收性。但这种技术通常用于集中式网络（并且只减少平均延迟）或地理受限的网络，由于其高度动态的性质，这两种技术都不适用于 VANET。因此，仍然存在无界最坏情况延迟的问题。此外，当使用原始 CSMA 算法时，使用接入点（Access – Point，AP）的集中式网络中可能会出现隐藏终端的情况。这是由于在唯一的接收器处的冲突造成的，该冲突可以使用 RTS/CTS 控制包衰减，或者在独立于所使用的 MAC 算法的自组织网络中衰减。然而，在广播安全消息的 VANET 的上下文中，因为有多个预期的接收器，并且所有节点都遇到问题的情况不太可能出现，所以不会有太大的有害影响。另外，在安全信息之前的传输过程中，由于车辆的高移动性，遇到问题的节点有可能在完美的条件下接收广播。此外，由于 5.9GHz 频段的使用和多径/衍射特性，隐藏节点的问题在城市场景中比在高速公路上更有可能降低性能。

在 VANET 中使用典型基于广播的应用影响了 802.11 从冲突中恢复的能力，因为没有 ACK，并且回退过程在初始载波感知期间最多只能调用一次，因此失去了增加 CW 以增加回退值的优势。

使用 802.11p MAC 时，最常见的同时传输导致冲突的情况发生在节点达到零回退值时。由于对于优先级较高的类，可用于随机选择的回退值的数值较小，因此在此类中同时传输的概率较高。IEEE 802.11e EDCA 方案也在其他几项工作中进行了性能分析。虽然现在有一些改善 IEEE 802.11e 性能的建议，但是它们不能消除 IEEE 802.11e 的固有缺点，只支持特定流的"统计"优先级，而不支持单个包的"严格"优先级。

从实时性表现的角度来研究 IEEE 802.11p MAC 方法，还有许多工作要做。文献 [1] 中使用真实公路场景的仿真表明，使用 IEEE 802.11p MAC 方法（CSMA/CA）的车辆可能会遇到不可接受的信道访问延迟，这意味着该 MAC 方法不支持实时通信。此外，文献 [10] 中，在 V2V 场景的分组周期性广播的公路场景中模拟了 DSRC/IEEE 802.11p MAC 方法。仿真结果表明，由于在下一条消息产生之前无法访问信道，特定车辆被迫丢弃 80% 以上的消息。

5.2　相关工作

有一些文献建议在车辆环境中部署安全服务。下面我们将简要介绍一些最相关的内容。在文献 [18] 中，作者证明了 3GPP 第 6 版的一个具有新特性的多媒体广播/服务（Multimedia Broadcast/Multimedia Services，MBMS）能够在通用移动通信系统（Universal Mobile Telecommunications System，UMTS）网络中高效地提供 I2V 服务。在文献 [15] 中，作者进一步提出了一个使用通用移动通信系统的统一标准的 V2I 和 V2V 体系结构，声称当高速分组接入（High Speed Packet Access，HSPA）技术完全发挥作用时，延迟时间将足够小，以使用 V2V 安全应用。其定义了蜂窝网络上的点对点（Peer – to – Peer，P2P）方法，将车辆组织在不同的交通区域或集群中，其中每辆车与负责该交通区域的路边实体进行通信。但是，使用当前的 UMTS 技术进行的测试表明，车辆之间的消息传播延迟效果不足。

文献 [20] 中，作者也提出了一个 P2P 覆盖，但是是在移动自组织网络的顶部，使用每个集群的超级节点或超级车辆的概念。通过添加这个额外的层，减少了不必要的 V2V 通信。尽管他们有不同的意图，但文献 [17] 中提出的基于集群的 DSRC 体系结构背后的想法与文献 [20] 是相同的，在这个体系结构中，超级车辆被命名为集群头部。每个 DSRC 通道都有一个特定的功能，允许每辆车处理三个任务：集群成员管理、实时交通传输和非实时数据通信。

文献 [11] 的作者进一步提出了一种混合架构，在 P2P 方法中加入了 V2I 通信，但是该架构只有超级车辆才能在基础设施和集群中的其他车辆之间进行通信。

在文献 [2] 中，作者提出了一个扩展的本地对等组（Local Peer Groups，

LPG）概念，用于文献［3］中描述的相邻车辆的移动自组织 P2P 网络。LPG 是一种具有两个协调度的集群组织：LPG 内部通信支持近乎瞬时的安全应用（延迟时间为100ms），并且支持以某种方式扩展驾驶员视野的应用。我们再次引出了与前面描述的超级车辆相同的概念，这次命名为组头（Group Header, GH）。GH 周期性地向 LPG 内的其他车辆［组节点（Group Nodes, GN）］广播一条心跳（Heartbeat, HB）消息。同样在文献［2］中，增加了 RSU 和 V2I 通信。他们假设 V2V 和 V2I 通信使用不同的信道。根据 RSU 网络体系结构，RSU 可以是 LPG 的扩展，承担 GH 的角色，其行为类似于常规 GN，甚至可以充当 LPG 之间的中继。RSU 还可以协助 V2V 通信，以协助既有的 LPG，并帮助创建新的 LPG。

考虑到 IEEE 802.11 中 RSU 和 AP 之间的并行性，许多作者提出了在 IEEE 802.11 AP 之间的协调方案。在文献［19］中，引入了一种内部接入点同步方案，允许接入点之间的协作，同时使用点协作功能（Point Coordination Function, PCF）提供可靠的 QoS。点协作功能提供低延迟和抖动，同时允许公平的带宽共享。然而，该方案存在可扩展性问题。

在文献［12］的工作中考虑到了另一个重要问题：他们提出了一种 IEEE 802.11 接入点之间的快速切换方案，减少了切换过程中的延迟。文献［4］的作者扩展了文献［12］的方案，以解决 AP 之间的信标冲突问题。为了在同一信道中一个接一个地传送其信标，必须对 AP 进行同步，从而允许移动站在同一信道中获得可用 AP 的信标。文献［21］提出了 IEEE 802.11 网络中接入点之间的协调方法，以提高基于基础设施的 WLAN 网络中不同基本服务集合（Basic Service Sets, BSS）站点的吞吐量公平性。

尽管有一些相关的概念（如接入点之间的信标冲突），但这些建议都不是针对 WAVE 的。从这个意义上讲，本文介绍了一个 RSU 协调方案的提议，与文献［4］中提出的接入点同步方法有些相似，但是考虑到了 WAVE 和车辆环境的使用。

5.3　改进后的 MAC 技术

考虑到车辆通信的首要目标是安全相关应用，故需要满足严格的实时要求。从这个意义上讲，MAC 协议的设计对于及时访问信道至关重要。IEEE 802.11p 标准采用 CSMA/CA 作为 MAC 方式，为了满足实时截止时间的要求，进行了一些改进。

在处理车辆应用时，通信仅可以依赖于 V2V 或 I2V。接下来的两个子章节将分别针对这两种情况，为基础 MAC 协议设计一些增强功能。如前所述，由于存在满足实时截止时间的问题，需要寻求一种基于时分多址（Time Division Multiple Access, TDMA）的解决方案。假设 IEEE 1609.2 标准已实现，这意味着所有应用程序可实现安全服务，因此数据对试图阻塞通信介质的服务攻击不敏感；并且假设每条消息都具有匿名性、真实性和机密性。

5.3.1　TDMA 和基础设施解决方案平台

V2V 通信是一个颇具潜力的应用，这是一个不争的事实。然而，考虑到世界经济危机和缓慢的车辆更新速度，V2V 解决方案实施进程十分缓慢。正如技术市场情报公司 ABI Research 在 2013 年指出的那样，V2V 技术将逐步在新车中引进，到 2027 年的覆盖率将达到 61.8%。因此需要一些时间才能看到真正的安全效益。此外，使用路侧单元（Road Side Units，RSU）可以通过从一个节点向另一个节点发送、接收和转发数据来增加通信范围，或受益于它们处理形成 V2I 通信的特殊应用的能力[13]。例如，如果在特定的高速公路区域内出现交通拥堵情况，即使远在后面的车辆对事件没有视觉感知，也可以通过 RSU 相互协调并转发信息来通知车辆。

这些因素有利于 I2V 通信，而不是纯粹的 V2V 通信。当在安全应用中使用这种类型的解决方案时，可以假定车辆将配备一个通信设备，就像已经在电子收费系统中使用的那样，实现了特定的 MAC 协议。此外，GPS 设备还用于现代车辆的定位和其他相关用途。这种类型的解决方案在某种意义上具有弹性，因此，即使在初始广播之后车辆发生碰撞并破坏其通信设备的情况下，也可以传播安全事件。因此，RSU 作为这种解决方案中的一个特殊元素，参与到网络中。在这种类型的解决方案中，可以利用已安装的基础设施，而不依赖于车辆的设计周期。如果在某些地区需要的话，可以假设像文献［14］中那样相对容易地部署基础设施。

在文献［8］中提出了第一种协议方案，以 IEEE 802.11p MAC 标准为基础技术。基本假设是，在技术发展的第一阶段，将共存非启用和启用的车辆。启用车辆配备 OBU，能够与其他启用车辆和 RSU 通信。着眼于已经部署的基础设施，假定高速公路（或至少是事故多发地区）已经被相应运营商部署的多个 RSU 完全覆盖。

如前所述，EDCA 的定义参数集能够对消息进行优先级排序。然而，随着发送最高访问类别（Access Category，AC）消息的节点数量的增加，冲突概率也将显著增加[5]。在人口稠密的场景中或者在 MAC 队列已满的情况下，本地 IEEE 802.11 MAC 无法确保紧迫型（时间关键型）消息的分发。文献中的建议是整合一个消息重新评估机制，以持续减少高优先级消息的数量并防止长时间排队。另外，使用不同的 EDCA 参数可以降低高冲突率。为了减少高优先级消息的数量，在 EDCA 内定义一个新的 AC（所谓的"安全 AC"）似乎是可行的，该 AC 是为碰撞和紧急制动警告消息保留的（不太可能同时存在其中的几个），其中 AIFS 连同 CW 值应该小于视频 AC 的 AIFS。在这种情况下，将保证这些消息和视频 AC 消息之间不会发生争用。但这不符合 IEEE 802.11p 标准。

因此，该方法使用了基于时隙的方法，通过 RSU 发送信标，来充分降低 V2I（安全事件后的初次广播）和 I2V（由 RSU 在目标区域重新广播）通信中的冲突概率。图 5.1 可以让 RSU 在目标区域内以有界延迟和无争用的方式协调安全消息的转发。

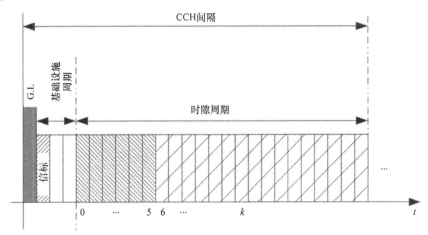

图 5.1　基于时隙的信标方法

其思想是将每个控制信道（Control Channel，CCH）间隔划分为基础设施周期（Infrastructure Period，InfP）和时隙周期（Slotted Period，SloP）。前者用于 RSU 之间的协调和信标传输，在此期间，所有车辆都应收听频道。对于时隙周期，最初的 6 个时隙是为 RSU 预留的，如果有安全消息需要再次广播，则由 RSU 使用。根据安全消息的目标区域（从安全事件位置传播警告的距离），两个相邻的 RSU 可能需要转发安全消息。每个 RSU 为每个事件使用一个时隙。RSU 的信标包含一般信息，例如 RSU 的位置，以及关于 RSU 在时隙周期中分配的可能时隙的信息。剩余的时隙周期是空闲的，可用于希望发送消息（定期或事件驱动）的车辆使用。生成事件的车辆在空闲时隙上广播相应的消息（应注意，车辆在控制信道间隔开始时通过侦听信标来了解时隙占用情况）。RSU 知道事件触发的时间，并且通过使用信标，将在下一控制信道间隔中通知用于转发消息的特定时隙。

尽管不太可能同时生成两个事件，但可以有三种不同的情况：正常传输、冲突和空闲状态。首先，在一个或多个时隙中转发关于目标传输区域的可靠信息。如果发生传输冲突，则存在问题，并在相应的时隙中转发警告。

使用这种方法所产生的另一个好处是：考虑到一辆车突然制动（生成一个事件）后碰撞破坏了通信设备的情况下，尽管生成事件的车辆无法进一步通信，但事件仍将由 RSU 传播。下一节将详细定义覆盖区域重叠的相邻 RSU 之间的协调。基础设施周期的持续时间仍取决于基础结构部署。这部分工作在文献［7］中介绍。

5.3.1.1　基于 TDMA 的基础设施（I - TDMA）

如前所述，RSU 在转发警告消息方面发挥着重要作用，即避免争用，以便及时传递消息，因此，本节将对 RSU 之间的协调这个关键问题进行讨论。回想一下，采用上述方法是为了解决可能争用介质的上传（V2I）安全关键消息，以及确保安全信息在指定时间范围内到达车辆（I2V）的问题。

考虑到前面定义的控制信道间隔组织（图 5.1），每个控制信道间隔被划分为预留用于 RSU 协调和 RSU 信标传输的基础设施周期和初始部分用于转发安全消息的时隙周期，剩余部分用作短的状态消息、WAVE 服务通告（WAVE Service Announcements，WSA）和安全事件驱动消息的争用期。将基础设施周期用于 RSU 信标可能会促使我们将时隙周期与 RSU 在已定义的时隙计划中一起使用，并由 RSU 在其信标中告知车辆使用。然而，这需要某种类型的寄存器/关联，并且该标准明确定义了 WAVE 上下文中没有关联过程[9]。更重要的是，它可能会危及及时性需求，因为车辆首先必须进行自身"注册"，并且仅在随后的控制信道间隔内在其预留时隙内发送安全消息。

我们所关心的是基础设施的组织以及 RSU 之间如何互相协调，以便及时转发安全消息。所以，这里的重点只在 I2V 消息传播上。要先分析生成事件的车辆初次广播（V2I）的时隙选择问题。

将消息目标距离记作 d_{mt}，用于定义要转发此类消息的相邻 RSU 的数量。假设 RSU 的覆盖范围为 d_{cr}（半径），并且每个 RSU 都在其相邻的无线电范围内，则 n 个连续 RSU 所覆盖的总距离将由式（5.1）给出：

$$d_{mt} = (n+1)d_{cr} \tag{5.1}$$

出于安全应用的考虑，三个 RSU（每个 RSU 的典型传输范围为 $d_{cr} = 500\mathrm{m}$）所覆盖的距离足以传播警告信息并提醒其他驾驶员。此场景见图 5.2。安全消息应该通过几个连续的同步间隔转发。因此，每个 RSU 在参与转发的过程中设置一个计数器 n_{ret}，每次转发（即在每一个同步间隔）都将计数器减 1，直到数值为 0，此时表示重传结束。计数器值与消息的生存期 t_{lf} 有关，t_{lf} 是转发安全事件所必需的时间。

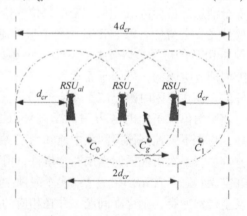

图 5.2　三个 RSU 的覆盖范围

我们考虑道路的方式与道路管理部门和汽车拉力赛使用的方式类似，即道路位置是一个从 0 开始到道路长度 D_{rl} 结束的线性函数，如图 5.3 所示。

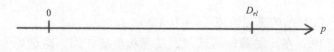

图 5.3　道路位置（p）是一线性函数

因此，可以通过测量两个连续的位置来得到车辆的行驶方向，确定车辆是沿道路向前还是向后行驶。

当图 5.2 中表示为 C_g 的车辆是在同步间隔内唯一一辆生成和广播安全消息的车辆时，消息将由所谓的主 RSU（RSU_p）和相邻的 RSU（RSU_{ar}）接收。两者中，因为 RSU_{ar} 检测到车辆正朝它移动（借助车辆消息中的行驶方向信息和车辆位置字段），所以 RSU_p 将用于转发消息。在相同的同步间隔内，如果另外两辆车：一辆在 RSU_{al} 和 RSU_p 之间（图 5.2 中的 C_0），另一辆在 RSU_{ar} 前面（图 5.2 中的 C_1），也会生成安全事件，这将导致这三个 RSU 必须全部转发消息。在接下来的基础设施周期中，每个节点发送的信标包含了与每个节点之前事件相关的信息。为了允许所有 RSU 通过信标正确发布安全事件，必须避免它们之间的争用。如果 RSU 选择的时隙是随机的，则会发生冲突，由相邻 RSU 选择相同时隙引起的冲突，或由隐藏节点问题引起的冲突（尽管这些 RSU 不在彼此的通信范围内）（下一节将给出一个示例）。为解决这一问题，提出以下建议。简而言之，基础设施建设时期将有五个时隙。前面三个时隙用于 RSU 之间的协调，最后两个时隙用于通过几个相邻的 RSU 传输消息。

5.3.1.2　协调信标传输

值得注意的是，RSU 并不像人体的脊椎骨那样共享物理连接。相反，而是使用 WAVE 技术相互通信。每个 RSU 都有一个与它沿着道路的顺序相对应的数字。此外，还有一些由数字标识的部分。每个路段包含三个只属于该路段的 RSU（示例如图 5.4 所示，从道路起点开始，用箭头指示，道路方向从左至右）。

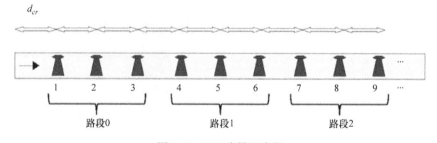

图 5.4　RSU 编号和路段

无论它是否监听了由生成器（OBU）广播的安全事件，每个 RSU 将使用其基础设施周期时隙来传输其信标（如前所述，这将使得在时隙周期内广播消息的车辆之间的冲突概率最小化）。为了避免相邻 RSU 之间的竞争，并避免隐藏终端冲突（例如，RSU1 和 RSU3 在同一基础设施周期时隙中发送信标，并导致 RSU2 监听到冲突），每个 RSU 使用其自己的号码（RSU_{nr}）和其区段号码（$Section_{nr}$）来选择其基础设施周期时隙，如式（5.2）所示。

$$InfP_{slot} = RSU_{nr} - (3 \times Section_{nr}) \tag{5.2}$$

这保证了沿路的所有 RSU 都能在不发生冲突的情况下传输各自的信标。为了验证 RSU 能够正确根据上述过程分配时隙，图 5.5 展示出了连续的 9 个 RSU 的传输时隙。在这种情况下，不会发生冲突。

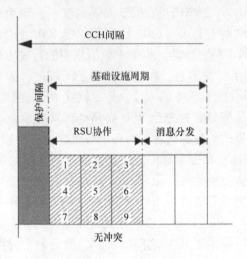

图 5.5　连续的 9 个 RSU 的基础设施时段时隙分配

图 5.6 展示了不正确分配时隙情况的示例。RSU2 和 RSU4 不在对方的通信范围内，因此不监听对方的传输，但如果它们选择随机的时隙 2 来发送信标，因为它同时监听到两个信标，则会导致 RSU3 监听冲突。这在图 5.6 中用爆炸形线包围 RSU3 来表示。同样，RSU6 和 RSU8 选择时隙 3，导致 RSU7 监听到冲突。

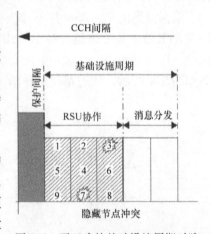

图 5.6　不正确的基础设施周期时隙选择会导致隐藏节点冲突

信标基本上来自 WAVE 协议栈中 WSMP 的 WAVE 短消息（WAVE Short Message，WSM）。因此，协议实现所需的信息将包含在 WAVE 短消息的 WSM 数据字段中。发送信标的数据字段（图 5.7）如下：

● "RSU Position"：表示 RSU 的位置。当不使用随机方法时，它将被车辆用于在时隙周期中选择一个时隙来传输消息。"RSU Position" 所需的位数根据 GPS 坐标定义。

● "Slots Reserved"：表示在时隙周期中保留了多少时隙和哪些时隙。由于每辆车最多同时监听两个 RSU，并且假设每个 RSU 可以转发三个事件，因此该字段使用两位来定义保留了多少个时隙，并且使用三个字段（每个字段 8 位）来定义用于该事件的时隙号。因此，如果前两位为 0，则表示这是一个单纯的信标，而不是已发生的安全事件，并忽略后续字段。

- "Adjacent RebroadDist"：其值为 n_{td}，用于消息传播，下一节将对此进行详细解释。
- "Vehicle Position"：包含 GPS 坐标，以便在收到安全信息时获取车辆位置。把该位置转换为道路位置以获得道路长度上的车辆位置（图 5.3）。
- "Vehicle Direction"：表示收到安全信息时车辆的行驶方向（fi）。
- "Number Lanes"：表示公路每个方向的车道数。当不使用随机方法时，它将用于车辆在时隙周期中选择一个时隙来传输消息。

RSU Position (96 bit)	Slots Reserved (26 bit)	Adjacent RebroadDist (2 bit)	Vehicle Position (96 bit)	Vehicle Direction (1 bit)	Number Lanes (3 bit)

图 5.7　信标帧数据字段（包含 WSM 数据字段）

两个 RSU 可能检测到瞬间发生的事件，从而将传输安排在同一个预留的时隙周期时隙中。在这种情况下，由于每个 RSU 从相邻单元监听信标，因此"Vehicle Position"值较高的信标将保持其在时隙周期内的时隙分配（如果车辆相对于道路方向是向前行驶的，否则为较低值的信标）。另一个 RSU 则等待下一个基础设施周期以便分配其他时隙。这就给予了关于车辆向前行驶事件更高的优先级。另一种解决方案是让每个 RSU 为每个事件分配两个时隙，并始终使用其中的第一个时隙，第二个时隙则留给 RSU 在其信标中具有较低的"Vehicle Position"值。但因为时间如此接近的两个事件可能发生的概率较低，将导致中间资源利用率低以及处理事件较少。依赖于安全应用程序的时间要求，如果等待下一个基础设施周期公布事件会浪费时间，则应强制使用替代解决方案。

5.3.1.3　消息分发

事件生成器完成初次广播后，由 RSU 在整个道路上适当传播相应的安全信息，通过分析信标中的"Adjacent RebroadDist"字段来传播安全事件。当 RSU 监听到信标的 n_{td} 值大于零，并通过检查"Vehicle Position"（车辆位置）和"Vehicle Direction"（车辆方向）字段推断该信标相对于行驶方向位于车辆后时，将 n_{td} 值减 1 并将消息转发到可用的时隙中。并且在基础设施周期的最后两个可用时隙中发送带有更新 n_{td} 值的信标（对于每个 RSU 转发消息，这两个时隙中的一个将分别用于各自的信标）。所以 n_{td} 是转发消息的 RSU。

与 RSU 管理相关的全局操作（如前两节中所述）见图 5.8。

5.3.1.4　生成器初始广播时隙的选择

如前所述，车辆在时隙周期内完成广播状态消息、服务公告（WSA）或安全事件，该方法可以使用 WAVE 标准随机访问，传输过程可能会有冲突。另一种方法可以实现最小化传输冲突，即执行某种程度上带"确定性"的时隙选择。

在后一种方法中，假设存在一条车道和为广播选择的时隙 $slot_{1lane}$，其基于车

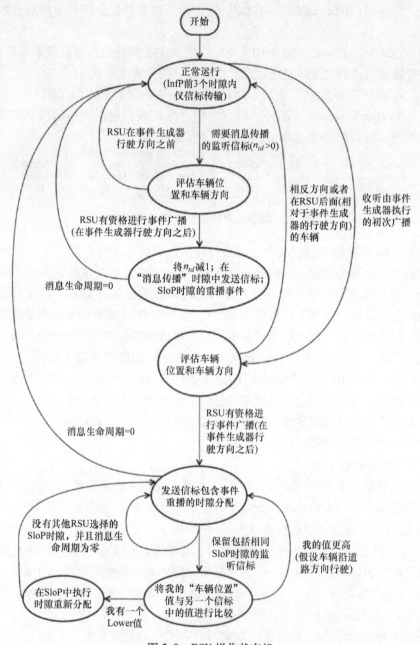

图 5.8　RSU 操作状态机

辆的当前位置 $xC_i\ (t)$；RSU 的位置为 $xRSU_b$，其位于车辆后面；$xRSU_b$ 相对于行驶方向，它由从基础设施周期中听到的信标获得，由式（5.3）给出。

$$slot_{1lane} = \left\lceil SloP(CP) \frac{|xC_i(t) - xRSU_b|}{d_{cr}} \right\rceil \tag{5.3}$$

SloP（*CP*）为车辆在时隙周期内可用的时隙数。车辆的当前位置不是 GPS 坐标，而是转换为道路位置，如图 5.3 所示，RSU 位置与之类似。

上述方法在只考虑一条车道时是有效的，而在考虑多车道如高速公路时可能会出现一些问题。如果车辆在不同的车道上"并排"行驶，其位置将产生相同的时隙（*slot*$_{1lane}$）。例如在图 5.9 中，车辆 A、C 和 E 选择时隙 0 进行消息传输，车辆 B、D 和 F 选择时隙 3，如果其中一对（每组内）有消息要传输，则可能导致冲突。在图 5.10 中，尽管车辆在每条车道上不是"同相（位）"的，由于车辆间距不同，车辆 B 和 F 也会出现同样的问题，当所有车辆以相同的速度行驶将会出现最坏的结果。如果车辆在不同公路的车道上行驶，在"外侧"车道行驶的车辆行驶速度可能会更快，从而车辆数量就会减少。在这种假设下，如果应用智能驾驶员模型（Intelligent – Driver Model，IDM），所有组内车辆的车辆间距（对于给定的行驶速度）是相同的。

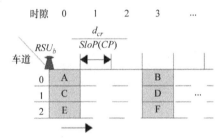

图 5.9　基于车辆位置和车道问题的时隙选择 1

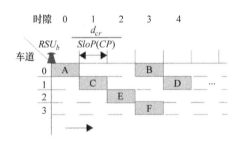

图 5.10　基于车辆位置和车道问题的时隙选择 2

对于上述问题，每辆车的时隙应包括车辆行驶的车道号 *lane*$_{nr}$ 以及车辆相位不同时的一些方法。车道号是连续的后续车道，是通过将 GPS 坐标转换为整数，让最内部车道为 0，通过连续的单位增量来获得的（图 5.11）。考虑到执行时隙分配有可能发生在无冲突的情况下，可以将最内侧的车道 0 中的车辆分配给第一个 *SloP*（*CP*）/*nr*$_{lanes}$ 时隙，将下一个车道上的车辆分配给第二个 *SloP*（*CP*）/*nr*$_{lanes}$ 时隙，依此类推。*nr*$_{lanes}$ 是每个方向的车道总数。<*x*> 表示 *x* 的小数部分。每辆车使用的总表达式如式（5.4）所示。

$$slot_{tx} = \frac{slot_{1lane} - \left[\left\langle\dfrac{slot_{1lane}}{nr_{lanes}}\right\rangle \times nr_{lanes}\right]}{nr_{lanes}} + lane_{nr}\frac{SloP(CP)}{nr_{lanes}} \qquad (5.4)$$

图 5.11 描述了初次广播的时隙分配过程。

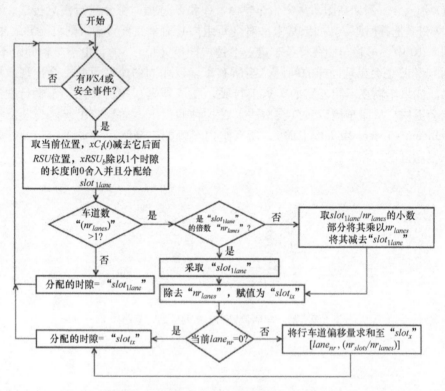

图 5.11　WSMP 消息初次广播的时隙分配步骤

　　在保证所有时隙都被占用且新事件生成了安全消息（其中传输延迟是关键）的情况下，并且给予立即访问权，节点 s 的传输在时隙可用之前不会被阻塞（延迟）。在该基础上，采用改进 OBU 的时隙周期时隙选择来降低安全事件的冲突概率。由于一个控制信道间隔内不太可能同时发生多个事件，所以只为安全事件广播保留少量时隙。

　　最后针对同步问题，根据所设计的"集中的"协议，RSU 可以提供同步。由于如今的车辆使用率很高，从而假定所有的单元都有一个 GPS 模块。

5.3.2　基于 V2V 的解决方法

　　由于 V2V 通信发展前景广阔，因此对其开展了广泛深入的研究，参照葡萄牙公路运营商 BRISA - Autoestradas de Portugal SA 所做的工作，由于在某些情况下前面章节中提出的解决方案可能不可行，故本文介绍了一种替代解决方案。该方案中

V2V 通信在适应 WAVE 内的时间关键信息方面发挥着重要作用，以确保高速公路的安全应用。首先，最重要的一点是公路不可能全部由 RSU 覆盖，除此之外，如果生成警告事件的车辆无法与 RSU 通信，公路特性（如隧道）可能会限制安全信息的及时传播。因此，该模型的主要目的是仅通过车辆来对安全信息进行转发。

在本文中，假定有一条只在特定区域存在 RSU 的高速公路，即所有的进出区域、靠近收费设备和附近可能的危险区域（危险路段、桥梁或隧道入口）。在 RSU 未覆盖的高速公路区域，只能依靠 V2V 通信转发车辆的安全信息。MAC 操作的建模状态机如图 5.12 所示，EP（Event Period）是事件周期，用于控制信道间隔内的时间间隔，生存期（Lifetime）与事件的转发时间有关，本节稍后将对此进行解释。

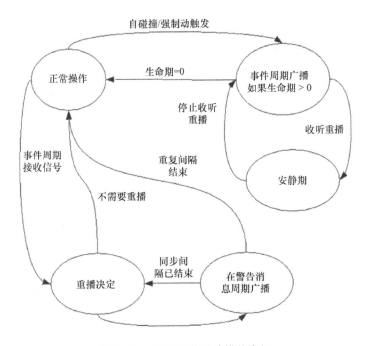

图 5.12　MAC 操作的建模状态机

安全事件与车辆有关，该车辆负责传播此类事件。本节暂不讨论几辆车对同一事件负责的情况。如果发生涉及多辆车的事故，第一辆传播事件的车辆将被视为事件生成器，如果其他发生碰撞的车辆监听到生成器传输的信号将不会自行启动事件。

5.3.2.1　模型定义

当识别事件时，在发生事件的利益范围内可能存在大量车辆。这个距离取决于事件的类型。模型形式化描述如下：

$E(t_1)$ 是在 t_1 时刻发生的安全相关事件。式（5.5）表示了车辆队列。

$$C_{dE}(t_1) = \{ C_g : c_o, \cdots, c_n \} \tag{5.5}$$

$C_{dE}(t_1)$ 是在事件 $E(t_1)$ 的利益范围内的车辆集合，它包括生成器车辆 C_g 以及 $n+1$（未知）个其他车辆，它们必须接收安全消息。为了避免车辆与速度混淆，我们使用字母 c 来表示方程中的车辆（c 为车辆英文单词 car 的首字母）。

如 5.3.1.1 节所述，并如图 5.3 所示，我们以与道路管理部门相同的方式考虑道路。

当生成器车辆想要传播一个事件时，它将在为此目的预留的一个安全时隙中传输一个帧。该帧的传输可能产生两种情况：

1）因为在传输范围内没有任何车辆，没有车辆监听该帧。

2）一些车辆会监听该帧。下面定义一个预期的瞬时范围（在无线通信中，这个范围波动很大，但在这里并不成问题）：

① $d_l(t)$：时刻 t 的单向传输距离。

② $d_l(t_2)$：作为 C_g 对事件 $E(t_1)$ 的反应而发布的消息的传输范围，对于任意 t，$t_2 > t_1$。

这在任何方向上都是常数，也就是说，我们考虑的是循环传播。

然后，上述情况 1）意味着

$$C_{dl}(t_2) = \{C_g\} \cup \{\} \tag{5.6}$$

式中，$C_{dl}(t_2)$ 是与 C_g 的线性距离小于 $d_l(t_2)$ 的车辆的集合。

考虑到上面提到的情况 2），有

$$C_{dl}(t_2) = \{C_g : c_o, \cdots, c_k\} \tag{5.7}$$

该集合包含位于 C_g 传输距离之内的车辆，即

$$d(C_j) < d_l(t_2) \tag{5.8}$$

式中，$0 \leq j \leq k$，$d(C_j)$ 是车辆 j 到生成器车辆之间的直线距离。

值得注意的是，根据利益范围和道路上车辆的实际位置，集合 $C_{dE}(t_1)$ 可能比设置的 $C_{dl}(t_2)$ 拥有或多、或少或是相等的车辆。

确定车辆在道路上的位置是很重要的，它可以由下列方程导出。

$$x_{ci}(t) = d_{gps}(t_k) + 2(f_i - 1)\int_{t_k}^{t} v_i \, \mathrm{d}t, t > t_k \tag{5.9}$$

式中，v_i 是车辆 i 的瞬时速度，$d_{gps}(t_k)$ 是车辆 i 在最后一个获得 GPS 坐标（例如隧道入口）时刻在道路上的位置。函数 f_i 被用来定义车辆 i 的行驶方向

$$f_i = \begin{cases} 0 & x_{C_i}(t_1) > x_{C_i}(t_2), t_2 > t_1 \\ 1 & x_{C_i}(t_1) < x_{C_i}(t_2), t_2 > t_1 \end{cases} \tag{5.10}$$

即，若车辆沿着道路向前或向后行驶，其位置从 D_{rl} 到 0 或从 0 到 D_{rl} 之间变化。

式（5.9）利用可用的 GPS 信息和车辆本身的数据（例如，通过 OBD Ⅱ 接口），确定任何时刻或地点的车辆道路位置。

我们可以考虑双向行驶车辆相关的事件，或者只考虑生成器车辆行驶方向的事

件。在高速公路上，最后一种情况往往是相关的。为了确定车辆 i 与生成事件的车辆 C_g 是否在同一方向行驶，我们需要比较 f_i 和 f_g。如果它们相等，则表示车辆朝同一方向行驶。

我们现在需要将这组车辆限制在事件的利益范围内，并跟随在 C_g 后面行驶。在距离 d_E 内的车辆是指

$$I(C_i)=1 \text{ 若} \begin{cases} \left[x_{C_i}(t)>(x_{C_g}(t_2)-d_E)\right] \wedge \left[x_{C_i}(t)<x_{C_g}(t_2)\right] & f_g=1 \\ \left[x_{C_i}(t)<(x_{C_g}(t_2)+d_E)\right] \wedge \left[x_{C_i}(t)>x_{C_g}(t_2)\right] & f_g=0 \end{cases} \quad (5.11)$$

否则，$I(C_i)=0$。

关于情况 2），即使 $C_{dl}(t_2)$ 包括 C_g 以外的其他车辆，即传输范围内有车辆，在同一方向、在事件生成器后方和利益范围内行驶时，也必须验证这些车辆是否满足式（5.10）和式（5.11）。位于最后子集中的一个车辆将转发事件。

由于车辆的移动而忽略了距离偏差，可通过时间尺度来验证这一假设，回想 t_1 时刻发生的事件 E，t_2 时刻的帧传输和 t 时刻的利益范围评估，其中 $t>t_2>t_1$。

图 5.13 反映了上述情况 2）的假设场景。事件发生器车辆标有"G"字母，赋予其他车辆从 0 到 7 的随机数。这条公路有两个方向，用箭头标记左边，生成器车辆正向前行驶（$f_g=1$）。在这种特殊情况下，从式（5.7）中可以得到一个在 C_g 传输范围内的车辆子集：

$$C_{dl}(t_2)=\{C_g;c_o;c_2;c_3;c_4;c_5;c_6\} \quad (5.12)$$

此外，若仅考虑与生成器车辆同一方向行驶的车辆［利用式（5.10）］，则仅限于考虑车辆 c_0、c_1、c_2、c_3。同时考虑到利益距离，假设安全应用的 $d_E=0.5$ km，考虑到 C_g（式（5.11））之后的相关车辆，最终得到与转发事件相关的车辆 c_o 和 c_2。

5.3.2.2　转发事件车辆的选择

使用上述模型，首要的是定义一些问题。第一个问题是决定哪一辆车将转发安全事件，从一组车辆中选出候选车辆。

如图 5.14 所示，控制信道间隔分为事件周期（Event Period，EP）和警告消息周期（Warning Message Period，WMP）。事件周期仅用于生成事件的车辆，最大限度地减少与转发车辆的争用，并给予事件生成车辆 C_g 最高优先级，虽然可能同时发生事件的可能性很小。因此，事件周期在确定所需的警告消息周期标准时隙之后来确定，由与比特率相关的时隙数组成，每个事件都应在其中一个时隙中传输。为了避免争用，在可能的同步事件生成器在发送事件之前从每个事件周期中随机选择一个时隙。未争用到介质的同步生成器将侦听正在广播的事件，并尝试停止广播其事件。另一种方法是对事件周期时隙执行一种"基于位置"的选择，使用同一个参考点以最小化进行争用。

警告消息周期用作争用期（Contention Period，CP），且仅由接收到安全帧并需要转发该帧的车辆使用，根据车辆的位置、速度和随机数在时隙分配过程中赋予不

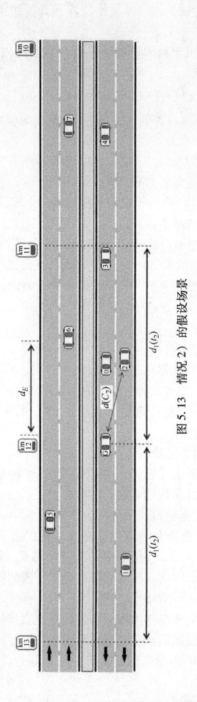

图 5.13　情况 2）的假设场景

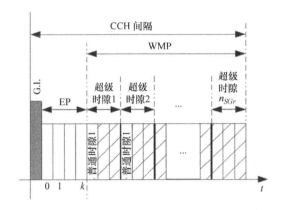

图 5.14 基于 TDMA 的使用 WAVE 的控制信道间隔方法

同的优先级。警告消息周期被划分为若干个时隙组，称为超级时隙（Super Slots，SupS）。每个超级时隙都含有一定数量的普通时隙（Normal Slots，NS）。由超级时隙实现对于距离生成器车辆较远的车辆，以最少的必需广播来达到最大的传播距离，因此具有更高的优先级；如果距离相同而导致另一辆车竞争相同的超级时隙，因为它将保持与事件生成车辆更远的距离，所以通过使用超级时隙中的普通时隙来为速度较低的车辆分配更高的优先级；如果速度相似而产生相同的普通时隙，则使用随机数来避免子时隙（Sub Slots，SubS）的传输冲突。这些措施可以显著降低传输冲突的概率。

一个普通时隙的时间足以传输一个安全帧并剩余一些空闲时间，在每个普通时隙中，有一些与传输比特所需的时间相关的子时隙。因此，在 C_g 后的相关范围内 [见式（5.11）] 接收到安全帧并朝同一方向行驶（$f_i = f_g$）的车辆应计算争用期时隙，将在该时隙后续控制信道间隔中尝试转发。这由式（5.12）给出，n_{SubS} 是超级时隙数，与车辆位置有关；n_{NS} 是所选超级时隙内的普通时隙数，与车速有关；n_{SubS} 是所选普通时隙内的子时隙数，用于避免具有相似位置和速度的车辆之间的传输冲突。

$$CP_{slots}\begin{pmatrix} n_{SupS}, \\ n_{NS}, \\ n_{SubS} \end{pmatrix} = \begin{pmatrix} \left(n_{SGr} - \left\lfloor \dfrac{n_{SGr}\, |x_{C_i}(t) - x_{C_g}(t_2)|}{d_l(t_2)} \right\rfloor \right) \\ \left(\left\lceil \dfrac{vel_i - vel_{\min}}{gap_{vel}} \right\rceil \right) \\ (random(0,1) \times k_{SubS}) \end{pmatrix} \tag{5.13}$$

式中，n_{SGr} 是超级时隙组数；$vel_{\min}$ 是车辆 i 的速度，它是为车辆定义的最低速度；k_{SubS} 是子时隙的数目，在普通时隙中的剩余时间应足以传输安全帧并具有最短帧间间隔。有

$$gap_{vel} = \frac{vel_{max} - vel_{min}}{k_{NS}} \qquad (5.14)$$

式中，vel_{max}是为车辆定义的最高速度；k_{NS}是在超级时隙内的普通时隙数。

需要注意的是，在接收到安全信息并通过时隙分配程序获得转发权后，转发车辆将充当其后面车辆的新事件生成车辆，并且该过程对此类车辆重复。

另一个有趣的问题是C_g是否应该继续广播这个事件？我们认为，为了介质资源的利用，在生成器车辆监听转发时应停止试图广播自己的安全信息。如果它从未检测到转发，或在一段时间后停止监听转发，如果消息的生存期（t_{lf}）不为零，则事件生成车辆开始重复广播。

因此可以提出这样的问题：事件应该有多长的生命周期，即必须继续转发多长时间？另外，事件必须广播到什么距离？

这两个问题都取决于应用程序，不能以绝对的方式回答。例如，紧急电子制动灯消息的生命周期肯定比事故警告短，这适用于距离。例如一次事故可能会导致数千米的交通堵塞，而在突然制动的情况下并不需要提醒距离太远的车辆。消息的生存期应该考虑到最初没有车辆在传输范围内，或由于突然减速而导致的接连性损失，足以确保至少有一辆车接收到该消息。

为了对不同的场景进行评估，以确定在一个可能的事件生成车辆（C_g）的相关距离（n_{dE}）中有多少车辆是有用的，如式（5.15）所示。

$$n_{dE} = \frac{d_E}{(C_{length} + C_{spacing})} \times n_{lanes} \qquad (5.15)$$

式中，n_{lanes}是每个方向上的公路车道数；C_{length}是车辆的平均长度；$C_{spacing}$是车辆间距。

5.4 结论

安全关键应用程序，例如突然的紧急制动或碰撞警告，通常要求低通道访问延迟并有一个明确的延迟上限，这给MAC层执行的传输调度和介质预留功能带来了及时传输消息的负担。我们注意到，即使使用符合标准的实现（方法）时，例如WAVE体系架构支持车联网中的安全消息，这样的目标也可能无法实现。然而特别是在密集场景中，也不能忽视高冲突率，这可能会危及安全消息的时间限制。

基于I-TDMA（Infrastructure with TDMA-based solution，基于TDMA的基础设施解决方案）MAC协议的解决方案的设计，考虑了包括在几种VANET方法的时隙自组织MAC协议中使用的典型功能。让节点发送以下相关信息：它们从哪个节点接收信息，或它们对当前时隙分配的感知，从而防止隐藏终端无意中重用时隙。然而文献［16，21］中表明，在高速公路场景中，在将通信信道建模为衰落信道的情况下，隐藏终端的情况不会导致包括包接收率方面的主要性能的降低。

考虑到 IEEE 802.11p/P1609.4 MAC 的使用率以及控制信道和服务信道使用的特殊性，取决于所考虑的场景（如安全事故发生的瞬间），假设使用控制信道进行安全信息发布的要求可能会影响端到端延迟。如果所获得的延迟是不可接受的，则强制使用控制信道多于服务信道的机制（即在某些服务信道间隔内保持控制信道）可以解决该问题。

通过利用 RSU 转发安全消息的唯一问题在于初次广播，因为随后的广播避免了争用。此外，如果需要发送消息的车辆谨慎地选择时隙，则可以进一步减少冲突，并且可以对端到端的延迟上限实现改进。

初步研究了智能驾驶模型和排队延误得到了理想的结果，随着所用比特率的增加，可用于安全相关信息传输的时隙数量也随之增加，因此对于较高比特率，传输的可能次数更高且冲突率更低。此外，时隙数是有关打算使用的最大消息长度及其给定的比特率的持续时间的函数。对于长达 450bit 的信标，RSU 信标的持续时间大致恒定，在三个较低的 WAVE 比特率中只丢失一个时隙。因此，如果所获得的延迟不可接受，最终的解决方案可能是以更高的比特率工作，来减少介质访问延迟。

至少两个 OBU 具有要发送的消息且两者选择同一时隙的概率称为冲突率，其随着车速以及所用比特率的增加而降低。如果用随机方法选择时隙，当使用的比特率较低且速度低于 80km/h 时，冲突概率大于 0.9。相反，如果选择传输时隙过程中基于位置的方法，对于高于 20km/h 的速度，甚至较低比特率和高峰交通情况时，冲突概率都是 0。

在分析更危险较高速度的情况（如 80～120km/h）时，考虑到仅使用控制信道广播安全事件消息的特殊性，平均介质访问延迟从 31ms 到 124ms 不等。当使用随机方法进行时隙选择时为 5ms，较大的变化间隔也与交通状况的变化有关，例如空闲或高峰时间，以及使用 27Mbit/s 和 3Mbit/s 的极端 WAVE 标准比特率等情况。一般来说，随着车辆速度的增加，平均介质访问延迟减少。如果使用基于位置的方法，则平均介质访问延迟将减小，并保持在 27.5ms 的恒定值。

最后，当考虑车辆的速度在 80～120km/h 时，比特率从 27Mbit/s 的空闲通道到高峰时段的 3Mbit/s，以及生成速率在 4～7 组/s 变化时，对于随机时隙选择，MAC 传输总延迟（端到端延迟）为 61～476ms；对于基于位置的时隙选择，则为 29～40ms。相同的速度在较高的比特率下，交通状况对总的端到端延迟具有较大的影响。此外，比特率相同时，较高速度时交通状况对总的端到端延迟也有较大的影响。

参 考 文 献

1. K. Bilstrup et al., On the ability of the 802.11 p MAC method and STDMA to support real-time vehicle-to-vehicle communication. EURASIP J. Wirel. Commun. Netw. 5 (2009)
2. W. Chen et al., Local peer groups and vehicle-to-infrastructure communications. In: *2007 IEEE Globecom Workshops*, (2007), pp.1–6
3. W. Chen, J. Chennikara-Varghese, S. Cai, Local peer group architecture and organization for vehicle communications, in *Vehicleto- Vehicle Communications Workshop (V2VCOM 2005) co-located at ACM MobiQuitous* (2005)
4. S.K. Chui, O.-C. Yue, An access point coordination system for improved voip/wlan handover performance, in *Vehicular Technology Conference, 2006. VTC 2006-Spring. IEEE 63rd*, vol. 1 (IEEE, 2006), pp. 501–505
5. S.U. Eichler, Performance evaluation of the IEEE 802.11 p WAVE communication standard, *in Vehicular Technology Conference, 2007. VTC- 2007 Fall. 2007 IEEE 66th*, (IEEE, 2007), pp.2199–2203
6. ETSI Technical Report 102 862 v1.1.1, Intelligent Transport Systems (ITS); Performance 55 Evaluation of Self-Organizing TDMA as Medium Access Control Method Applied to ITS; Access Layer Part (2011–12)
7. N.F.G.C. Ferreira, J.A.G. Fonseca, Improving safety message delivery through RSU's coordination in vehicular networks, in *2015 IEEE World Conference on Factory Communication Systems (WFCS)*, (IEEE, 2015), pp. 1–8
8. N. Ferreira, J. Fonseca, J. Gomes et al., On the adequacy of 802.11 p MAC protocols to support safety services *in ITS*, *in IEEE International Conference on Emerging Technologies and Factory Automation, 2008. ETFA 2008*, (IEEE, 2008), pp. 1189–1192
9. IEEE Standard for Information technology—Telecommunications and information exchange between systems—Local and metropolitan area networks—Specific re-quirements Part 11: Wireless LAN Medium Access Control (MAC) and Physical Layer (PHY) Specifications, Amendment 6: Wireless Access in Vehicular Environ-ments (2010)
10. V.D. Khairnar, S.N. Pradhan, Simulation based evaluation of highway road scenario between DSRC/802.11 p MAC protocol and STDMA for vehicle-to-vehicle communication (2013)
11. J. Miller, Vehicle-to-vehicle-to-infrastructure (V2V2I) intelligent transportation system architecture, *in Intelligent Vehicles Symposium, 2008 IEEE*, (IEEE, 2008), pp. 715–720
12. I. Ramani, S. Savage, SyncScan: practical fast handoff for 802.11 infrastructure networks, *in INFOCOM 2005. 24th Annual Joint Conference of the IEEE Computer and Communications Societies. Proceedings IEEE*, vol. 1 (IEEE, 2005), pp. 675–684
13. T.S. Rappaport, *Wireless Communications Principles and Practice*, (Prentice Hall, 2001)
14. L. Reggiani et al., Small LTE Base Stations Deployment in Vehicle-to- Road-Infrastructure Communications, (INTECH Open Access Publisher, 2013)
15. J. Santa, A.F. Gómez-Skarmeta, M. Sánchez-Artigas, Architecture and evaluation of a unified V2V and V2I communication system based on cellular networks. Comput. Commun. 2850–2861 (2008)
16. K. Sjoberg, E. Uhlemann, E.G. Strom, How severe is the hidden terminal problem *in VANETs when using CSMA and STDMA?, in Vehicular Technology Conference (VTC Fall), 2011 IEEE*, Sept 2011, pp. 1–5. doi:10.1109/VETECF.2011.6093256
17. H. Su, X. Zhang, Clustering-based multichannel MAC protocols for QoS provisionings over vehicular ad hoc networks, *in Vehicular Technology, IEEE Transactions on 56.6*, (2007), pp. 3309–3323
18. D. Valerio et al., UMTS on the road: broadcasting intelligent road safety information via MBMS, in *Vehicular Technology Conference, 2008. VTC Spring 2008. IEEE*, IEEE, 2008, pp. 3026–3030
19. D.D. Vergados, D.J. Vergados, Synchronization of multiple access points in the IEEE 802.11 point coordination function, in *Vehicular Technology Conference, 2004. VTC2004-Fall. 2004 IEEE 60th*, vol. 2 (IEEE, 2004)

20. Y.-C. Yang et al., A real-time road traffic information system based on a peer-to-peer approach, in *IEEE Symposium on Computers and Communications, 2008. ISCC 2008*, (IEEE, 2008), pp. 513–518

21. D. Zhao, Inter-AP coordination for fair throughput in infrastructurebased IEEE 802.11 mesh networks, in *Proceedings of the 2006 International Conference on Wireless Communications and Mobile Computing*, (ACM, 2006), pp. 1363–1368

第 6 章
基于聚类的VANETs确定性 MAC协议

摘要

本章针对车载自组织网络（Vehicular Ad – Hoc Networks，VANET）提出了一种基于方向感知簇的多信道 MAC 协议（DA – CMAC），在该协议中，对向行驶车辆间的通信周期较短。基于行驶方向的聚类可以降低短周期通信的重构成本。每个簇由簇头节点（Cluster Head，CH）、簇成员（Cluster Members，CMs）和网关车辆（Gateway Vehicles，GV）组成。簇头节点根据从簇成员接收到的资格函数的值来计算簇成员的优先级，并根据簇成员的未来位置、ID 和资格函数为每个簇成员分配唯一的优先级。根据连接到的相邻节点的数量、平均速度偏差和相邻节点与自身之间的平均距离计算资格函数。当车辆行驶时，簇被独立管理并进行本地重新配置。此外，提出的 DA – CMAC 协议根据行驶方向将时隙分为两组，以此来管理信道访问并为其簇成员分配时隙，从而减少信道中的访问和合并冲突。每个簇成员在两个控制服务信道中各分配一个时隙，以实现信道访问的公平性。将 DA – CMAC 协议与 HCA（混合信道分配）协议进行了仿真比较，结果表明，与 HCA 协议相比，该协议具有更高的数据包可靠性、更少的簇头节点变化和更少的访问冲突。

6.1 引言

车载自组织网络（VANETs）是智能交通系统的一个重要组成部分，其技术发展十分迅速。VANETs 包括基于无线局域网的车对车（Vehicle – to – Vehicle，V2V）和车对基础设施（Vehicle – to – Infrastructure，V2I/I2V）的通信链路[7]。在该体系结构中，安全应用可以从车辆和基础设施中获取信息并对其进行组合，因此，可以部署协同车辆安全系统来传输重要的车辆追踪信息。此外，VANETs 还为驾驶员和乘客提供用于信息娱乐或交通管理服务的非安全应用。但只有当 V2I 和 V2V 通信的可预测性、可扩展性和可靠性提高时，这些应用才能改善交通安全，因此，交通安全信息应以最高的优先级在 VANETs 中传输。

为了适应欧洲的相关应用，ETSI 在 5. 875 ~ 5. 905GHz 频段预留了 30MHz 的频带，仅用于交通安全应用，在 5. 855 ~ 5. 875GHz 频段和 5. 905 ~ 5. 925GHz 频段预留了两个 20MHz 的频段，用于非安全应用和未来的智能交通系统应用。这些专用频段被划分为 10MHz 频率通道。IEEE 802.11p 是 IEEE 802.11 标准的一个经批准的修正案，该标准增加了 WAVE，即一种车载通信系统[15]。在 IEEE 802.11p 中，定义了一种无需建立基本服务集（Basic Service Set，BSS）即可交换数据的方法，这些功能在更高的网络层中提供。WAVE 的协议层由一组 IEEE 1609 系列标准定义，但本章所述工作关注的是 IEEE 1609.4，其用于处理 IEEE 802.11p MAC 层的多信道操作。在 WAVE 中，同步间隔（Synchronization Interval，SI）为 100ms，分为等长控制信道间隔（CCH Interval，CCHI）和服务信道间隔（SCH Interval，SCHI）。CCHI 和 SCHI 之间有一个保护间隔（4ms），如图 6.1 所示。SCHI 中的信道访问可以是连续或交替的。

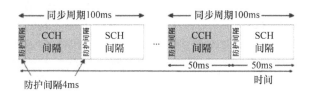

图 6.1　时长分为 CCH 间隔和 SCH 间隔，IEEE 1609.4 标准[8]

VANETs 具有高机动性、动态拓扑结构和短链路周期等特点。VANETs 与道路结构有关，当车辆队列行驶时，相邻车辆在速度和加速度方面具有相似性。同时，一些反向行驶的车辆可以在短时间内成为相邻车辆。如果将车辆按照相同方向的共同特征分组置于同一簇中，则可以提高簇结构的稳定性。此外，与 MAC 协议相结合的聚类方案可以减少信道访问延迟、数据冲突，提高安全和非安全应用的可靠性。然而，为 VANETs 设计一种可靠、高效的基于簇的 MAC 协议以提供对网络中所有节点的可靠访问是非常具有挑战性的[9]。

本章介绍了基于多信道介质访问控制协议的方向感知聚类算法（Direction Aware Clustering Based on Multi - Channel Medium Access Control，DA - CMAC），该算法根据移动方向将时隙分为两组，以减少信道的访问延迟和合并冲突。

6.1.1　相关工作

聚类是将具有共同特征的少量车辆（定义为簇成员或 CMs）分组到称为簇的可管理实体中的方法[14]，使用聚类可以用来实现带宽分配、信道访问和路由等重要功能。但是，其需要一个主车辆（称为簇头节点或 CH）来同步和调度簇中所有车辆的信道访问。本小节将讨论一些众所周知的基于簇的 MAC 协议。

在层次聚类算法（Hierarchical Clustering Algorithm，HCA）[4]中，作者提出了一种新的簇形式，其最大跳数为 4，HCA 协议通过调度簇内的传输和信道访问来确保通信可靠。但是，簇间的干扰增加了系统开销和丢包率，因此不适用于实时安全应用。此外，HCA 不考虑移动方向，这会降低簇的稳定性和簇头节点的持续时间。

在文献 [13] 中，作者提出了一种混合 MAC，试图限制网络中形成的簇总数。文献 [16] 提出了一种基于分布式簇的多信道通信协议，该协议将竞争和无竞争的 MAC 协议与簇结合起来。在文献 [6] 中，作者引入了一种新的基于簇的 MAC 来解决隐藏终端问题。然而，该方案不适用于高密度场景，因为随着车辆密度的增加，簇稳定性逐渐降低。

在文献 [10] 中，为了提高 MAC 协议的可扩展性，引入了基于区域的聚类机制（Region‑based Clustering Mechanism，RCM）。在 RCM 中，网络被划分成若干个空间划分单元，每个空间划分单元限定固定数量的车辆来避免发生信道争用。此外，将无干扰无线信道池分配给一个区域，这样减少了该信道中包含的车辆数量，从而提高了吞吐量。然而，这种方法在交通稀疏的情况下信道池利用率较低。

文献 [1] 中提出了 TC‑MAC 协议来减少簇内车辆之间的干扰，并能够保证公平地接入信道。TC‑MAC 是集中式簇管理技术和 TDMA 信道接入访问技术的结合。TC‑MAC 为簇中的所有车辆都分配了不同的时隙，以实现无冲突信道访问，但其具有延迟不可容忍性，因此不适合安全应用。

ADHOC‑MAC 是基于 TDMA 的，仅用于 V2V 通信[3]。在该协议中，时隙被分配给不同的簇成员，所有的时隙被组合成虚拟帧，因此不需要帧同步。然而，车辆的移动性使得 ADHOC‑MAC 的吞吐量降低。

VeMAC[12] 是基于多信道 TDMA 的 MAC 协议，其中单跳和多跳广播通信由控制信道控制。此外，VeMAC 解决了隐藏终端问题，并为车辆分配了不相交的时隙组，以避免控制信道中的冲突。然而，在处于稀疏和动态交通的情况下，VeMAC 会浪费大量的时隙。

在文献 [11] 中，作者提出了帧长为 100ms 的专用多信道 MAC（Dedicated Multi‑Channel MAC，DMMAC），它使用自适应广播来避免传输冲突并提供可预测的数据包传送。帧长度分为两个相等间隔的控制信道和服务信道。但是这项工作没有讨论车辆在与网络连接断开的时间内所造成的后果。

基于以上分析，讨论了车辆通信 MAC 协议设计中应考虑的问题。所设计的 MAC 协议应能保证网络中所有车辆公平地访问信道，还应确保在出现安全消息的情况下进行可预测的信道访问。此外，MAC 协议应保证在交通堵塞时信息传输的可靠性。

由于 VANETs 本质上是自组织网络，因此每辆车都应该对其相邻节点有充分的认识。所采用的 MAC 协议应具备容错性，能够应对 VANETs 的高动态拓扑结构，并且应该在信道访问的过程中无延迟地处理拓扑结构的改变。例如，如果链接到簇的成员收到来自另一个相邻簇的数据包，则该簇成员应尽快在两个簇中获得公共时隙。

同时，在交通高峰期或道路事故期间，VANETs 中的车辆难以摆脱拥堵状况，从而会引起信道堵塞。所设计的 MAC 协议应该能够为单跳邻节点中双向行驶的所有车辆分配时隙。当某些车辆可能需要 SCH 中的多个时隙时，可以使用服务信道来传输非安全消息。此外，所提供的协议应在 SCH 中为车辆提供多个时隙。鉴于以上需求，我们应设计一种用于 VANETs 的多信道 MAC，并且相对于现有的 VANETs MAC 协议实现更好的性能。

6.1.2　VANETs 网络中 MAC 层的要求

基于上述讨论，在设计用于 VANETs 的 MAC 协议时，必须考虑到一些与交通安全性和非安全性要求有关的重要因素，特别是可靠性和延迟性。

• VANETs 的车辆密度取决于场景；例如，当发生交通事故时，大量车辆滞留在道路上，车辆密度较高。在这种情况下，MAC 协议应该随着加入网络的车辆数量的增加而扩展，以保证所有车辆都能访问信道。

• 交通安全应用是实时通信系统，它对信息传输的可预测延迟有要求。因此必须限制访问延迟，以便任何消息（尤其是安全消息）都可以在可预测的延迟内访问信道。最坏情况下的信道访问延迟不应超过消息的截止时间。根据这些要求，当 VANETs 密度增加时，MAC 协议必须是可预测的。

• 可靠性与数据包的错误率相结合。VANETs 的成功通信不仅需要一个可预测的 MAC 协议来访问信道，而且还取决于包的传输速率。这对于非安全消息是可接受的，但安全消息作为高优先级消息，它们需要有 100% 的传递率，MAC 协议必须在安全和非安全应用中实现高的传递率。

由于在 6.1.1 小节中讨论的现有 MAC 协议都没有满足安全应用的 MAC 协议要求，现有的协议都是不可扩展的、不可靠的和不可预测的。在本章中，我们提出一个满足上述所有要求的 DA - CMAC 协议。

6.2　基于方向感知簇的 MAC 协议描述

基于方向感知簇的 MAC 协议（DA - CMAC）的主要目的是实现相对稳定的簇拓扑结构，因为通过对同向行驶的车辆进行分组，可以增加簇成员的生命周期，并减少由于频繁的簇重构而产生的开销。此外，每个簇需要选择一个簇头节点来调度信道访问。利用图论方法可以解决稳定簇的形成和簇头节点的选择问题。此外，利用最小控制集（Minimum Dominating Set，MDS）可以得到最优的簇头节点个数，利用最小连通控制集可以形成稳定簇[2]。在 DA - CMAC 中，使用无向图来表示文献 [5] 中提出的使用 G 中的最小控制集的 VANETs，并减少了由于车辆移动而导致的簇头节点重选次数。首先，我们将介绍每个概念和定义，这些概念和定义将贯穿本节的其余部分。

• 无向图 $G = (V, E)$，其中 V 是一组同向行驶的车辆，$E \subseteq V \times V$ 是处于彼此通信范围内或彼此之间的距离小于簇半径 L 的一组车辆链路。

- 无向图 $G=(V, E)$ 的 MDS (S) 是 V $(S \subseteq V)$ 的子集，S 中的每辆车处于 V 中的至少一辆车的传输范围内。

- 簇头节点是 MDS 的成员。簇头节点为集合 V 中的某些成员或至少一个成员组织并调度信道访问。

- 网关车辆 (GV) 是指在 S 中有直接连接的车辆。

- 如前所述，簇是指同向行驶且彼此之间的距离小于或等于 L_r 的一组车辆。每个簇至少有一个簇头节点，并且可以有一组网关车辆。因此，簇是具有相同簇头节点车辆的子集。

- 对于 $v \in V$，CH_j^l 是沿 L 方向移动的第 j 个簇的簇头节点，$CM_{j,v}^l$ 是沿 L 方向移动的第 j 个簇的第 v 个簇成员，具有第 j 个传输时隙。簇中的每辆车被分配在一个唯一的传输时隙中，每个控制信道周期和服务信道周期只分配一个时隙。

- 簇中的每个成员都有一个本地 ID 和一个全局 ID。簇头节点根据本地 ID 分配时隙。网络中的每辆车都承载 gi、li、CH、bch、g、d、sl、s、n、p，其中 gi 表示全局 ID，li 表示本地 ID，CH 表示簇头节点 ID，bch 表示备用簇头节点 ID，g 表示地理位置，d 表示方向（朝向头部为 0，朝向尾部为 1），sl 表示下一帧中自身的时隙，s 表示车辆速度，n 表示已连接的相邻节点数，p 表示车辆优先级。在这项工作中，我们假设簇头节点给每辆进站车分配一个大于 1 的本地 ID。为了达到集群目的，每一辆车都保留了自身及其相邻车辆的少量信息。车辆定期广播状态消息，簇信息嵌入到状态消息中。

最小控制集的初始创建包括以下 4 个阶段：

- 快速选择相对稳定的簇头节点。
- 快速选择属于所选簇头节点的簇成员。
- 快速选择网关车辆的尾部和头部列表。
- 在控制信道周期和服务信道周期中为所有簇成员和网关车辆分配时隙。

图 6.2 给出了车辆在网络中可能存在的角色和转换。图中的状态表示网络中的相关角色，而线路定义了从一个状态到另一个状态的转换。在本协议中，考虑了车辆的五种不同角色：未确定状态、簇头节点、簇成员、备用簇头节点和网关车辆。未确定状态是所有执行此算法车辆的初始角色。所有的簇成员周期性地发送状态信息给其簇头节点。连接到多个簇头节点的车辆为网关车辆，它们将一个簇的控制信息或时隙信息转发到另一个簇。簇头节点管理和调度簇成员的信道访问（簇头节点是最小支配集 S 的成员）。簇头节点维护两个网关车辆列表：网关头列表（Gateway Head List，GHL）和网关尾列表（Gateway Tail List，GTL）。

网关尾列表集合是所有网关车辆的其中一组，其位置在按降序排列的簇头节点位置后面。网关头列表包含位置大于按升序排列的簇头节点位置的所有网关车辆。簇头节点根据网络拓扑的变化不断更新列表，以简化簇的生成，其中簇头节点到其簇中的任何其他车辆的最大距离应该小于或等于 L_r。当检测到两个簇头节点之间的

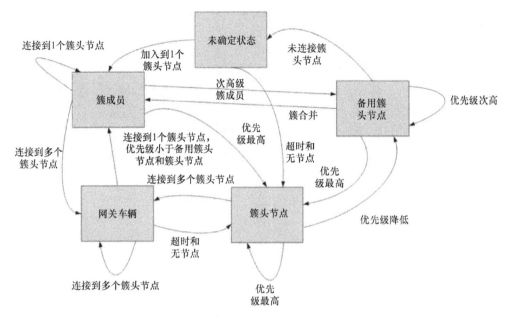

图 6.2　DA – CMAC 的状态转换

距离小于或等于预定阈值 D（$D \leqslant L_r$）时，备用簇头节点将取代簇头节点的位置。簇头节点将在簇中除自身以外的所有车辆中选择具有下一个最高优先级因子作为备用簇头节点。为了提高簇的拓扑稳定性，选择的簇头节点应该尽可能稳定。

每个簇头节点将基于接收速度 $P(t_n) = P(t_1) + s_1(t_n - t_1)$ 计算时间 t_n 之后其所有簇成员的未来位置，其中 $P(t_1)$ 是车辆在 t_1 时刻的位置，t_n 是下一帧的结尾，s_1 是在 t_1 时刻公布的车辆速度。如果当前的簇成员有 75% 以上在 t_n 时刻超出传输范围，但仍然在备用簇头节点范围内，则当前簇将责任移交给备用簇头。

6.2.1　簇头节点选择

选择簇头节点时需要考虑不同的因素，任何车辆都应该只考虑相邻一车辆的参数。过多的簇头节点围绕同一组车辆会导致没有 MDS[2]，相邻节点的信息有助于实现 MDS。簇头节点根据之前收到的状态信息计算所有已注册车辆的优先级；在设计计算优先级的公式时，我们做了各种假设。其中有两个假设，首先，没有一对车辆可以在其相邻一跳节点或簇中获得相同的优先级；此外，在网络中，没有一对相邻车辆在行驶过程中能够具有相同的瞬时速度，这意味着两辆车之间的相对速度永远不能为零。在随机选择簇头节点并形成簇成员后，每个簇头节点根据以下条件计算出簇中优先级最高的车辆。

- 在同向行驶的车辆和其一跳邻居中，该车辆（簇头节点）的优先权最高。
- 每辆车计算连接集（Connected Set，CS）。总体 CS β 是与车辆 i 相邻的一跳

车辆的最大数量，表示为

$$\beta_m(t) = \sum_n C(i,j,t) \tag{6.1}$$

式中，j 是一个潜在的单跳相邻车辆。如果 i 和 j 在 t 时刻都在彼此的传输范围内，则 $C(i,j,t) = 1$。此外，如果 i 和 j 在 t 时刻都不在彼此的传输范围内，则 $C(i,j,t) = 0$。我们还确定了一辆车与所有同向行驶的邻居之间的 CS 数量。

● 每辆车使用式（6.4）计算所有相邻节点与自己之间的平均距离，这代表一辆车与其相邻节点之间距离的相近程度，此参数会减少数据包延迟并增加簇头节点的生存期。

$$D_{xavg} = \left(\frac{D_{x1} + D_{x2} + D_{x3} + \cdots + D_{xn}}{n} \right) \tag{6.2}$$

$$D_{yavg} = \left(\frac{D_{y1} + D_{y2} + D_{y3} + \cdots + D_{yn}}{n} \right) \tag{6.3}$$

$$\Delta D_{i,ne} = \sqrt{|D_{xi} - D_{xavg}|^2 + |D_{yi} - D_{yavg}|^2} \tag{6.4}$$

● 鉴于 VANETs 的移动性，每辆车都使用式（6.6）计算一辆车和所有簇成员之间的平均速度差。该参数能够避免当选的簇头节点突然失去与相邻节点的连接性，当车辆的速度与平均速度有较大差异时，车辆的合格性应迅速降低。因此，具有较大速度偏差的车辆被赋予较低的优先级。

$$S_{av} = \left(\frac{S_1 + S_2 + S_3 + \cdots + S_n}{n} \right) \tag{6.5}$$

$$\Delta S_{i,ne} = |S_i - S_{av}| \tag{6.6}$$

● 为了增加簇拓扑的稳定性，选择的簇头节点应该尽可能稳定。每辆车都将利用公式 $x(T_f) = x(0) + vT_f$，根据公布的速度计算时间 T_f 后所有一跳的预期位置，其中 $x(0)$ 是车辆的当前位置。如果在时间 T_f 之后其所有一跳邻居仍在其通信范围内，则会为该车辆分配更高的优先级。

总体而言，为避免当选的簇头节点很快地失去与相邻节点的连接，当车辆的速度与平均速度相差较大、彼此之间的距离较大且连接的相邻节点数量较少时，车辆的合格性迅速降低。因此，具有大的速度偏差、较少的相邻节点且所有相邻节点之间的距离最大的车辆将被分配较低的优先级。在考虑上述标准的同时，可以使用许多可能的解决方案来计算车辆的优先级。因此，我们定义车辆 p_i 的优先级由式（6.7）给出：

$$p_i = Hash(P(t_n) \oplus i) \oplus E_i \tag{6.7}$$

根据本地 ID 的输入，车辆的未来位置和合格函数 E_i，使用哈希函数为车辆 i 生成唯一的优先级，由式（6.8）定义：

$$E_i = \beta_i e^{-0.2S_{i,ne}D_{i,ne}} \tag{6.8}$$

式中，$\beta_i \in (0, \beta_i^{max})$ 是可能连接的相邻节点的数量，$S_{i,ne} \in [0, 120]$ 是（与平

均速度的）速度偏差，而 $D_{i,ne}$ 是与其相邻一跳节点的速度偏差。$D_{i,ne}$ 和 $S_{i,ne}$ 的单位分别是 m/h 和 mile/h。

6.2.2 基于 DA – CMAC 协议的调度

在完成簇的创建、簇头节点的选择、簇成员的组织和分配网关车辆到不同簇之后，簇头节点必须为其簇成员分配时隙以进行信道访问。在 DA – CMAC 中，假设簇中的每辆车都配备了一个单收发器，但是 IEEE 1609 已经为安全和非安全应用分配了 7 个信道，DA – CMAC 协议的设计使得 IEEE 1609 接口可以一次解调一个信道。

在该协议中，我们认为存在从 0 到 $c-1$ 的 c 个服务信道和一个控制信道。与 IEEE 1609.4[8] 协议类似，我们引入所谓的系统周期，它分为控制信道周期（Control Channel Period，CCP）和服务信道周期（Service Channel Period，SCP）两个子周期，每 100ms 重复一次，每个控制信道周期是控制信道的一个帧。簇头节点利用服务信道周期管理簇内部。管理任务包括：为所有的簇成员分配时隙，接收新加入的车辆（待定），处理和分发所有接收到的消息。DA – CMAC 协议假设服务信道周期和控制信道周期共享一个系统周期。

如图 6.3 所示，控制信道周期由簇成员、网关车辆和簇头节点自身的时隙组成，每一帧中的时隙分为三个不相交的集合 L、R 和 U。集合 L 与向左行驶的车辆相关联，R 与沿 L 中车辆反向行驶的车辆相关联，U 与部署在路边的路侧单元相关联。集合 L 进一步划分为网关车辆、网关头列表、网关尾列表三个不相交子集。在控制信道周期中，向左行驶的车辆在 L 集合中只有一个时隙。在每个循环开始时，所有车辆都切换到控制信道，每个系统周期以簇头节点发送的一个帧开始。为了实现时隙预留，每辆车都需要包括如何使用称为时隙信息（Slot Information，SI）的字段感知信道。DA – CMAC 扩展时隙信息使其包含车辆的速度、方向和模式，而不仅仅是每个时隙的状态。未确定状态的车辆通过连续感知信道的同步间隔来发现未占用的时隙。

每个 CCH 间隔包含（$N+3$）个时隙，编号从 0 到 $N+2$。$N=N^l+N^r+N^{rsu}$ 是左行车辆（$N^l=N^l_{CM}+N^l_{CH}+N^l_{GHL}+N^l_{GTL}$）、右行车辆（$N^r=N^r_{CM}+N^r_{CH}+N^r_{GHL}+N^r_{GTL}$）和反向路侧装置（$N^{rsu}=N^l_{RSU}+N^r_{RSU}$）的时隙数总和。车辆总数 N 可能动态地变化，簇头节点负责更新 N，并通知簇中所有车辆 N 的新值。

CH^l_i 是沿左侧行驶的第 i 个簇的簇头节点，CH^l_i 就像一个分配了本地 ID 1 的主车辆，它负责将时隙分配给簇中的簇成员和网关车辆。本地 ID 0 未被使用。CH^l_i 在 L 集合的第一个时隙中发送时隙信息，如前所述，时隙信息包含簇成员和网关车辆的所有时隙。所有簇成员和网关车辆侦听时隙信息并在分配的时隙中进行传输。服务信道周期包含从 0 到（$N+2$）的（$N+3$）个时隙，每个服务信道周期中有 $\left\lfloor \dfrac{N}{c} \right\rfloor$

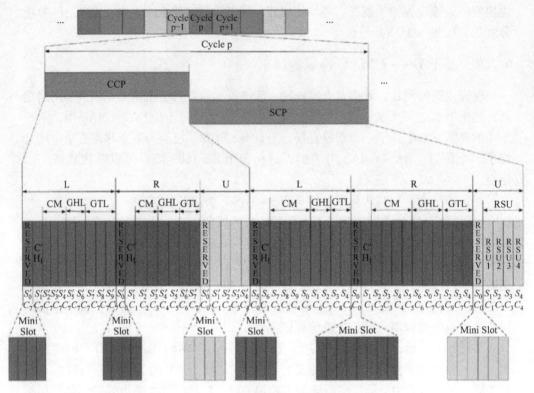

图 6.3　DA – CMAC 帧（见彩插）

个信道周期。所有时隙大小相同，时隙的大小 τ 对簇中的所有车辆都是已知的。同向移动的簇成员、网关车辆和簇头节点的本地 ID 等于控制信道周期中先前所分配时隙的时隙号。

网关车辆使用服务信道周期中的时隙进行簇间通信，而新到达的车辆使用服务信道周期中的小时隙进行簇管理（簇加入）。此外，控制信道周期和服务信道周期被划分为大小相等的时隙，所有集合 L、R、U 在控制信道周期和服务信道周期间隔中的第一个时隙被划分为 c 个小时隙。新到达的车辆和路侧单元利用控制信道周期和服务信道周期上的小时隙来传播状态和安全信息。假设理想情况下，车辆保持在控制信道上，直到在控制信道周期期间获得一个时隙，并且假设车辆知道帧和时隙边界。

在每个时间帧中，车辆或路侧单元根据 t 来指定信道和信道周期，其中 $0 < t < (\left\lfloor \dfrac{N}{c} \right\rfloor + 1) \times c$。

- 在信道周期 $\left\lfloor \dfrac{t}{c} \right\rfloor$ 中使用信道 $t \bmod c$。在每个逻辑帧中，当空闲时，车辆或路侧单元 t 监听信道周期 $\left\lfloor \dfrac{t}{c} \right\rfloor$ 中的信道 $t \bmod c$，并在 CCH 中设置相应的字节，以

120

便其他车辆能够察觉。注意，整数除法定理保证如果 $t \neq m$，则

- $\left\lfloor \dfrac{t}{c} \right\rfloor \neq \left\lfloor \dfrac{m}{c} \right\rfloor$

- $t \bmod c \neq m \bmod c$

这就证明了在同一信道周期内，没有两辆车拥有相同的信道。举例来说，$N = 54$ 和 $c = 6$。考虑在 L 和 R 方向行驶的车辆数量 $N^l = 20$ 和 $N^r = 30$，双向注册的路侧单元的数目为 $N^{rsu} = 4$。L 方向行驶车辆的本地 ID 为 $1 \sim 20$，R 方向行驶车辆的本地 ID 为 $1 \sim 30$，路侧单元为 $1 \sim 4$。如表 6.1 所示，在通道循环 $\left\lfloor \dfrac{15}{6} \right\rfloor = 2$ 期间，本地 ID 为 15 的右向行驶车辆拥有通道（$15 \bmod 6$）$= 3$。

表 6.1　$N = 54$ 和 $c = 6$ 时 DA – CMAC 中的逻辑帧

信道/循环	0	1	2	3	0	1	2	3	4	0
5	5	11	17	未使用	5	11	17	23	**30**	未使用
4	4	10	16	未使用	4	10	16	22	29	**4**
3	3	9	15	未使用	3	9	**15**	21	28	3
2	2	8	14	**20**	2	8	14	20	27	2
1	1	7	13	19	1	7	13	19	26	1
0	保留	6	12	18	保留	6	12	18	24	保留

在图 6.3 中，在 L 和 R 方向行驶的车辆的时隙显示为品红和红色，在两个方向上的路侧单元时隙显示为黄色。我们注意到，对于任何给定的 $N = N^l + N^r + N^{rsu}$，每个服务信道周期中未使用的时隙的数量由下式给出：

$$\left(\left\lfloor \dfrac{N^l}{c} \right\rfloor + 1 \right) \times c - 1 - N^l = \left\lfloor \dfrac{N^l}{c} \right\rfloor \times c + c - 1 - N^l$$

$$= N^l + c - 1 - (N^l \bmod c) - N^l$$

$$= c - 1 - (N^l \bmod c), (N^l \bmod c \neq 0) \qquad (6.9)$$

对于 $N^l \bmod c = 0$，未使用的时隙数为 0。通过使用式（6.9），我们可以计算集合 L、R 和 U 中未使用的时隙数。根据式（6.9），集合 L 中未使用的时隙数为 $6 - 1 - (20 \bmod 6) = 5 - 2 = 3$。此外，对于 $N^r = 30$ 集合 R 中的时隙数，值为 $30 \bmod 6 = 0$，因此未使用的时隙数为零。最后，对于 $N^{rsu} = 4$，是 $6 - 1 - (4 \bmod 6) = 5 - 4 = 1$，未使用的时隙总数为 4。信道周期中这些未使用的时隙将以各种方式投入使用，这取决于正在研究的特定簇的方案。

6.2.3　从未确定状态到簇成员的转换

在两个方向上处于未确定状态的车辆在初始进入时总是监听控制信道 c，以便在控制信道周期和服务信道周期中获得一个时隙。当处于未确定状态的车辆尝试加入最近的簇时，该协议能够减少传输冲突。比如当车辆从非高速公路进入高速公路

时，就可能出现这种情况。通过将不相交的时隙集分配给反向行驶的车辆和簇，可以避免由于车辆双向行驶而引起的传输冲突。假设车辆 x 刚刚从没有 V2I 或 V2V 通信的路段进入高速公路，需要加入簇并获取作为簇成员或网关车辆的时隙。

当两个或多个处于未确定状态的车辆，在彼此的传输范围内试图访问相同的可用最小时隙时，会发生访问冲突。在 DA – CMAC 中，所有集合的时隙 0 被保留，这些时隙被划分为 k 个最小时隙。未确定状态车辆 x 沿着 L 方向行驶，希望加入簇 i，并且需要在控制信道周期和服务信道周期的 L 集合中有一个时隙。给定 N_x^{cm}、N_x^{gv} 和 N_x^{rsu} 是簇成员、网关车辆和路侧单元在 L 方向上的占用时隙集。$N_x = N_x^{cm} \cup N_x^{gv} \cup N_x^{rsu}$。车辆 x 将监听至少一个服务信道周期和控制信道周期循环，并在 L 集合中的一个小时隙中传输。通过连续 N 个时隙（不一定在同一帧中）监听控制信道 7，车辆 x 可以确定集合 N_x 和 N_x 中网关车辆或簇头节点使用的时隙。给定 N_x，车辆 x 确定可用时隙 A_x 的集合（待讨论），然后尝试访问小时隙并请求 A_x 中的任何时隙，例如时隙 k。如果 x 在对应簇头节点的时隙信息帧中接收一个时隙，那么 x 的时隙接入是成功的。在由相应的簇头节点发送时隙信息之后，所有其他簇成员（例如 w）将 x 添加到其簇成员列表和占用的时隙列表 N_w 中，并记录车辆 x 用于访问时隙 k 的全局 ID，用 ID_x^k 表示，如果 x 没有接收到时隙信息包中的时隙，则发生访问冲突，x 需要在下一个控制信道周期中再次访问该小时隙。一旦车辆 x 获得一个时隙，它将在所有后续帧中使用相同的时隙，除非发生合并冲突或转换到簇头节点或网关车辆。

6.2.4 从簇成员到网关车辆的转换

在高速公路上，车辆以不同的速度在不同的车道上快速行驶，两个簇可能在一定时间内共属一个重叠区域。当两个簇重叠在一起时，我们假设两个簇之间共有一辆车。如果簇成员从多个簇头节点中接收时隙信息，则将其模式从簇成员改为网关车辆模式。从图 6.4 可以看出，车辆 d 最初是簇 y 的成员。然后，d 接收来自簇头节点车辆 x 的时隙信息，而在信息中没有用于自身的时隙。d 将 x 添加到其簇头节点列表中，并将新接收到的簇的其他簇成员及其所有成员添加到其两跳邻居列表中，以通知其一跳邻居释放被一跳邻居占用的任何时隙。然后比较 $A_{gv}(x) \cap A_{gv}(y)$ 中的可用时隙。它基于同步选择一个公共时隙，并根据时隙号自行生成一个 ID。当 x 从 d 接收到消息而不包含簇车辆 x 时，可能会发生另一种情况。接着簇车辆 x 识别 $A_{gv}(x) \cap A_{gv}(y)$ 中的公共空闲时隙，并选择一个时隙根据时隙号分配一个本地 ID。如果它们无法在 $A_{gv}(x) \cap A_{gv}(y)$ 中找到一个公共空闲时隙，则尝试在 $[A_{cm}(x) \cup A_{gv}(x)] \cap A_{gv}(y)$ 中找到一个公共时隙。此外，如在这些时隙中都找不到公共时隙，则尝试在 $[A_{cm}(x) \cup A_{gv}(x)] \cap [A_{gv}(y) \cup A_{cm}(y)]$ 中寻找。如果还是找不到公共时隙，则将会在 $[A_{cm}(x) \cup A_{gv}(x) \cup A_{rsu}(x)] \cap [A_{gv}(y) \cup A_{cm}(y)]$ 中寻找，否则，会在 $[A_{cm}(x) \cup A_{gv}(x) \cup A_{rsu}(x)] \cap [A_{gv}(y) \cup A_{cm}(y) \cup A_{rsu}(y)]$ 中寻找。

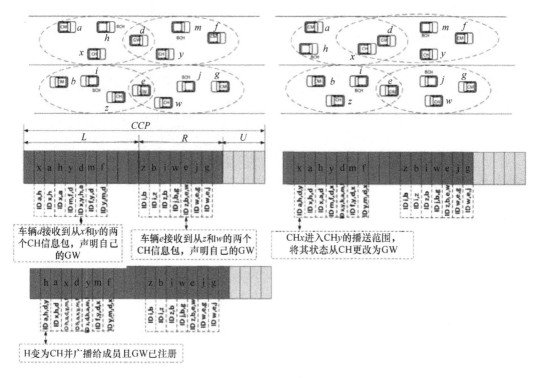

图 6.4　网关车辆和时隙（见彩插）

6.2.5　从簇头节点到簇成员的转换

当簇头节点车辆 x 移动到相邻簇头节点 y 的传输范围时，车辆 x 或 y 可以首先接收时隙信息包。连接成员数量较少的簇头节点将不再为头节点，并选择备用簇头节点作为簇的下一个头节点。首先，如果 x 先从 y 接收到时隙信息，并且比较连接的相邻节点数目，若大于 y，那么 x 继续充当簇的头节点并传输时隙信息。当 y 从 x 接收到时隙信息时，y 将连接邻居的数量与 x 进行比较。如果 y 的连接相邻节点较少，则 y 释放它的时隙，将备用簇头节点分配给下一个簇周期中的时隙，并根据它与新当选的簇头节点的位置在 GHL 或 GTL 中取一个时隙。其次，如果 x 和 y 都有相同数量的连接相邻节点，那么如果当前簇头相邻节点的平均速度小于另一个簇头相邻节点的平均速度，该簇头节点将保持当前状态。此外，丢失簇头节点状态的车辆将把备用簇头节点分配给它的状态。

6.3　仿真结果

使用网络模拟器 ns‐3.18 进行评估，无线信道采用 Nakagami 高速公路传播模型，数据速率为 6Mbit/s，带宽为 10MHz，频率为 5.9GHz。以一个真实的高速公路交通场景为评价对象，选取一条 10km 左右的双向双车道高速公路，在这四条车道上随机分布 1800 辆车。交通模型假设车辆在自由交通流中以 20～40m/s 的速度行驶。2min 后，在高速公路中间突然出现双向交通堵塞的路段迫使车速下降到 8～10m/s。在接下来的 3min 内，车辆在各个方向排队等候。接下来的 4min 里，交通拥堵逐渐消失，恢复原来的速度分布。车辆从两个方向的车辆接收到安全/更新信息，但在进一步的过程中仅考虑相关的安全/更新信息。DA - CMAC 的帧长为 100ms，而对于控制信道周期和服务信道周期，帧长均为 50ms。理想情况下，DA - CMAC 中的车辆将在时间间隔内调至控制信道，除非服务信道上有自己的时隙。其他仿真参数见表 6.2。

表 6.2 仿真参数设置

仿真参数	值
数据速率	6Mbit/s
频率	5.9GHz
传输功率	15dBm
高速公路长度	10km
每个方向的车辆数量	900
车辆速度	20～40m/s
每个方向的簇数	10
簇半径	300m
传播模型	Nakagami
安全包大小	200B

稳定的簇对于高效可靠的信息传输非常重要。稳定的聚类方法减少了簇重构的通信负载，可以有效地利用可用带宽。簇的稳定性取决于合适簇头节点的选择和簇的形成，通过减少簇的变化来确保簇停留时间更长。如果车辆非常频繁地改变其模式，并且只能维持很短时间的簇头节点状态，则该簇头节点的稳定性很低。正如预期的那样，DA - CMAC 的性能随簇半径的变化而变化。当簇半径减小时，连接的节点数减少。此外，图 6.5 显示了在变速情况下，当簇半径增大时，簇头节点变化的次数减少，在这种情况下，道路中间会产生持续几分钟的交通堵塞。

簇头节点变化越小，数据包传输率（Packet Delivery Rate，PDR）越高。数据包传输率是衡量簇稳定性的最佳参数。在本文中，我们将数据包传输率定位为在簇头节点中成功接收的数据包总数除以在簇成员中生成的数据包总数。

从图 6.6 可以看出，随着簇成员数量的增加，传输速率降低。DA - CMAC 和 HCA[4] 几乎是理想的，因为开始时的 PDR 接近于 100%，但是随后 HCA 的数据包传输率急剧下降。在 DA - CMAC 的情况下，PDR 在 100% 到 96% 之间，这可能是由于簇头节点的变化。从图 6.6 可以看出，DA - CMAC 的性能优于 HCA 协议，这是因为它的特点是当簇头节点值高于阈值时，会选择一个稳定的簇头节点和一个备用簇头节点来担任簇头节点。与 HCA 相比，DA - CMAC 协议的 MAC 有助于保持高可靠性和可预测性，特别是在高密度网络中。

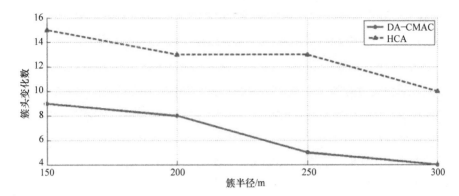

图 6.5　簇头节点随簇半径的变化而变化

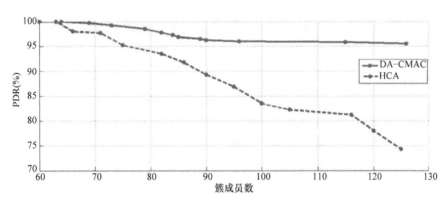

图 6.6　PDR 与簇成员数量的关系

　　访问冲突率定义为在相邻跳的时隙内发生的平均访问冲突数。在不同的流量密度下，所有 DA‐CMAC 和 HCA 协议的总访问冲突率如图 6.7 所示。HCA 中的访问冲突随着相邻跳中流量密度的增加而增加。然而，与 HCA 相比，DA‐CMAC 中的访问冲突并不高，这是因为在相反方向行驶的车辆上分配了不同的小时隙集。

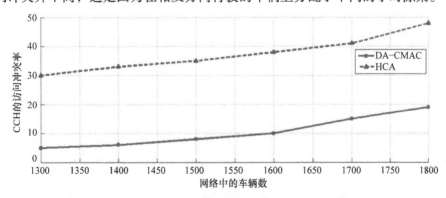

图 6.7　不同流量密度下的访问冲突率

6.4 结论

为了提高 VANETs 的可靠性、可预测性和可扩展性，本章提出了 DA – CMAC 协议。根据行驶方向形成簇，并根据合格函数选择稳定的簇头节点。通过为簇分配最优的丢弃阈值，进一步提高了簇头节点的稳定性。簇头节点在下一帧中使用簇成员的传输速度检查其传输范围中的簇成员的数目。通过将时间划分为周期来调度信道访问，并且每个周期被划分为控制信道周期和服务信道周期。控制信道周期和服务信道周期根据节点的行驶方向和特性被细分为 L、R 和 U 三组。簇头节点管理其所有簇成员和网关车辆的信道访问和调度传输。仿真结果表明，与 HCA 协议相比，DA – CMAC 协议在 CCH 中具有较少的访问冲突次数和较高的成功包数。仿真显示，与不同簇半径的 HCA 相比，DA – CMAC 的簇头节点变化次数较少。

致谢

原著作者感谢 EU Intelligent Cooperative Sensing for Improved traffic efficiency（ICSI）项目（FP7 – ICT – 2011 – 8）对本项工作的支持。

参 考 文 献

1. M.S. Almalag, S. Olariu, M.C. Weigle, TDMA cluster-based MAC for VANETs (TC-MAC), in *IEEE International Symposium on a World of Wireless, Mobile and Multimedia Networks (WoWMoM)*, June 2012, pp. 1–6. doi:10.1109/WoWMoM.2012.6263796

2. N. Alon, L. Babai, A. Itai, A fast and simple randomized parallel algorithm for the maximal independent set problem. Technical report, Chicago, IL, USA (1985)

3. F. Borgonovo et al., ADHOC: a new, flexible and reliable MAC architecture for ad-hoc networks, in *2003 IEEE Wireless Communications and Networking, 2003. WCNC 2003*, Mar 2003, vol. 2, pp. 965–970. doi:10.1109/WCNC.2003.1200502

4. E. Dror, C. Avin, Z. Lotker, Fast randomized algorithm for hierarchical clustering in vehicular ad-hoc networks, in *2011 The 10th IFIP Annual Mediterranean Ad Hoc Networking Workshop (Med-Hoc-Net)*, June 2011, pp. 1–8. doi:10.1109/Med-Hoc-Net.2011.5970488

5. F.V. Fomin et al., Combinatorial bounds via measure and conquer: bounding minimal dominating sets and applications. ACM Trans. Algorithms **5**(1), 9:1–9:17 (2008). ISSN: 1549-6325. doi:10.1145/1435375.1435384

6. Y. Gunter, B. Wiegel, H.P. Grossmann, Medium access concept for VANETs based on clustering, in *2007 IEEE 66th Vehicular Technology Conference, 2007. VTC-2007 Fall*, Sep 2007, pp. 2189–2193. doi:10.1109/VETECF.2007.459

7. H. Hartenstein, K.P. Laberteaux, A tutorial survey on vehicular ad hoc networks. IEEE Commun. Mag. **46**(6), 164–171 (2008). ISSN: 0163-6804. doi:10.1109/MCOM.2008.4539481

8. IEEE Guide for Wireless Access in Vehicular Environments (WAVE)—Architecture, inIEEE Std 1609.0-2013, Mar 2014, pp. 1–78. doi:10.1109/IEEESTD.2014.6755433

9. A.S.K. Mammu, U. Hernandez-Jayo, N. Sainz, Clusterbased MAC in VANETs for safety applications, in *International Conference on Advances in Computing, Communications and Informatics (ICACCI)*, Aug 2013, pp. 1424–1429. doi:10.1109/ICACCI.2013.6637388

10. Y.-C. Lai et al., A region-based clustering mechanism for channel access in vehicular ad hoc networks. IEEE J. Sel. Areas Commun. **29**(1), 83–93 (2011). ISSN: 0733-8716. doi:10.1109/JSAC.2011.110109

11. N. Lu et al., A dedicated multi-channel MAC protocol design for vanet with adaptive broadcasting, in *2010 IEEE Wireless Communications and Networking Conference (WCNC)*, Apr 2010, pp. 1–6. doi:10.1109/WCNC.2010.5506242

12. H.A. Omar, W. Zhuang, L. Li, VeMAC: a novel multichannel MAC protocol for vehicular ad hoc networks, in *2011 IEEE Conference on Computer Communications Workshops (INFOCOM WKSHPS)*, Apr 2011, pp. 413–418. doi:10.1109/INFCOMW.2011.5928848

13. Z.Y. Rawashdeh, S.M. Mahmud, Media access technique for cluster-based vehicular ad hoc networks, in *IEEE 68th Vehicular Technology Conference, 2008. VTC 2008-Fall*, Sep 2008, pp. 1–5. doi:10.1109/VETECF.2008.448

14. C. Shea, B. Hassanabadi, S. Valaee, Mobility-based clustering in VANETs using affinity propagation, in *IEEE Global Telecommunications Conference, 2009. GLOBECOM 2009*, Nov 2009, pp. 1–6. doi:10.1109/GLOCOM.2009.5425236

15. R. Uzcategui, G. Acosta-Marum, Wave: a tutorial. IEEE Commun. Mag. **47**(5), 126–133 (2009). ISSN: 0163-6804. doi:10.1109/MCOM.2009.4939288

16. X. Zhang, H. Su, H.-H. Chen, Cluster-based multi-channel communications protocols in vehicle ad hoc networks. IEEE Wirel. Commun. **13**(5), 44–51 (2006). ISSN: 1536-1284. doi:10.1109/WC-M.2006.250357

第7章

可预测的车载网络

摘要

通信是具有不同可靠性保证的信息传递。可靠性和可预测性需要克服许多有关故障的挑战和诸多已知的不可能的结果。本章涵盖了车载系统和网络中存在的挑战。我们从展示无线移动自组织网络的介质访问控制（Medium Access Control，MAC）协议开始，该协议可以从定时故障和消息冲突中恢复过来，并且以时分方式提供可预测的调度表而不需要外部参考（例如，通常同步的时钟）。接着，我们将讨论传输层协议，并说明如何进行可省略、可重新排序和可复制的消息的设置。我们还将考虑移动自组织网络和车载网络如何组织自身以模拟虚拟节点以及使用组通信来模拟复制的状态机。在此基础上，我们讨论了在考虑协同车辆应用时，为了克服众所周知的不可能结果的各种备选方案。最后，我们举例说明了一些应用程序并进行验证。

7.1 引言

近几年来的算法开发为针对安全关键型应用程序的车载网络物理系统的设计和演示提供了支持，这些系统的决策基于（不确定的）感知信息，并且在出现故障（如无限的通信延迟）时仍能安全运行。在本章中，我们将回顾这些最新的发展并讨论其应用。

车载网络物理系统需要有关道路布局、障碍物、危险、附近车辆、道路使用者等的位置信息。根据这些信息，系统可以共同决定车辆的联合操纵，这通常基于车辆间的感知信息交换以及车载和远程来源信息之间的组合，以减少不确定性、实现完整性、提供可靠性，以及透视和多维视角的整合。由此产生的（融合）感知信息通常比仅使用车载信号源获得的信息更全面。这一领域的最新发展以及传感技术的进步，为汽车产业打开了一扇大门，使其可以考虑使用较为廉价的传感器及车间通信来实现安全关键应用。然而，这些来自廉价的车载传感器的信息显著增加了位置信息的不确定性。此外，由于车间通信容易出现无限延迟，它们的使用意味着会随时断开与远程信息源的连接。因此，目前的实践主要依赖于车载资源，而不是远程传感信号源。

对于质量传感器信息源及其融合结果的估计，有很多已知的方法。基于这些估计方法，协同车载系统将在实时约束下，从一组（分布式）车载功能中精确地选择一种功能，我们称此选定功能为（协同）车载系统的操作级。操作期限是任何安全关键（协同）系统的必要约束。例如功能集可以是车辆队列的实现。在这里，系统必须决定车头（或车间距离），以及车辆是否允许加速，加速到什么程度才能保证安全舒适的行驶。例如，该选择可以基于所有系统车辆支持的常见不确定性范围，我们将此界限称为信息有效性级别，并指出选择一个单一的功能可以编码复杂的编队、操作和行为，其中每辆车都可以预测附近车辆的行为，根据它们的（行为）来估计感知信息不确定性的界限。

现有的一些协同车载系统基于隐式通信，车辆使用车载传感器来预测邻近车辆的行驶意图，从而确保所有车辆就谁有权通过十字路口这一问题达成一致。注意，隐式和显式（车辆间）通信都容易受到干扰。然而，后一种方法允许每辆车将它的（实时）行驶意图通知给附近的车辆。如虚拟交通灯（Virtual Traffic Lights，VTL）可以使用显式通信来动态调度其绿灯相位。此处存在的挑战包括在存在故障（如无限通信延迟）时，促进（连续和）一致性决策的需求。例如，VTL 只能给来自一个方向的车辆提供绿灯，向所有冲突方向的车辆发出红灯信号。此外，在红灯和绿灯之间需要黄灯。我们试图克服的一个关键问题是，在出现故障（如无限的）通信延迟[1,2]的情况下，无法做出一致的决策。换句话说，这里我们要解决的问题是，如何避免由于通信失败造成的"大脑分裂"现象，即在虚拟交通灯的情况下，不同的车辆会产生不同的交通信号灯时刻表。我们可以通过使用基于基础设施的服务（如组通信系统）来寻求此类问题的解决方案，这些服务可以帮助跟踪车辆的位置，即地点和成员。这种方式也被建议用于移动自组织网络[3]。在本章中，我们考虑使用这两种方法。

我们回顾了近年来关于避免无法统一选择单一值的新方法的研究成果，即协同系统的操作级（7.5 节）。这样我们可以大大简化复杂协同功能的设计，例如，在车道变更规划、交叉口和环形交叉口处的设计。此处包括的挑战是如何设计（分布式）同步（控制）机制，该机制可以支持基于不确定感知信息的连续协同决策，并在存在故障［如（无限）车辆间通信延迟］时保证一致地执行。

7.1.1 自稳定设计准则

大型动态网络很难控制，因此提供具有可预测行为的网络协议是一个挑战。容错性和鲁棒性是实现通信服务的重要设计准则。然而，实现这些通信协议的分布式算法通常假设一组特定的潜在故障，如崩溃故障、链路故障或消息丢失。这些实现算法的正确性通过假设一个预定义的初始状态，并考虑涉及假定的可能故障集的每个可能的执行来证明。这种抽象方法限制了可能的故障集，从而允许更方便的正确性演示。然而，它的限制性过高。通信协议通常是长期存在的在线服务，因此很难提前预测出潜在故障的确切集合。此外，当通信延迟是无界的，且丢包率较高时，可能是由于意外故障的发生，系统达到通过算法步骤和假设故障模型从初始状态无法到达的状态。因此，自稳定系统[4,5]可以在任意状态下启动，并且它们在一个收敛周期后将表现出被期望的行为。

自稳定设计准则的另一个重要优点是，系统能够从意外的瞬态故障（例如暂时违反系统设计者所做的假设）中自动恢复。作为说明性示例，我们考虑使用概率错误检测码来确保到达的数据包与发送的数据包相同。错误检测最终可能无法检测到损坏的消息。然后，系统将损坏的消息视为合法消息。这可能会使系统进入任意状态，对于非自稳定系统，无法保证服务功能和可用性（在没有人工干预的情况下）。

7.1.2　章节安排

本章涵盖了车载系统和网络环境下的一些挑战。我们首先展示了用于无线移动自组织网络的 MAC 协议可以从定时故障和消息冲突中恢复，并且在不需要外部参考（如常见的同步时钟）的情况下以时分的方式提供可预测的调表（7.2 节）。然后，我们考虑传输层协议的情况，并说明如何处理可以省略、重新排序和复制消息的网络（7.3 节）。我们还考虑了移动自组织网络和车载网络如何组织自身以模拟虚拟节点，以及使用组通信来模拟复制的状态机（7.4 节）。在此背景下，我们讨论了在考虑协同车辆应用时克服众所周知的不可能（结果）的不同备选方案（7.5 节）。最后，我们举例说明应用程序（7.6 节）并对它们进行验证（7.7 节）。

7.2　无线自组织网络中的自稳定 MAC

具备可预测行为的 MAC 层，是可预测通信的关键赋能技术之一。即，在一个收敛期之后且没有外部干扰的情况下，每个节点应该能够在有限的通信延迟内访问网络。我们讨论了几个最新的发展，这些发展使系统在使用无线自组织网络时可提高其可预测性。

Mustafa 等[6]、Leone 等[7-9]和 Petig 等人[10]提出了用于稳定 MAC 算法的算法设计，侧重于提供还原性和可预测性，这种算法是车载自组织网络所必需的。

在拓扑结构变化频繁的可预测车载自组织（VANET）网络中，MAC 协议需要具有自稳定、低通信延迟和高带宽利用率的特点。我们提出了一种自稳定 MAC 算法，以保证满足严格的时间要求。

在时分多址（Time Division Multiple Access，TDMA）中，分组传输的定时校准有助于避免传输干扰。现有实施的 VANET 中，通常假设具有可用性同步时钟，例如 GPS 信号。Mustafa 等人[6]考虑到自主设计准则，并针对遵循 TDMA 方法的自组织无线网络提出了一种（概率）自广播时隙校准方法。在这样的网络中，无线电时段被划分为多个时隙，其中每个时隙允许网络节点的一个子集进行传输，使得这些子集中节点的并发传输之间的干扰度可以保持在较低的水平。Mustafa 等人[6] 提出的这个算法可确保时隙校准有良好的效果。

Leone 等人[8] 假设了一种时隙校准方法，并提出了一种（概率）自稳定算法，用于调度节点间的传输，这样可以保证不会有两个相邻的节点并发传输。作者证明了该算法的快速稳定性，从而使算法在保持高吞吐量和低通信延迟的同时，具有更高的可预测性。

在稳定期内，多个节点可以具有相同的时隙分配。该算法通过节点 p_i 和节点 p_j 在各自的传输时隙中发送之前参与的（监听/信令）竞争，解决了时隙分配冲突的问题。该竞争要求 p_i 和 p_j 从其时隙的 n 个监听/信令时段中选择一个。在所有旨在特定时隙内传输的节点中，赢得并访问通信介质的节点是选择最早的监听/信令时段的节点。在访问其时隙之前，争得通信介质的节点在它们选定的信号周期内通过广播信标的方式将它们的获胜信息通知其相邻节点。收到信标的节点失去了竞争机会，因此该节点在时隙中推迟传输。在退避期之后，失败的节点通过随机选择的方式争夺下一次广播中的新时隙。

Petig 等人[10] 提出了动态无线自组织网络协议，该协议在考虑传输定时问题的同时分配时隙。结果表明，解决方案的存在取决于帧大小 τ（即每个 TDMA 帧的时隙数）与通信图中的节点度 δ 之间的比值 $\frac{\tau}{\delta}$。他们证明了任何无碰撞 TDMA 算法都要求 $\frac{\tau}{\delta} \geqslant 2$，并且对于 $\frac{\tau}{\delta} \leqslant 4$ 的情况提出了一种（概率）算法。

数据包的暴露期是它可以与来自附近节点的其他（数据）包共同传输的周期。在没有外部干扰的情况下，TDMA 算法在分配时隙时必须同时校准时隙。Petig 等人[10] 表示，相对于单个时隙 s 和单个接收器而非所有相邻的发射器，$\frac{\tau}{\delta} \leqslant 4$ 足以保证零暴露期。该算法考虑传输数据和控制包的节点。主动节点在其数据包时隙内发送数据包，而被动节点侦听主动节点，不发送数据包；主动节点和被动节点都使用控制包，其中包括关于最近接收的包的帧信息。该算法利用这些信息来避免冲突、确认包传输并解决隐藏节点问题。

7.3　自稳定端到端协议

端到端通信协议是任何类型的网络，包括（车辆）移动自组织网络的重要可靠通信支撑。端到端协议处理两个网络节点之间的数据包交换而无需直接通信，因此需要中继节点的辅助。当中继节点执行包转发操作时，转发路径末端的节点负责确保数据包按照源头发送的顺序发送到它们的目的地。

网络协议使用，诸如重传和多路径路由等技术来增强其鲁棒性，并避免丢包。这些技术可能产生一些异常，例如数据包的重新排序和复制。Dolev 等人[11] 提出了用于动态网络的端到端算法，该算法可以确保目标节点处的接收器传输相同的（高级）消息序列。该算法可以应用于网络中，其中可以驻留在这些网络上的包的数量是有限制的，可以忽略、复制和重新排序数据包。

我们概述了算法的基本思想，同时简述了一个具有较大消息开销的算法。具体算法使用纠错码，开销较小，详见文献 [11，12] 中拜占庭（Byzantine）节点存在时的自稳定端到端协议。

算法概述

我们考虑发送方节点 p_s，接收方节点 p_r。节点 p_s 需要获取消息并将其发送给 p_r，而 p_r 反过来需要将消息的发送顺序发送给 m。一旦 p_s 获取到消息 m，它开始发送 $2 \times capacity + 1$ 个副本，p_r 对其进行确认，其中 $capacity$ 是网络容量。这些传输使用不同于每个副本的标签。发送方直到 p_r（$capacity + 1$）接收到不同的标记确认才停止重传（其中大多数是 m 的副本）。也就是说，p_s 保持一个交替索引，$Alt\ Index \in [0，2]$，它是一个三态计数器，在获取到新消息的时候递增。此外，p_s 传输一组数据包 $< ai，lbl，dat >$，其中 $ai = Alt\ Index$，lbl 是数据标签。一旦 p_r 接收到一组数据包集合 $\{<0，\ell，dat>\}_{\ell \in [1，2 \times capacity + 1]}$，则该传输结束，该分组集根据交替索引 ℓ 被清楚地标记。在从任何瞬时故障中恢复之后，所接收的数据包集合包括大多数具有相同 dat 值的数据包。发生这种情况后，p_r 接收消息 m，更新最后传输的交替索引值。

正确的分组传输取决于 m 的交替索引在发送端的同步性、在接收端的最终交付索引，以及 p_r 在 $packet\_set_r$ 中的积。节点 p_s 重复发送其数据包集合，直到它接收到（$capacity + 1$）个被清除标记的确认包 $< ldai，lbl >$，它认为 $ldai = Alt\ Index$。节点 p_r 使用确认包 $< ldai，lbl >$，来确认各个接收到的数据包 $< ai，lbl，dat >$，其中 $ldai$ 是最终交替索引值 $Last\ Delivered\ Index$。接收方也会传输这个包。

另一方面，节点 p_r 从具有相同 dat 值和 ai 值的（$capacity + 1$）个被清除标记的确认包中的一个，传输 $m = < dat >$。然后，p_r 将 ai 分配给 $Last\ Delivered\ Index$，清空其数据包集，并重新开始累加数据包 $< ai'，lbl'，dat' >$，其中 $Last\ Delivered\ Index \neq ai'$。

7.4　自稳定组通信

组通信系统提供高级通信原语，使共享集体利益的节点能够将自己标识为单个逻辑通信端点。每个这样的端点都被命名为一个组，每个组都有一个唯一的组标识符。节点可以加入或离开当前组，由成员服务提供唯一标识的当前组视图。因此，视图包括组成员集合和视图标识符。组多播服务可以向组发送多播消息，并在将其发送给所有视图成员后收集其确认信息。在回顾了有关群组通信的自稳定相关文献之后，我们提出了专门针对移动自组织（车辆）网络和包括通信基础设施的车联网的解决方案。

7.4.1　基于基础设施的方案

自稳定组通信系统的第一个算法设计包括针对无向网络[13]和针对有向网络的算法设计[14]。正确性检验证明了在最后的瞬态故障（如崩溃故障或网络图的任何其他拓扑变化）之后的收敛性。在出现故障（如故障停止崩溃和无限通信延迟）时，无法保证将消息传递给发送视图的所有成员。虚拟同步[15]的属性允许以相同的顺序传递所有系统事件、视图更改和多播消息。虚拟同步属性要求作为通信组的两个连续视图成员的任意两个节点应传输一组系统事件，例如，多播消息。此属性使基于状态机复制的车辆应用程序更容易实现[16-18]。

本节展示了如何设计一个自稳定的组通信系统，以及该系统如何利用消息传递系统中的多读多写寄存器的自稳定仿真器来模拟状态机复制[19]，类似于文献［20，21］中的仿真器。复制状态机的仿真是一种通过节点发送多播消息来定期交换其当前状态及输入的方法。完成多播消息及其确认的发送后，节点可以验证它们是否共享相同的状态，将新的输入应用到当前状态，并由此获得新的状态。

7.4.2　基于无基础设施的方案

自稳定状态机复制也是高级通信原语［如虚拟（移动）节点］的核心[22-25]。其思路是对在地理区域中的复制品进行模拟，通过对该区域的操作，使得每个图块都有自己复制的固定自动机[26]。进入图块的任何节点都开始以状态机复制的方式模拟图块的自动机。虚拟移动节点根据基于时间的确定性函数（如文献［24，25］或环境输入[22,23]）来考虑图块的移动。该虚拟基础设施的设计激发了交叉口虚拟交通灯以及其他应用的想法，我们将在 7.6 节进行讨论。

我们注意到，自组织网络的（自稳定）组通信系统的第一个算法设计[27]是移动代理，在其随机游走期间收集和分发信息。它们最终选择一个代理作为组成员和多播服务的基础，即（代理）收集和分发信息。基于这种方法开发了一些系统，如 RaWMS[28]和 Pilot[29]。

7.5　出现故障时的车辆协调

车载网络是提供高性能协同车载系统的基础，同时要确定安全标准。车辆根据遥感信息及其质量，即信息有效性来制定其机动策略。由于无线通信容易出现故障，因此不清楚如何假定及时接收消息的联合感知性。利用联合感知，无冲突轨迹规划得以提前。Morales 等人[30,31]提出了一种定时确定性通信协议，该协议有助于在出现故障时实现协同车辆功能。在回顾了它们的协议及其相关属性的基础上，本文讨论了它们在协同（车载）系统中的应用。诸如此类的应用程序可以促进自动驾驶系统的开发，而自动驾驶系统必须解决由通信故障带来的（通信）不确定性。

1. 问题描述

车对车通信是通过提高感知信息的可信度来使自动驾驶系统更加经济实用。这种信息互联（机制）是先进的（车辆）协同功能的核心，例如在车道变换、交叉路口，以及道路通行能力遭到破坏时[32]，该协同系统必须能够处理通信故障，同时在各种危险情况下保证安全性。

Morales 等人[30,31]提出了一种用于车辆间交换消息的通信协议。在规划车辆轨迹时，控制算法使用该通信协议以及远程和车载的感知信息。当所有车辆都可以使用通常是矢量的变量——服务级（Level of Service，LoS）时，轨迹规划过程变得简单。协同算法的正确性取决于该公共信息资源 LoS。在车辆队列的例子中，LoS 可能包括最大加速度，这是由于车辆的制动限制[33]。

分布式（集中式）的一致性问题是与 Morales 等人研究相关的问题[30,31]。这两个问题都探讨了节点（即系统车辆）提出的一组值，并从这样的集合中统一选出一个单一值。由于车载系统是一个安全关键型系统，这一部分必须在一定的时间限制内结束，该时间限制相较于一致性问题不同版本下的有界可实现时间限制来说更为严格。对于一致性问题的不同版本，该时间限制比有界可达性更为严格。与近似一致性[34]相比，当使用精确和确定性解决方案时，可大幅度简化安全性分析。

众所周知，如由于丢包造成的无界通信延迟，会造成 LoS 值达成一致性共识的时间推后，文献中包括几个相关的负面结果[2,35,36]。Lynch[37]表明，通信故障可以阻止系统以确定的方式达成一致性共识。此外，任何不超过 r 次回合的概率算法都会得到一个概率至少为 $\frac{1}{r+1}$ 的非均匀决策。由于无线通信较易发生故障，因此无法保证在截止期限内达成一致性共识。故我们不能期望实现一种基于提供一致性共识协议的解决方案。当建立一个新的 s 值时，不允许出现对不同车辆呈现不一致 s 值的通信网络，此举会导致协同车辆系统不安全运行。

具有实时约束的一致性共识算法通常采用定时且可靠的通信方式[38,39]。Morales 等人[30,31]没有采用可靠性通信。他们提出了最短不确定周期问题。该问题考虑了最终决定 LoS 的确定性解决方案。与一致性共识问题不同，LoS 需要经过反复的确定；每一轮同步确定一次。此外，还可能存在一个称为不确定期的时段，在此期间，不同的节点输出不同的 LoS 值。这个问题关注的是不同车辆在不同性能水平下的最长周期。根据 Lynch[37]的研究，此界限不能为零。也就是说，当某些节点在同步回合的截止期限之前未能接收到所需信息时，车辆存在意见不一致的风险。但是，在不确定期结束时，所有节点需要就统一值的问题达成一致。

2. 解决方案与关键概念

Morales 等人[30,31]提出了一种从所有系统车辆收集 LoS 建议的通信协议。当车辆接收到系统中其他所有车辆的建议后，该通信协议可以根据单项建议做出决策。该协议标识了由于瞬态故障而导致的风险期，即在此期间内，系统内的每个节点并没有及时收到所有的 LoS 建议。一旦识别出风险，该协议就会触发一种策略来处理 LoS 值可能出现的分歧问题。

系统设置假定成员服务的可用性，该服务返回系统节点（车辆）的集合，$P = \{p_i\}_{i \in \{1, \cdots, n\}}$，如文献［13，14，19，27］中表述的那样。文献中假设有一个通用时钟，将执行操作划分为通信周期。此外，文献中还假设存在不可靠的传输协议（如文献［40，41］）的可用性，该协议的消息可以在网络中驻留一定的时间。

该系统还考虑了基于一组协同功能的车辆应用程序，协议将从中选择一种协同功能，即 LoS。此处假设该组协同功能始终包括持续性安全的基准功能。例如，在自适应巡航控制（ACC）和车辆队列中，应用程序必须通过控制不同车辆的速度来调整车间距离。自适应巡航控制在考虑直接视线范围内的车辆时，会使用其感知信息来保持距离。车辆队列应用可被视为一种先进的（协同）自适应巡航控制系统，它不仅从远程传感器处获取感知信息，还具有联合控制策略，只要通信可用，该策略就可以缩短车间距离。Morales 等[30,31]展示了如何处理通信故障，并假定在上述协同功能中存在诸如自适应巡航控制之类的基准应用程序。

Morales 等[30,31]的协议允许系统在每一次通信周期 k 结束的截止期限之前，对其 LoS 建议进行评估。一旦所有节点彼此两两接收，它们就可以在本地确定性地为周期 k 选择一个 LoS 建议。当第 k 个周期出现通信故障时，每个出现故障的节点 p_i 输出基准应用程序作为其第 k 轮的 LoS，并报告下一轮通信（$k+1$）中的故障。在该周期中，另一个节点 p_j 要么在周期 k 中接收到关于 p_i 故障的报告，要么在周期 k 中发生故障。在这两种情况下，p_j 都将会输出基准应用程序作为其第 $k+1$ 个周期的 LoS。正确性验证表明，在至少一轮通信存在的情况下，不同车辆遵循不同的 LoS 值，最多可能出现一轮分歧。此外，一旦网络变得稳定且所有通信周期都允许任何一对节点及时交换消息，系统将返回以选择已发送建议的 LoS 值。

7.6 实例应用

我们已经就 Morales 等人提出的协议的部分功能[30,31]展开了讨论。我们考虑了支持关键系统的功能实现和车辆协调算法的应用。

7.6.1 支持功能

Casimiro 等人[42,43]提出了安全内核这一架构概念，该概念允许协同车载系统根据不同车辆的信息有效性水平来决定共同的性能水平。性能级别的选择基于一个通用的公共服务水平值 LoS。Morales 等提出的协议[30,31]可以作为联合 LoS 选择的基础，并由此实现一个称为服务水平协同评估器（Cooperative Evaluator of Service

Level）的架构组件[42,43]。在每轮通信中，每辆车都会提出它所能支持的最高服务水平。服务水平协同评估器使用协议来收集和选择联合 LoS 值，此值是在下一轮通信期间选择通用性能水平的基础。请注意在有限的一段时间内，LoS 在取值（以及性能水平）上可能会出现分歧，在单跳网络的常见情况下，只维持一轮。

可以设想在网络级别上为安全内核提供基于基础架构的支持。智能交通系统站点（ITS – stations）及其全球和本地动态地图[44,45]可以提供协同车载系统所需的关键信息。还可以考虑对 ITS 站点的 ETSI 标准进行扩展，该扩展还将包括附近车辆的位置。此外，使用类似于安全内核和服务水平协同评估的概念，ITS 站点将能够以安全的方式促进对操作级的联合选择。

7.6.2　协同车辆功能

自适应巡航控制和车辆队列是一系列应用程序中的两个应用程序，在这些应用程序中，车辆根据它们的联合性能水平调整速度来控制它们的车头时距（车间距离）。Casimiro 等[42,43]提出了如何使用安全内核架构来选择性能水平[46-48]。也就是说，安全内核间接决定车头时距，并选择所有车辆都能支持的性能水平。例如，当至少有一辆车不能支持当前的性能水平时，安全内核会创建更长的、更大的车头时距。相反，当所有车辆的性能水平都能支持恢复到更高水平时，安全内核就会缩短车头时距。

Casimiro 等[42,43]也提出了如何利用安全内核来协调交叉口处的交通。在这个应用程序中，来自冲突方向的车辆需要确定到达交叉路口边界的准确时间，这样它们才能安全地进出交叉口。这时，当性能水平达到最高时，车辆能以最少的等待时间通过交叉口；而性能水平最低时，车辆采取谨慎措施，如总是为来自右侧的车辆让路。其中无需就临时调度达成明确协议，而是将协调建立在所需的安全间隔和一些预定义的规则（如方向优先）的基础上，尽管这两种方法都可以奏效。

Casimiro 等[42,43]还提出了协同车道变换的应用，协同算法利用安全内核调整目标车道的车辆间距离。当性能水平较高时，应用程序在保持较短的车辆间距时执行，同时保持较低性能水平下较短的车间距离。

7.7　结论

我们对分布式车载系统领域的一些最新进展进行了改进，并讨论了不同的通信、设计标准（如自稳定），以及基础设施和自组织网络方式。这些车载系统和网络需要多方面的验证。Pahlavan 等[49]和 Berger 等[50]建议将数字模拟与包括车辆尺寸在内的网络物理平台相结合。通过这种方式，系统设计人员可以逐步演示系统的属性，特别是在具有代表性的环境中使用全尺寸车辆进行代价更高的演示之前，可以在相关环境中演示该系统。

参 考 文 献

1. N.A. Lynch, *Distributed Computing* (Morgan Kaufmann Publishers, 1996). ISBN: 1-55860-348-4
2. M.J. Fischer, N.A. Lynch, and M.Paterson (ed.), Impossibility of distributed consensus with one faulty process. J. ACM **32**(2), 374–382 (1985)
3. Friedhelm Meyer auf der Heide, C.A. Phillips (eds.), *Best-Effort Group Service in Dynamic Networks*, in *SPAA 2010: Proceedings of the 22nd Annual ACM Symposium on Parallelism in Algorithms and Architectures, Thira, Santorini, Greece, June13-15, 2010*, (ACM, 2010), pp. 233–242. ISBN: 978-1-4503-0079-7
4. E.W. Dijkstra, Self-stabilizing systems in spite of distributed control. ACM Commun. **17**(11), 643–644 (1974). doi:10.1145/361179.361202
5. S. Dolev, *Self-Stabilization* (MIT Press, Cambridge, 2000)
6. *Autonomous TDMA Alignment for VANETs*, in *Proceedings of the 76th IEEE Vehicular Technology Conference, VTC Fall 2012, Quebec City, QC, Canada, September 3-6, 2012*, (IEEE, 2012), pp. 1–5. ISBN: 978-1-4673-1880-8. doi:10.1109/VTCFall..6399373
7. P. Leone, M. Papatriantafilou and E.M. Schiller, *Relocation Analysis of Stabilizing MAC Algorithms for Large-Scale Mobile Ad Hoc Networks*, Lecture Notes in Computer Science, vol. 5804 (Springer, 2009), pp. 203–217. ISBN: 978-3-642-05433-4. doi:10.1007/978-3-642-05434-1_21
8. P. Leone, E. Schiller, Self-stabilizing TDMA algorithms for dynamic wireless ad hoc networks. Int. J. Distrib. Sens. Netw. **2013** (2013). doi:10.1155/2013/639761
9. P. Leone, M. Papatriantafilou, E. M. Schiller, and G. Zhu (eds.), *Chameleon-MAC: Adaptive and Self-* Algorithms for Media Access Control in Mobile Ad Hoc Networks*, in *Stabilization, Safety, and Security of Distributed Systems - 12th International Symposium, SSS 2010, New York, NY, USA, September 20-22, 2010. Proceedings*, Lecture Notes in Computer Science, vol. 6366 (Springer, 2010), pp. 468–488. ISBN: 978-3-642-16022-6. doi:10.1007/978-3-642-16023-3_37
10. T. Petig, E. Schiller, and P. Tsigas *Self-stabilizing TDMA Algorithms for Wireless Ad-hoc Networks without External Reference*, in *13th Annual Mediterranean Ad Hoc Networking Workshop, MED-HOC-NET 2014, Piran, Slovenia, June 2-4, 2014*, (IEEE, 2014), pp. 87–94. ISBN: 978-1-4799-5258-8. doi:10.1109/MedHocNet.2014.6849109
11. S. Dolev, A. Hanemann, E. M. Schiller, and S. Sharma (eds.), *Self-stabilizing End-to-End Communication in (bounded capacity, omitting, duplicating and non-fifo) Dynamic Networks*, in *Stabilization, Safety, and Security of Distributed Systems - 14th International Symposium, SSS 2012, Toronto, Canada, October 1-4, 2012. Proceedings*, Lecture Notes in Computer Science, vol. 7596 (Springer, 2012), pp. 133–147. ISBN: 978-3-642-33535-8. doi:10.1007/978-3-642-33536-5_14
12. S. Dolev, O. Liba, and E. M. Schiller (eds.), *Self-stabilizing Byzantine Resilient Topology Discovery and Message Delivery*, in *Networked Systems - First International Conference, NETYS 2013, Marrakech, Morocco, May 2-4, 2013, Revised Selected Papers*, Lecture Notes in Computer Science, vol. 7853 (Springer, 2013), pp. 42–57. ISBN: 978-3-642-40147-3. doi:10.1007/978-3-642-40148-0_4
13. S. Dolev, E. Schiller, Communication adaptive self-stabilizing group membership service. IEEE Trans. Parallel Distrib. Syst. **14**(7), 709–720 (2003). doi:10.1109/TPDS.2003.1214322
14. S. Dolev, E. Schiller, Self-stabilizing group communication in directed networks. Acta Informatica **40**(9), 609–636 (2004). doi:10.1007/s00236-004-0143-1
15. K.P. Birman, R. van Renesse et al., *Reliable Distributed Computing with the Isis Toolkit*, vol. 85 (IEEE Computer Society Press, Los Alamitos, 1994)
16. A. Bartoli, Implementing a replicated service with group communication. J. Syst. Architect.

50(8), 493–519 (2004). doi:10.1016/j.sysarc.2003.11.003

17. K. Birman (ed.), *A History of the Virtual Synchrony Replication Model*, in *Replication: Theory and Practice*, Lecture Notes in Computer Science, vol. 5959 (Springer, 2010), pp. 91–120. ISBN: 978-3-642-11293-5. doi:10.1007/978-3-642-11294-2_6

18. R. Khazan, A. Fekete, and N. A. Lynch (eds.), *Multicast Group Communication as a Base for a Load-Balancing Replicated Data Service*, in *Distributed Computing, 12th International Symposium, DISC '98, Andros, Greece, September 24-26, 1998, Proceedings*, Lecture Notes in Computer Science, vol. 1499 (Springer, 1998), pp. 258–272. ISBN: 3-540-65066-0. doi:10.1007/BFb0056488

19. S. Dolev, C. Georgiou, I. Marcoullis, and E. M. Schiller (eds.), *Practically Stabilizing Virtual Synchrony*, in *Stabilization, Safety, and Security of DistributedSystems - 17th International Symposium, SSS 2015, Edmonton, Canada, August 18-21, 2015. Proceedings*, Lecture Notes in Computer Science (Springer, 2015)

20. S. Dolev, T. Petig, and E. M. Schiller (eds.), *Brief Announcement: Robust and Private Distributed Shared Atomic Memory in Message Passing Networks*, in *Proceedings of the 2015 ACM Symposium on Principles of Distributed Computing, PODC 2015, Donostia-San Sebastián, Spain, July 21 - 23, 2015*, (ACM, 2015), pp. 311–313. ISBN: 978-1-4503-3617-8. doi:10.1145/2767386.2767450

21. R. Fan and N. A. Lynch (eds.), *Efficient Replication of Large Data Objects*, in *Distributed Computing, 17th International Conference, DISC 2003, Sor-rento, Italy, October 1-3, 2003, Proceedings*, Lecture Notes in Computer Science, vol. 2848 (Springer, 2003), pp. 75–91. ISBN: 3-540-20184-X. doi:10.1007/978-3-540-39989-6_6

22. S. Dolev, S. Gilbert, E. Schiller, A. A. Shvartsman, and J. L. Welch (eds.), Autonomous Virtual Mobile Nodes, in *Joint Workshop on Foundations of Mobile Computing (DIALM-POMC)*, (2005), pp. 62–69. ISBN: 1-58113-986-1. doi:10.1145/1073970.1074004

23. S. Dolev, S. Gilbert, E. Schiller, A. A. Shvartsman, and J. L. Welch (eds.), Autonomous Virtual Mobile Nodes, in *SPAA 2005: Proceedings of the 17th Annual ACM Symposium on Parallelism in Algorithms and Architectures, July 18-20, 2005, Las Vegas,Nevada, USA* (ACM, 2005), p. 215

24. S. Dolev, S. Gilbert, N. A. Lynch, E. Schiller, A. A. Shvartsman, and J. L. Welch (eds.), *Brief Announcement: Virtual Mobile Nodes for Mobile Ad Hoc Networks*, in *Proceedings of the Twenty-Third Annual ACM Symposium on Principles of Distributed Computing, PODC 2004, St. John's, Newfoundland, Canada, July 25-28, 2004*, (ACM, 2004), p. 385

25. S. Dolev, S. Gilbert, N. A. Lynch, E. Schiller, A. A. Shvartsman, and J. L. Welch (eds.), *Virtual Mobile Nodes for Mobile Ad Hoc Networks*, in *Distributed Computing, 18th International Conference, DISC 2004, Amsterdam, The Netherlands, October 4-7, 2004, Proceedings*, Lecture Notes in Computer Science, vol. 3274 (Springer, 2004), pp. 230–244. ISBN: 3-540-23306-7. doi:10.1007/978-3-540-30186-8_17

26. S. Dolev, S. Gilbert, L. Lahiani, N. A. Lynch, and T. Nolte (eds.), *Timed Virtual Stationary Automata for Mobile Networks*, in *Principles of Distributed Systems, 9th International Conference, OPODIS 2005, Pisa, Italy, December 12-14, 2005, RevisedSelected Papers*, Lecture Notes in Computer Science, vol. 3974 (Springer, 2005), pp. 130–145. ISBN: 3-540-36321-1. doi:10.1007/11795490_12

27. S. Dolev, E. Schiller, J.L. Welch, Random walk for self-stabilizing group communication in ad hoc networks. IEEE Trans. Mob. Comput. **5**(7), 893–905 (2006). doi:10.1109/TMC.2006.104

28. Z. Bar-Yossef, R. Friedman, G. Kliot, RaWMS—random walk based lightweight membership service for wireless ad hoc networks. ACM Trans. Comput. Syst. **26**(2) (2008). doi:10.1145/1365815.1365817

29. J. Luo, P.T. Eugster, J.-P. Hubaux, Pilot: probabilistic lightweight group communication system for ad hoc networks. IEEE Trans. Mob. Comput. **3**(2), 164–179 (2004) doi:10.1109/TMC.2004.12

30. O. Morales-Ponce, E. M. Schiller, and P. Falcone (eds.), Cooperation with Disagreement Correction in the Presence of Communication Failures, in (IEEE, 2014), *Intelligent Transportation Systems (ITSC), 2014 IEEE 17th International Conference on*, pp. 1105–1110

31. O. Morales Ponce, E.M. Schiller, P. Falcone, Cooperation with Disagreement Correction in the

Presence of Communication Failures. In: CoRR abs/1408.7035 (2014). arXiv:1408.7035

32. B. Kulcsar, O. Morales-Ponce, M. Papatriantafilou, E.M. Schiller and P. Tsigas (ed.), Cooperative Driving for Best Road Network Capacity, *Nationella Konferens i Transportforskning* (2013)

33. R. Kianfar, P. Falcone, J. Fredriksson, Safety verification of automated driving systems. IEEE Intell. Transp. Syst. Mag. **5**(4), 73–86 (2013). doi:10.1109/MITS.2013.2278405

34. J.H. Lala, R.E. Harper, S. Alger, A design approach for utrareliable real-time systems. IEEE Comput. **24**(5), 12–22 (1991). doi:10.1109/2.76283

35. A. Fekete et al., The impossibility of implementing reliable communication in the face of crashes. J. ACM **40**(5), 1087–1107 (1993)

36. M.J. Fischer, N.A. Lynch, M. Merritt, Easy impossibility proofs for distributed consensus problems. Distrib. Comput. **1**(1), 26–39 (1986)

37. N.A. Lynch, *Distributed Algorithms* (Morgan Kaufmann Publishers, 1996). ISBN:1-55860-348-4

38. J.-F. Hermant, G. Le Lann, Fast asynchronous uniform consensus in real-time distributed systems. IEEE Trans. Comput. **51**(8), 931–944 (2002)

39. M. K. Aguilera, G. L. Lann, and S. Toueg (eds.), *On the Impact of Fast Failure Detectors on Real-Time Fault-Tolerant Systems*, in *Distributed Computing, 16th International Conference, DISC 2002, Toulouse, France, October 28-30, 2002 Proceedings*, Lecture Notes in Computer Science, vol. 2508 (Springer, 2002), pp. 354–370. ISBN: 3-540-00073-9

40. S.P. Boyd et al., Randomized gossip algorithms. IEEE Trans. Inf. Theory. **52**(6), 2508–2530 (2006)

41. C. Georgiou, S. Gilbert, D.R. Kowalski, Meeting the bdeadline: on the complexity of fault-tolerant continuous gossip. Distrib. Comput. **24**(5), 223–244 (2011)

42. A. Casimiro et al., A Kernel-Based Architecture for Safe Cooperative Vehicular Functions, *Industrial Embedded Systems (SIES), 2014 9th IEEE International Symposium on*, June 2014, pp. 228–237. doi:10.1109/SIES.2014.6871208

43. A. Casimiro, O. Morales Ponce, T. Petig, and E.M. Schiller (ed.), Vehicular Coordination via a Safety Kernel in the Gulliver Test-Bed, in *Distributed Computing Systems Workshops (ICDCSW), 2014 IEEE 34th International Conference on*, June 2014, pp. 167–176. doi:10.1109/ICDCSW.2014.25

44. C. Berger, O. M. Ponce, T. Petig, and E. M. Schiller (eds.), *Driving with Confidence: Local Dynamic Maps that Provide LoS for the Gulliver Test-Bed*, in *3rd Workshop on Architecting Safety in Collaborative Mobile Systems (ASCoMS), Florence, Italy, September 8-9, 2014. Proceedings*, Lecture Notes in Computer Science, vol. 8696 (Springer, 2014), pp. 36–45. ISBN: 978-3-319-10556-7. doi:10.1007/978-3-319-10557-4_6

45. J. Ibanez-Guzman, S. Lefevre, A. Mokkadem, and S. Rodhaim (ed.), Vehicle to Vehicle Communications Applied to Road Intersection Safety, Field Results, in *Intelligent Transportation Systems (ITSC), 2010 13th International IEEE Conference on* Sep 2010, pp. 192–197. doi:10.1109/ITSC.2010.5625246

46. A. Casimiro et al. (eds.), *KARYON: Towards Safety Kernels for Cooperative Vehicular Systems*, in *Stabilization, Safety, and Security of Distributed Systems - 14th International Symposium, SSS 2012, Toronto, Canada, October 1-4, 2012. Proceedings*, Lecture Notes in Computer Science, vol. 7596 (Springer, 2012), pp. 232–235. ISBN: 978-3-642-33535-8. doi:10.1007/978-3-642-33536-5_22

47. P.N.D. Costa, J. Craveiro, A. Casimiro, and J. Rufino (eds.), *Safety Kernel for Cooperative Sensor-Based Systems*, in *SAFECOMP 2013 - Workshop ASCoMS (Architecting Safety in Collaborative Mobile Systems) of the 32nd International Conference onComputer Safety, Reliability and Security, Toulouse, France, 2013*, (HAL, 2013). http://hal.archives-ouvertes.fr/SAFECOMP2013-ASCOMS/hal-00847903

48. E. Vial and A. Casimiro (eds.), *Evaluation of Safety Rules in a Safety Kernel-Based Architecture*, in *SAFECOMP 2014 - Workshop ASCoMS (Architecting Safety inCollaborative Mobile Systems) of the 33rd International Conference on Computer Safety, Reliability and Security, Florence, Italy, September 8-9, 2014. Proceedings*, Lecture Notes in Computer Science, vol. 8696 (Springer, 2014), pp. 27–35. ISBN: 978-3-319-10556-7. doi:10.1007/978-3-319-10557-

4_5

49. M. Pahlavan, M. Papatriantafilou, and E. M. Schiller (ed.), Gulliver: A Test-Bed for Developing, Demonstrating and Prototyping Vehicular Systems, in *Proceedings of the 75th IEEE Vehicular Technology Conference, VTC Spring 2012, Yokohama, Japan, May 6-9, 2012*, (IEEE, 2012), pp. 1–2. ISBN: 978-1-4673-0989-9. doi:10.1109/VETECS.2012.6239951

50. C. Berger et al., Bridging physical and digital traffic system simulations with the gulliver test-bed, in *Proceedings of 5th International Workshop on Communication Technologies for Vehicles, Nets4Cars/Nets4Trains 2013*, Villeneuve d'Ascq, France, 14–15 May 2013, ed. by Marion Berbineau et al., vol. 7865. Lecture Notes in Computer Science (Springer, 2013), pp. 169–184. ISBN: 978-3-642-37973-4. doi:10.1007/978-3-642-37974-1_14

第 8 章
基于基础设施的
车载网络容错体系架构

摘要

无线车载通信是近几年来的一个热门话题，催生了一整套新标准的制定及创新性车载应用的出现。尽管车联网具有显著优势，但由于涉及高速移动场景以及车联网的开放性，设计可靠的车载通信系统一直是一个富有挑战性的课题。介质访问控制（Medium Access Control，MAC）方法在高密度交通环境下存在可扩展性问题，这会造成车辆通信过程中端到端的延迟以及丢包的问题，从而降低了车载通信的可靠性。此外，在车载系统中，少有提高容错性的策略，车载系统的运行在很大程度上依赖于网络的动态拓扑结构以及通信协议所提供的实时性保证。在此基础上，本章提出了一种容错体系架构，用以提高基于基础设施的车载网络的可靠性。路侧单元（Road Side Unit，RSU）和回传网络在一定程度上提高了车联网的确定性，可通过提供全局视野和支持无冲突确定性 MAC 协议的运行来增强实时性和可靠性。其中一个协议为 V - FTT，该协议的体系架构被作为一个案例来设计。且此体系结构是独立于协议的，可适用于任何无线通信系统。在本章的最后一节，通过介绍所提出的实施方案和得到的实验结果，重点讨论了失效静默 RSU 的设计。

8.1 引言

无线车载网络作为现代智能交通运输系统的基础性研究，旨在提高车辆和道路的安全性、乘客的舒适性、交通管理和道路监控的效率。车载通信采用 IEEE 802.11 - 2012、IEEE 1609 和 ETSI - ITS - G5 系列标准。在这些标准中，消息交换的及时性和可靠性方面仍存在一些尚未解决的问题[12]。为了确保即使在密集交通条件下也能正确运行，车载通信节点的布设和协议的开发应考虑可靠实时系统设计中常见的问题[1]，即确定性运行、及时性、安全性、可靠性和可用性。通过下列描述的场景，可以更清晰地关注到这些设计的需求。

在短暂的市场渗透期（低渗透率时期），车载通信系统将被视为一种可以帮助驾驶员采取更明智的决策，并对危险情况做出警告的辅助技术。然而，在这一初始阶段之后，随着无人驾驶车辆的出现，道路交通系统将完全依赖于这一技术和其他技术（如摄像机或雷达）所提供的信息。在这一发展阶段，易出错的人为判断很可能会被由计算机驱动的决策替代。在这种情况下，可靠性对于道路交通安全系统来说将非常重要，因为系统的运行极大程度地依赖于车载通信设备所提供的正确服务。因此，须将车联网作为分布式计算机控制系统（Distributed Computer Control Systems，DCCS）进行分析，以保证交通安全。

近几十年来，DCCS 在机器人技术、工业流程控制、航空电子和汽车系统等领域得到了广泛的应用。此类应用大都具有严格的要求。若不能满足其需求，可能会对经济和环境造成重大的损害，甚至危及人的生命[14]。这些系统必须有大概率能连续提供正确服务的能力。此外，许多系统还包括必须在严格时间范围内运行的实时活动。在具有实时约束的安全关键型 DCCS 中，由于其分布式特性要求在多个节点之间进行及时可靠的数据交换，以实现对运行环境的预期控制，因此，这种可靠性是极其重要的。

由于每个特定的分布式计算机控制系统运行环境的不确定性，使用最佳设计方法并不能完全保证不出现故障。因此，系统中需要包含容错方法，以避免造成故障的错误出现。结合这些机制与系统的实时性要求，可以开发用于在安全关键场景中运行的可靠 DCCS，例如在车辆行驶环境中存在的场景。

有几种类型的故障在车辆行驶场景中必须考虑。例如，由于大气和道路交通状况的不断变化，无线信道经常受到通信链路中瞬时故障的影响，这种影响远大于在有线或室内无线环境中观察到的影响。此外，由于一些无规则的干扰，信道也可能发生永久性故障，这种干扰通常被视为恶性故障，因为为无线车载通信分配的频谱是受法律保护的。不仅无线信道是车载通信系统中的一个易故障点，网络中的节点也应被视为可能的问题源。例如，硬件和软件故障可以影响构成网络基础设施的 RSU 和 OBU 的运行。由于上述原因，在部署车辆通信系统时，必须考虑到安全关键应用可靠性的一般问题以及在车载环境中出现的具体问题，并进行针对性的设计工作。

8.2　车载网络的 MAC 层问题

IEEE 802.11 中定义的介质访问控制（Medium Access Control，MAC）层采用载波侦听多点接入/冲突避免（Carrier Sense Multiple Access With Collision Avoidance，CSMA/CA），由于退避机制的不确定性，可能会无限期发生冲突。因此，仅本地 IEEE 802.11 不支持实时通信。但由于警告消息必须在有限的延迟内传递，因此实时性对于安全应用而言非常重要。

如果网络的负载一直处于较低状态，通过使用自适应和分布式消息速率控制算法，如文献［2］中所述，可以降低发生冲突的概率。虽然这种解决方案可以降低冲突的概率，但它并不能提供严格的实时保证。由于数据不会发生冲突，并且可以计算从数据包生成到信道访问之间的最坏延迟，因此无冲突 MAC 协议被认为是确定性的。只有当协议限制和控制介质访问可以提供确定性行为时，才能实现这一点。

在设计用于车载通信的确定性 MAC 协议时，主要有两种可能的选择。该协议可依赖路侧基础设施[5,18,20]或基于点对点网络[11,17,23]，还可以采用这两种模式的混合方法。在点对点网络中很难保证严格的实时性和安全性，在高速移动场景中更难实现。这是因为在高速移动场景中，分布式共识算法的响应时间（如簇的形成和簇头选举）可能与系统的动力学不兼容。因此，基础设施的存在，例如 RSU 和主干电缆网络，在一定程度上增加了确定性，有助于提高无线端网络的实时性和可靠性。

此外，如果能够通过更快速或更可靠地执行某些任务，使路侧基础设施比网络的其他部分更具可预测性，则系统可被视为"虫洞"隐喻的一个实例[29]。在该机制中，系统的不确定性既不是一致的，也不是永久的，通过回传网络连接的 RSU 比移动网络节点（OBU）更可靠，更具可预测性，因此被喻为"虫洞"。

V - FTT 协议概述

基于上述观点，基于路侧基础设施，提出了一种确定性介质访问控制（MAC）协议——车载机动触发（Vehicular Flexible Time - Triggered，V - FTT）协议。该协议采用多主机多从式空间时分多址（Spatial Time Division Multiple Access，STD-MA）。RSU（主单元）负责在基础设施中注册 OBU（从单元）并负责调度其传输时隙。这些主机通过放置在每个节点中的 GPS 接收器进行同步，通过交换保存在 RSU 数据库中当前状态的更新消息来共享道路交通系统中的信息。这些信息通过回传网络（如光纤）传输，使 RSU 能够对整个车联网具有全局视野。

协议被划分为周期性的元周期（Elementary Cycles，EC），持续时间为 100ms，如图 8.1 所示，每个元周期被进一步划分为三个不同的部分。第一部分为 RSU 从一个基础设施窗口（Infrastructure Window，IW）开始传输两种类型的消息：已注册 OBU 时间表的触发消息（Trigger Messages，TM）和关于道路安全事件的交叉验证信息的警告消息（Warning Messages，WM）。在车联网中，这些由 RSU 发送到 OBU 的消息一般被称为基础设施到车辆（Infrastructure - to - Vehicle，I2V）通信（图 8.1）。第二部分为同步 OBU 窗口（Synchronous OBU Window，SOW），每个 OBU 窗口有一个可向 RSU（车辆到基础设施/V2I 通信）发送信息、常规数据（如车辆速度和方向）或安全事件的固定大小的时隙。同步 OBU 窗口的持续时间根据该指定基本周期中调度的 OBU 的数量（在图 8.1 中表示为 n）而变化。在一个元周期结束时，有一个非 V - FTT 启用的 OBU 可以通信（车辆到车辆/V2V 通信）的自由时期（Free Period，FP），该期间 V - FTT 节点（RSU 和 OBU）可以交换非安全消息。

为了增加 OBU 成功接收 TM 或 WM 的概率，可以将 RSU 的覆盖区域进行部分重叠，使得同一 OBU 可以从不同的 RSU 接收 TM/WM。该冗余级别（图 8.1 中的

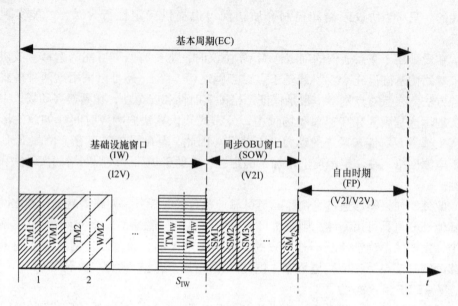

图 8.1　车辆灵活时间触发协议的基本周期[26]

S 变量）可以根据同一区域中 RSU 的数量以及网络节点的传输功率和灵敏度级别进行动态配置。然而，由于每个 OBU 在每个元周期内只发送一条消息，因此 RSU 之间需要一些协调，以确保对于给定的 OBU，在同步 OBU 窗口（SOW）中分配给它的传输间隙在由不同 RSU 传输的所有 TM 中都是相同的。与此类似，该相同的 OBU 信息在 SOW 期间可以被几个不同的 RSU 监听。

从上述介绍中可以看出，在所提出的协议中，RSU 在其负责的流量调度和接收控制机制中极其重要。如果 RSU 停止正常工作，将会严重影响到其覆盖区域内的所有通信，且无法保证协议的及时性和确定性。这带来了容错机制的发展，容错机制的存在可以提高 V – FTT 和具有相同特性的其他确定性协议的可靠性。

8.3　容错技术

正如 8.1 节所述，许多领域都需要可靠的系统设计，例如汽车、航空电子、核电站、工厂自动化等。这些分布式系统通常依赖于一个通信网络来及时可靠地连接传感器、执行器和控制器。虽然传统方式是利用现场总线技术和在有线网络中研究可靠性，但同样也适用于无线系统。由于车载通信有望在安全关键道路服务中提供高可靠性，因此该项目旨在开发提高车联网可靠性的方法。如前所述，如果考虑并改进可靠性机制，实时通信协议可以获得更高概率的正确安全服务交付。为了应对突发问题的出现，获得更高的确定性，车载通信系统中必须包含容错技术。

在实时通信的特定情况下，例如选举方案或硬件冗余，实现容错的机制不仅仅集中在网络节点上。故障在通信信道中的传播也可能危及分布式系统的正常运行，因为可能会共享错误信息并且使分布式系统不能获得相同的信息。故障节点发送的错误消息可能会传播到其他所有节点，导致整个系统崩溃。另一种故障的典型示例是节点或者副本的不确定性导致的时序或者数值错误。因此，在实时通信系统设计中，必须采用确保信息有效性的传输方法。

本节的其余部分介绍了一些对实时通信环境下可靠性的相关主题研究，例如"复制"和"失效静默"模式。这些技术将在 8.4 节中提到。

8.3.1　复制

构建容错分布式系统最常用的方法之一是复制以独立方式失败的子系统。其目的在于让其他子系统认为交付的服务是由单个实体所提供的。为了增强副本之间的一致性，有两类主要复制方案：主动复制和被动复制。

主动复制也称为状态机方法[24]，其特征是使所有副本并行接收和处理相同的请求序列，最终产生相同的输出结果。为了确保这些副本能产生相同的输出来保持状态一致，通常通过原子广播协议（atomic broadcast protocol）来传输命令[32]，以相同的顺序向所有副本提供一致输入。这些请求必须以某种确定的方式来完成独立处理。

在主动复制中，当其中一个副本失败时，其他副本可以继续提供正确的服务，所以不需要明确的恢复过程。因此，当客户端节点发生故障时，该技术是较为简单且透明的。然而，这种方法也有一定的缺点。例如，可能很难实现确定性约束（比如在多线程节点中）或资源要求难以满足，因为每个副本的操作都需要全套资源。

被动复制（也称为主备份[7]）比主动复制更经济，因为只有一个副本（主副本）处理命令并生成输出结果，其余的副本（称为辅助副本或备份副本）仍处于空闲状态，只与主副本交互以更新和记录所有命令。当主系统发生故障时，被动复制不能立即传递输出结果，而是选择其中一个备份副本作为新的主副本，借助日志存储库中可用的信息从系统的最后一个已知状态中恢复操作。在这种情况下，客户端将显示超时并在检测到新的主副本后重新发送请求。这种方法将明显增加系统在故障情况下的响应时间，因此不适用于某些对时间敏感的应用。在被动复制中不需要确定性约束，但必须在主备份和备份之间保证一致性。

半主动和半被动复制是上述复制方案的两种变体。半主动复制（也称为 leader follower）是指不需要以确定的方式处理请求复制。只有一个副本（the leader）负责做出不确定决策，并将这些选择告知从属者。在半被动复制[9]中，所有副本接收客户端的请求并将其响应返回给客户端。这样，由于系统故障对客户端来说是完全屏蔽的，客户端不需要知道主服务器的身份，也不需要超时来检测主服务器是否崩溃。半被动复制完全依赖于故障检测器，因此不需要协议方法（如成员服务）

来选择主副本，与被动复制方法相比减少了故障时的响应时间。

早期文献中所提出的复制策略主要集中在不需要实时行为的应用上，然而实时应用程序通常需要在严格的时间和可靠性约束下运行。为此开发了一些复制策略[15,19,33]以解决安全关键环境带来的额外挑战。

下面将描述一种失效静默模式，它是一个与复制协议的设计相关的重要概念。

8.3.2　失效静默模式

在分布式系统中，若一个故障节点在不遵守介质访问规则的情况下在任意时间点发送未经请求的消息（babbling idiot failure mode[14]），可能会使具有合法消息的节点无法访问网络。但是这种故障模式只有当节点以不受控的方式发生故障时才会出现，并且支持这种失控故障节点正常运行的网络拓扑结构代价高昂[21]。因此，一个节点应该只显示简单的故障模式，理想情况下应该只有一种故障模式，即失效静默（fail silent）故障模式[27]，只产生正确的结果或没有结果。在这种情况下，节点在时域可以是失效静默的，即：传输只在正确的时刻发生，或者在值域中发生，消息只包含正确的值。对于失效静默行为，节点内的错误不能影响其他节点，因此每个节点成为不同的故障限制区域[27]（故障只能直接影响该定义区域的系统特定部分）。此外，如果要容忍系统中某个功能单元的 k 个故障，只需要该单元 $k+1$ 的失效静默副本。如果副本为非静态副本，则需要 $3k+1$ 个[16]。因此，失效静默节点的使用也降低了容错系统设计的复杂性。

执行失效静默行为的方案通常分为两大类：一种是向每个节点增加冗余，另一种是依赖于行为的错误检测技术[27]。

在具有输出比较或选举功能的节点中使用复制处理，需要使用各种机制来保持副本的完全同步，避免副本发生偏差，例如异步事件。处理器指令级的同步是实现副本同步的最有效方法，它使用相同的时钟源来驱动相同的处理器，并在关键时刻（例如，每个总线访问）评估它们的输出（比较或选举）。必须特别注意的是，异步事件必须被传递给处理器以便所有处理器都能在其指令流的同一点感知到同一事件。

多年来，许多系统都是基于双处理器无故障节点设计的，例如 Sequoia[4] 和 Stratus[30]。然而这些系统也存在一些缺点[6]。首先，处理器必须在每个时钟周期表现出相同的确定性行为并忽视那些未被允许的状态，以便它们产生相同的输出。其次，使用专用硬件作为比较器或选举器，可靠的时钟源和异步事件处理程序极大地增加了设计的复杂性。最后，由于它们在锁定步骤中的操作，一个瞬态故障可能以相同的方式影响两个处理器，使节点受到共模故障。消除上述解决方案的硬件级复杂性的另一种方法是使用软件协议，通过在节点中彼此独立操作的一组标准处理器，将副本同步传输到更高的级别。SIFT[31] 和 Voltan[25] 中使用了任务同步方法。

无论是在软件还是在硬件中，行为错误检测机制都是执行失效静默行为的另一种选择。校验、看门狗定时器和处理器监控等机制通常使用现有商用（Commercial – Off – The – Shelf，COTS）组件来实现。因为错误检测机制只能在错误发生后的相当长一段时间内检测到错误，所以常常成为系统中的主要瓶颈，这可能会迫使其他节点采取某种错误恢复策略。

总线监护器（图 8.2）是相对于节点网络控制器和主机处理器的自主设备，同时实现行为错误检测机制。总线监护器通常在有线网络中实现失效静默，它充当故障模式转换器，在与其他组件的接口处被监护器的故障模式所取代。

为了独立于它所监视的接口，总线监护器必须属于一个单独的故障限制区域。如果监护器与其监视的节点同时发生故障，那么监护器将失效。一些潜在的共模故障源有时钟、CPU/硬件、电源、协议实现、操作系统等。为了避免共模故障，可以设计一个具有独立硬件、无公共组件和设计多样性的总线监护器。尽管在任何总线监护架构中，在独立性、故障覆盖率和简单性/成本之间可能需要做出设计上的折中，但监护器必须提前了解其监管节点的时序行为。在时间触发（TDMA）网络中，这意味着每个总线监护器需要有自己的时间表副本和独立的时间认知。

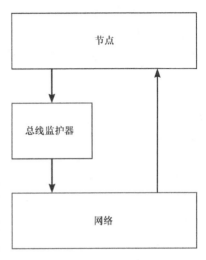

图 8.2　通用总线监护器方案

几乎所有在失效静默系统领域开发的工作都是针对有线工业或汽车系统的[3,28]。尽管原理相似，无线网络的节点在实现失效静默行为中会具有一些额外的问题。例如，与工业和汽车系统中的封闭有线环境相比，这种网络关于识别开放性提出了几个问题，即每时每刻在一个给定网络的无线电范围内有多少个和哪些节点。出于同样的原因还会出现一些其他问题，比如如何解决隐藏节点。此外，无线通信系统的半双工特性也是必须考虑的，即节点不能同时进行发送和接收，也不能在星型拓扑中使用集中式总线监护器。然而，在无线通信中，人们可以把介质监护器看作是保护无故障的无线网络节点不受错误节点影响的设备。

8.4　V – FTT 中的容错机制

在主从式网络如 V – FTT 中解决容错性和可靠性问题时，最需要的是解决由拥有流量调度器和车辆注册数据库的主节点所形成的单点故障。事实上，如果一个主节点（RSU）不能用 EC 调度发送触发消息，发送超时或内容出现错误，那么所有的网络活动都可能受到严重损害甚至中断。

这类情况可以使用一个或多个类似的节点充当备份主节点来复制处理。这样，一旦检测到有丢失的触发消息，备份主机就会进入前台并进行传输，从而在不中断通信计划的情况下保持通信。但是，这只有在所有主副本在值和时间方面都是同步的情况下才可以实现。

为了简化设计强制主机复制机制的任务，可以认为节点是失效静默的，即只有不向网络发出任何消息节点才会发生故障。然而，这也必须通过使用足量的组件来实现，因为节点可能会发生不可控的故障。这些附加元素应该保证被 RSU 发送到介质的消息在时域和值域上都是正确的。

在所有活动的 RSU 都发生失效静默之后，可以使用主动复制方案，以保证即使在主 RSU 出现故障的情况下，带有元周期调度的触发消息仍将被传递到 OBU 节点中。在这种机制中，备份 RSU 接收和处理与主 RSU 并行的完全相同的消息序列，并在每个元周期中生成相同的触发消息。然而，相对于主 RSU，在备份 RSU 数据包传输操作中故意延迟一小段时间，大约几微秒，从而在 RSU 出现故障时简化恢复过程，使其完全自动并对从节点透明。这样，如果主 RSU 能够在计划的瞬间发送触发消息，则副本将检测到无线介质被占用并得出结论主系统没有错误。因此，它不会发送任何消息以避免与活动节点发生冲突。另一方面，如果此时介质被认为是空闲的，副本将继续传输消息并取代先前主 RSU 的操作。因此，由于在元周期的开始阶段只引入了一小段延迟，仍将按时发送触发消息。

OBU（从节点）也应该表现出失效静默行为，尽管可以采用与主节点中相同的机制，但由于其代价高昂，使得该方案得不到车辆持有者的支持。因此，只有在节点信息（值和时间）属于绝对必要的特殊情况下（例如警车和紧急车辆），才在时间域和值域中执行采用从节点失效静默。对于普通车辆，必须考虑更低成本的解决方案。由于从节点不负责任何类型的网络协调，可以只用来限制 OBU 不可控传输，该通信也只在时间域中执行失效静默行为。从 OBU 的角度来看，调度仅在元周期的范围内有效，因此控制节点的实体只需要在 $EC-by-EC$ 的基础上把控节点调度。这个实体可以被视为一个介质监护器，它能避免节点在由网络主机 RSU 分配给它的时隙之外传输。为此，这个介质监护器只需要将每个触发器消息内容解码并阻止任何来自节点的非计划传输。

图 8.3 显示了基于路侧基础设施的网络总体架构，下文中描述了容错机制并提出了以下错误假设。

1）节点故障。假设主节点（RSU）表现出失效静默故障模式，这是由它们的内部冗余以及在值域和时间域验证协议的失效静默执行实体保证的，此机制将在下面各节中进行更详细的解释。此外，将会复制 RSU（备份 RSU）用于承担在活动节点（活动 RSU）中故障所造成的后果。在 OBU（从节点）中，仅在时间域中使用介质监护器来执行失效静默。

在该方案中，失效静默执行实体（以及在考虑 OBU 时的介质监护器）属于一个故障遏制区域，独立于由节点的其余组件构成的区域。每个节点中包含的故障包括硬件故障（包括暂时性和永久性故障）和软件故障。然而，如图 8.3 所示，不考虑物理层模拟部分的故障，拜占庭式（Byzantine）故障（尤其是入侵行为）并未完全涵盖，因为此类故障还需要进行 IT2S 网关级处理，通过回传网络提供与其他 RSU 的通信。

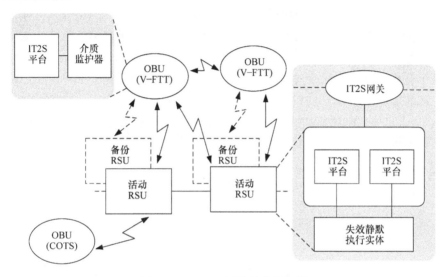

图 8.3　V – FTT 网络的容错机制

2）信道瞬时故障。由于无线信道条件可能因大气和交通条件而变化，车辆通信经常受到瞬时故障的影响，这种影响远大于在有线环境下所观察到的通信协议的影响。有一种用于规避较高分组错误率的方法是在 RSU 触发消息传输中引入时间和空间冗余，如图 8.1 所示。这可以通过沿途部署更密集的 RSU 来实现，使得 RSU 无线电覆盖区域产生重叠。通过这种方式，单个 OBU 传输可以由有相同传输时隙的可配置数量的相邻 RSU（通常为 3 个）来调度。在这种情况下，因为位于不同位置的多个 RSU 可以在不同的瞬间发送相同的元周期调度，因此可以同时利用时间和空间。执行此冗余机制所需的 RSU 协调通过回传网络得到保证。因此，假设每个 OBU 在每个元周期至少接收一条触发消息，即信道瞬时故障不影响触发消息的传输。在这种 RSU 冗余方案中，由于多个 RSU 可以接收同一个分组，保证了 OBU 消息传输的空间多样性。此外，还可以为关键节点分配多个时隙来进行消息重传。

3）信道永久性故障。传输介质是车联网的单点故障。例如由于不受控制的干扰引发的故障，无线介质中可能会发生永久性故障，在本工作中不考虑此类故障。根据信道干扰的严重程度，可以通过检测干扰并将 V – FTT 协议的操作切换到可用频谱中的另一个信道来覆盖介质冗余。随着无线车载通信的频带被保留，不受管制的干扰可被视为恶意故障。

4）同步假设。节点同步，主节点和从节点都有一个 GPS 接收器。该系统提供的精度通常低于 $333\mu s$（用于确定设备是否与 UTC[10] 同步的最大值），并且它必须满足 V – FTT 的同步要求。然而，如果由于某种原因使 GPS 信号在某一时刻不可用或不够精确，可以使用另一种策略，即主节点发送的触发消息除了传递调度信息外，还可以作为所有网络节点的同步标记。这样主节点也是时间主节点，并且假设在两个连续的触发消息（通常为 100ms）之间，每个节点的时钟计数器的偏差不超过可忽略的时间。

基于这种网络架构和相关的故障假设，接下来的章节讨论了一种用于提高基于基础设施的车联网可靠性的机制的设计：RSU 的失效静默行为。文中给出了失效静默式 RSU 的基本原理和几种可能的设计方案，以及它在专用硬件上的实施所获得的实验结果。

8.5 在 V – FTT 中实施失效静默

8.5.1 IT2S 平台简介

所提出的系统架构利用 IEEE – Wave/ETSI – ITS G5 控制器——IT2S 平台来实现。这个平台（图 8.4）是在电信研究所（Aveiro 站点）中从零开发的，既可以作为 RSU 运行，也可以作为 OBU 运行。IT2S 平台本质上由三个主要模块组成：智能手机、单板机和 IT2S 板。IT2S 板实现了最新的 IEEE 802.11p 标准，重点是协议栈的 MAC 层和物理层。由于 MAC 层的实现是在硬件/软件分区的协同设计中进行的，因此在 IT2S 板中只能由 FPGA 执行低级功能。该子层被称为较低层 MAC（Lower MAC，LMAC），包括 MAC 方案的时间关键性和确定性操作。

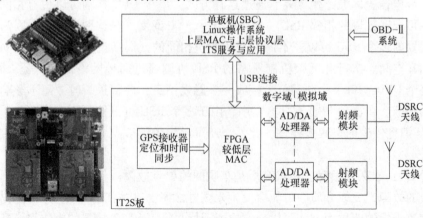

图 8.4　IT2S 平台的主要模块

物理层在 IT2S 板上被完全实现，包括模拟物理层和数字物理层。模拟物理层负责模拟域中的信号处理操作，例如从基带到射频（Radio Frequency）的上下转换，反之亦然。另一方面，数字物理层负责处理数字域中的信号，实现正交频分复用技术（Orthogonal Frequency Division Multiplexing，OFDM）传输和接收链，将字节从 MAC 帧转换为基带同相和正交（I/Q）采样并进行逆向操作。

为了满足标准最新版本中出现的多信道同时操作需求规范[8]，电路板包括两套完整的硬件单元（2 个 DSRC 天线和射频模块，2 个 AD/DA 处理器和 2 个数字 PHY 和位于 FGPA 内的 LMAC 模块），以便在两个无线电信道中实现 IEEE 802.11p 标准。IT2S 板还包括一个用于定位和同步的 GPS 接收器，通过 USB 链路与 SBC 建立互联，并基于时间复用方案允许多个独立信道共存，用于分别访问每个无线电单元，从 GPS 设备检索信息，在 FPGA 比特流上执行更新等。

单板机（Single Board Computer，SBC）的主要功能是执行较高层的 WAVE/ITS – G5 协议栈，即从 MAC 层的高级功能——上层 MAC（UMAC）到应用层。SBC 是一个基于 Linux 操作系统的 COTS 嵌入式计算机，可提供更灵活、更可控的系统操作。当作为 OBU 运行时，SBC 还可以与所有最新车辆上可用的车载诊断（OBD – Ⅱ）系统进行交互，可以访问有关车辆状态和性能的详细信息。

智能手机负责实现图形用户界面，为车辆驾驶员和乘客提供更多与交通相关的信息，例如在发生交通事故或交通拥堵时显示警告。智能手机的另一个重要优势是能够在 IT2S 平台与 3G 或 4G 网络进行连接，此功能能够进行远程诊断、访问平台中可用的信息，以及升级软件和重新配置 FPGA 的中位流。此外，它还可以实现 eCall 服务，在发生严重道路事故时自动拨打紧急号码。如前所述，IT2S 平台可以作为 RSU 或 OBU 运行。显然，当平台作为 RSU 工作时不需要图形用户界面，因此整个系统的架构中不包括智能手机。

8.5.2　失效静默 RSU 设计

为了实现失效静默 RSU，所有可能的设备故障模式都必须由一个更简单的、不易发生故障的组件执行转换，转换到失效静默模式。如果可以在 OSI 协议栈的较低层实现这种失效静默设计，那么就可以大大降低执行实体的复杂性，因为 OSI 协议栈的系统设计中可能存在的缺陷数量减少，并且易于识别。通过将白盒接入机动车辆对研究平台的访问，简化了对协议栈底层失效静默机制的设计，在 COTS 平台中实现类似的解决方案可能会带来由 API 引起的更高延迟。

如 8.4 节所述，基于 IT2S（图 8.3 的右侧）的复制平台所提出的失效静默机制的操作组成了一个内部冗余方案。两套通过空气介质传播的完整单板机和 IT2S 板用于生成信息，然后失效静默机制的执行实体对这两个集合生成的消息的值和时间进行比较，如果一切正常，它将验证帧并允许其中一个平台传输它。相反，如果帧不同或相位明显不一致，实体将在接收到重启信号之前停止系统的工作。

尽管决定在协议栈的较低层实现失效静默机制，但在选择理想的位置和方法对两个平台产生的样本进行比较时，仍有许多可选择的设计。如图 8.5 所示，如果将 MAC 和 PHY 视为实现该机制的适当层，则有三处主检查点可以执行该验证。如前所述，由于观察在协议栈上向高级别移动的结果将增加设计复杂度并增强设计缺陷[22]，只选择这些较低级别的基本原理。三个不同的检查点编号1、2 和 3，分别对应于 MAC 层、数字PHY 层和模拟 PHY 层的输出接口。

实现在检查点 1 处的输出比较可以通过使用在 FPGA 中较低 MAC 子层的输出处产生的两个 MAC 帧之间的选举方

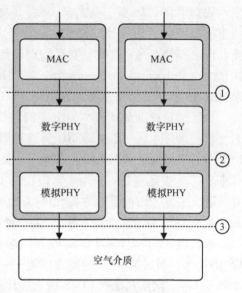

图 8.5　失效静默机制的可能检查点

案。然而，此时的验证将不包括数字 PHY 层的操作中可能出现的故障，数字 PHY层包括 OFDM 传输链的基带处理。如果在 FPGA 和 AD/DA 处理器之间的接口上通过比较构成 OFDM 调制帧的 I/Q 采样，可以在检查点 2 实现失效静默机制。这个阶段的验证已经包含了在 IT2S 平台高级别的所有差异，证实了所有在 SBC 和 FPGA上完成的操作。如果更高层发生软件故障导致 SBC 尝试发送不同的帧（例如由于网络的不同视图或不一致的调度计算），则此检查点将生成不同输出并且检测到该故障。不过，在理想情况下，检查点 3 将是验证两个传输链输出正确性的最佳位置，因为它还将包括 IT2S 平台的模拟部分的操作。然而，实现高频模拟信号的在线验证算法是一项非常复杂的任务，因为信号比较可能需要下变频到较低的频率，这将增加过多的延迟，并且将模拟部分不可获得的资源。此外，由于数模转换和射频放大过程中具有微小的不匹配，尽管两个传输链略有不同，仍可以产生正确的信号。

从前面的分析可以得出结论，检查点 2 是实现失效静默机制的最佳位置。基本实现方案如图 8.6 所示，对由数字 PHY 产生的输出执行运行进行比较，并在检测到不匹配时发出错误信号，以中止正在进行的传输。然而，这种方法不会阻止介质在错误帧传输的部分期间被占用，因为必须允许在产生结果的时刻生成微小的公差，来处理通过独立 GPS 接收机同步的两个平台内部时钟之间的微小变化。因此，所描述的解决方案不会产生真正的失效静默执行实体。

图 8.7 给出了一种可能的改进方法，其中由数字 PHY 产生的每个样本仅在成功验证之后才允许进入模拟 PHY。此解决方案虽然保护了完全不同或超时的帧，但仍然不能提供真正的失效静默实体，因为一旦在消息间产生错误，将导致整个传

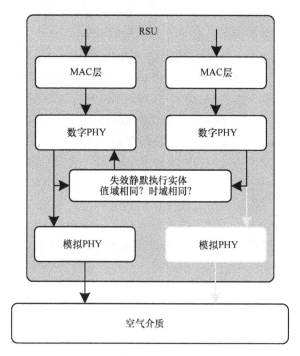

图 8.6　基本失效静默主 RSU 方案

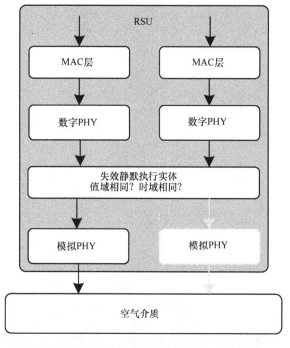

图 8.7　改进的失效静默主 RSU 方案

输失效。因此，介质可能被样本所占据，这些样本虽然在独立分析时是正确的，但在整个帧的上下文中是无效的。除此之外，在提出的实时协议中，RSU 负责协调无线信道中的所有通信，如果 RSU 传输被中断，将浪费一个完整的基本周期。

解决该问题的一个可能方案是修改传输链，在应发送的时刻提前生成待发送的样本，则可以在帧传输开始之前对整个帧的样本进行比较和验证。在该方案中，数字 PHY 将使用非常简单的机制，在正确的时刻将验证后的样本应用到模拟 PHY 以进行传输。如果在帧的任何部分观察到任何差异，或者在提供样本的瞬间测量到的延迟大于某个固定公差，则失效静默实体将禁止两个单元中的任何一个进行传输。在这种情况下，与前面的方案相反，介质不会被充分利用。

基于这些参数，图 8.8 示出了在协议栈的最终位置中失效静默 RSU 的建议方案以及失效静默执行实体。这个实体被放置在尽可能靠近天线的数字 PHY 层的末端和模拟部分之前的位置，这样除了 PHY 层的模拟端，都可以验证整个系统和协议的运行。理想情况下还应包括模拟路径，正如前面所提到的，实现高频模拟信号的运行时验证算法是一项非常困难的任务。此外，为了保证失效静默执行实体没有共同的故障模式而属于不同的故障遏制区域，在一个外部 PCB 上开发了一个电源和时钟分离的执行实体。

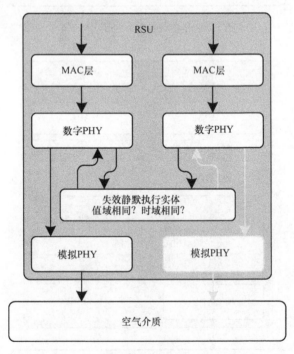

图 8.8　最终失效静默主 RSU 方案

除之前所述外，要真正实现失效静默系统，以便在通过天线传输单个比特之前验证整个消息，两个传输链都必须预先生成帧，并将帧发送到失效静默执行实体。接下来将介绍有关失效静默实体内部架构的更多详细信息。

8.5.3　失效静默执行实体

图 8.9 描述了在 XilinxFPGA Spartan - 6 中实现的失效静默执行实体的接口和内部结构。它接收由两个 IT2S 板的数字传输链生成的数据（10bit 同相 + 10bit 正交采样@10Mbit/s），该数据对应于信号数据 0 和数据 1。每个信号中都有一个有效信号（有效 0 或有效 1）来表明是否正在数据总线中发送帧。在反序列化和删除无效位之后，将在值域比较模块中比较来自两个信息源的数据。此外，失效静默实体还验证两个平台是否同步，即同时生成信息，它只允许很小的时间偏移来应对平台可能无法在时间上精确对齐的情况。然而，这应该具有足够小的时间公差以保证通信协议（例如 V - FTT）的实时行为。该操作在时域比较模块中执行，基于对两个有效信号之间相位偏移的分析。

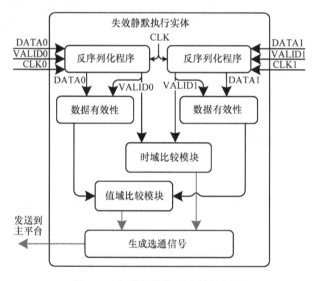

图 8.9　失效静默执行实体的框图

对于给定的帧，如果这两个比较模块产生的结果都是正的，将生成选通信号并发送到主平台（有效地将消息发送到云平台）。相反，如果至少有一个值为负都不会生成信号，整个 RSU 操作将停止，直到在失效静默执行实体中接收到重新启动信号。

图 8.10 显示了 IT2S 板与失效静默执行实体的交互，描述了在传输模式下数字物理层的体系结构及其与无故障方案的集成。在 PHY 控制器模块中处理来自 LMAC 子层的帧并将其内容转发给数字传输链（OFDM 调制器）。然后，为了实现失效静默执行实体验证，将得到的 I/Q 数据样本发送到序列化程序以与其他 IT2S

平台提供的数据样本进行比较。相同的样本存储在内存条中，等待选通信号发送到无线介质。

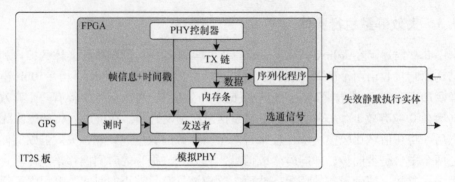

图 8.10　具有失效静默机制的数字 PHY 方案

在成功进行帧验证的情况下，调度模块将接收选通指示并开始准备帧的传输。因此，它将比较 PHY 控制器模块提供的时间戳（指定消息应该在哪个时刻发送）与 GPS 接收器可提供的系统当前时间。当两个时间值相等时，调度器将读取存储在内存条中的样本并将它们发送到模拟 PHY。另一方面，如果失效静默实体在执行验证的过程中失败，则调度器不会接收到选通信号，因此不会向无线介质发出消息。

8.6　实验评价及结果

使用 Trenz TE0300 载波板在 Spartan-6LX150 FPGA 中成功实现了所提出的体系架构（图 8.6）。为了验证该方案，对两个比较模块进行了测试。当发送两个相等的帧且其相位偏移低于最大时间容限时，便成功生成了选通信号。然而，当在其中一帧中引入至少一个比特错误（图 8.11）时，值域比较模块能够检测到该比特错误，从而确定系统正常运行中的故障。在这种情况下，直到接收到复位信号之前，失效静默实体进入空闲状态而不产生选通信号。当发送的验证帧完全不同并且只有一个错误位随机地插入帧的样本中时（如图 8.11 中的红色条纹标记所示），这种故障注入机制成功地测试了故障沉默实体的运行。当在一个帧的传输中引入大于允许最大容限的延迟时，也会获得相同的结果（图 8.12）。这种情况与前一种情况类似，当时域比较模块检测到两帧开始之间的时间差过大时，会向选通信号生成模块发出故障信号。

为了证明概念的正确性，常常在同一个用于实现较低 MAC 层和 IT2S 板物理层的 FPGA 模型中开发失效静默执行实体。然而，当比较两个项目的资源使用情况时，可以得出这样的结论：失效静默执行实体占用的资源比 IT2S 委员会的项目要少得多，约占全部可用资源总量的 1%，见表 8.1 和表 8.2。

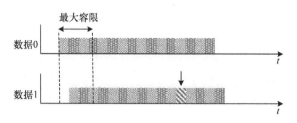

图 8.11　值域故障检测（见彩插）

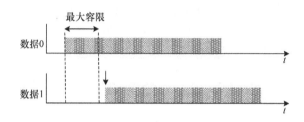

图 8.12　时域故障检测（见彩插）

表 8.1　失效静默执行实体在 Spartan‑6FPGA 上的资源使用

逻辑资源	已用	总数	已用百分比
Flip flops	314	184304	1
LUTs	284	92152	1
RAMB16BWERs	4	268	1
RAMB8BWERs	4	536	1
DSP48A1s	0	180	0

逻辑最大频率 160.805MHz

表 8.2　IT2S 板在 Spartan‑6FPGA 上的资源使用

逻辑资源	已用	总数	已用百分比
Flip flops	39292	184304	21
LUTs	38111	92152	41
RAMB16BWERs	196	268	73
RAMB8BWERs	48	536	8
DSP48A1s	80	180	44

逻辑最大频率 158.188MHz

这一结果证明，失效静默实体比整个车载通信平台简单得多，因此不太容易出现设计错误和系统运行过程中可能发生的故障。该单元的简单性是一个非常重要的特性，可用于实现更高水平的可靠性，从而提高路侧基础设施的可靠性。此外，在未来的失效静默执行实体的迭代中，应考虑更小、更便宜的 FPGA 来降低该机制的实现成本。

当该机制用来验证确定性无线协议（如 V–FTT）的操作时，另外一个需要着重考虑的是失效静默实体的帧验证时间。正在使用的实时 MAC 协议需要考虑到该验证时间增加了帧在无线介质中传输开始时的延迟。例如可以通过提前足够的时间发送帧进行验证来减小延迟。图 8.13 显示了失效静默执行实体（FSEE）的操作在从 $1\mu s$ 到 $1ms$ 的各种帧持续时间内总延迟。该验证时间（$T_{\text{verificationTime}}$）本质上由两部分组成［式(8.1)］：传输整个消息到失效静默实体所需的时间（$T_{\text{frame Duration}}$）和由 FPGA 内部模块所引入的延迟（$T_{\text{FSEE}}$）。后者是恒定的，近似等于 $1.05\mu s$，而第一个等于帧持续时间。因此，当帧大小增加时，在失效静默实体内部引入的延迟可忽略不计。并且在这种情况下，帧验证时间近似等于帧持续时间。

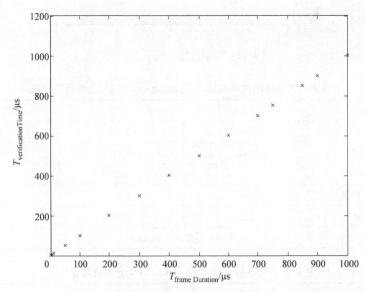

图 8.13 验证时间与帧持续时间的关系

$$T_{\text{verificationTime}} = T_{\text{frame Duration}} + T_{\text{FSEE}} \tag{8.1}$$

因此，应在提前时间（T_{advance}）［大于式（8.2）给出的提前时间（T_{advance}）］内开始将样本发送至失效静默执行实体，以便在计划的确切时刻发出消息。允许的最大容差也有助于此保护间隔，因为验证时间是在两个平台同时发送同一消息时测量的，而不考虑绝对时钟源中可能存在的不精准情况。

$$T_{\text{advance}} \geqslant T_{\text{verificationTime}} + T_{\text{maxTolerance}} \tag{8.2}$$

在消息传输过程中，将时间 T_{advance} 增加到系统正常操作中是完全可以接受的，因为 RSU 可以提前很久就开始准备要传输的数据包。鉴于 RSU 对回传网络中的道路具有全局视野，它们可以很容易地在当前周期开始时计算下一个元周期的时间表。这表明会有大约 100ms 的提前时间（总 EC 持续时间），足以允许将失效静默机制部署在该系统的操作中。

8.7 结论

本章提出了一种基于基础设施的车联网的容错体系结构，同时阐述了设计可靠车载通信系统的基本原理，以及部署依赖于 RSU 提供支持的网络的优点。除此之外，还简要概述了密集车辆场景中的 MAC 问题来解释在通信协议的操作中需要实时行为，提出了 V - FTT 协议作为解决上述问题的可能方案，并将其作为研究案例设计了一种可靠的车载网络体系结构。所提出的架构是独立于协议的，因此可以应用于基于相同原理的任何系统。

然后，综述了容错系统设计中常用的一些技术，给出了 V - FTT 网络的容错体系结构和容错假设，提出了几个机制，即复制路侧基础设施、RSU 的失效静默执行实体和 OBU 的介质监护器。在本章的剩余部分中尤其注重失效静默 RSU 的设计，因为网络主节点的失效静默行为是提供可靠网络操作的一个基本特性。还提出了失效静默执行实体背后的设计方案的选择，以及最终的结构和与自定义车辆通信站 IT2S 平台操作的相应集成。

总之，失效静默机制在值域和时域上比较了两个车载通信平台产生的输出消息。理想情况下，这两个系统应该基于完全不同的硬件和软件实现相同的输出以避免共模故障。然而作为概念性的证明，使用了两个相同的 IT2S 平台。结果表明，所开发的故障检测机制在时间域和值域上都能很好地进行检测，该机制可以在资源较少的 FPGA 中实现，但它应该区别与电源和时钟源属于一个独立的故障约束区。此外，对于较大的帧，由失效静默实体的操作引入的延迟可能非常重要，因此在分析无线通信协议的整体性能时应该考虑到这点。

致谢

这项工作由国家基金资助，基金来自 FCT Fundaço para a Ciència e a Tecnologia，SFRH/BD/52591/2014 博士奖学金，欧盟第七框架计划（FP7），第 3176711 号赠款协议，BRISA 与 Aveiro 电信研究所签订的研究合同。

参 考 文 献

1. A. Avizienis et al., Basic concepts and taxonomy of dependable and secure computing. IEEE Trans. Dependable Secure Comput. **1**(1), 11–33 (2004)
2. G. Bansal, J.B. Kenney, Controlling congestion in safety-message transmissions: a philosophy for vehicular DSRC systems. IEEE Veh. Technol. Mag. **8**(4), 20–26 (2013). ISSN: 1556–6072. doi:10.1109/MVT.2013.2281675
3. R. Belschner et al., FlexRay requirements specification, version 2.0.2. FlexRay Consortium (2002). http://www.flexray-group.com

4. P. Bernstein, Sequoia: a fault-tolerant tightly coupled multiprocessor for transaction processing. IEEE Comput. **21**(2), 37–45 (1988)

5. A. Böhm, M. Jonsson, *Real time communications support for cooperative, infrastructure-based traffic safety applications* (Int. J. Veh, Technol, 2011)

6. F.V. Brasileiro et al., Implementing fail-silent nodes for distributed systems. IEEE Trans. Comput. **45**(11), 1226–1238 (1996). ISSN: 0018–9340. doi:10.1109/12.544479. http://dx.doi.org/10.1109/12.544479

7. N. Budhiraja, K. Marzullo, F.B. Schneider, S. Toueg, in Distributed Systems, 2nd edn., ed. by S. Mullender. The Primary-backup Approach (ACM Press/Addison-Wesley Publishing Co., New York, 1993) pp. 199–216

8. C. Campolo, A. Molinaro, Multichannel communications in vehicular ad hoc networks: a survey. IEEE Commun. Mag. **51**(5) 158–169 (2013). ISSN: 0163–6804. doi:10.1109/MCOM.2013.6515061

9. X. Défago, A. Schiper, N. Sergent, Semi-passive replication, in Proceedings of the The 17th IEEE Symposium on Reliable Distributed Systems, SRDS '98 (IEEE Computer Society, Washington, 1998) pp. 43–50

10. IEEE Standard for Wireless Access in Vehicular Environments (WAVE), Multi-channel Operation, in IEEE Std 1609.4-2010 (Revision of IEEE Std 1609.4-2006) (2011), pp. 1–89. doi:10.1109/IEEESTD.2011.5712769

11. Intelligent Transport Systems (ITS), Performance evaluation of self-organizing TDMA as medium access control method applied to ITS; access layer part, in ETSI TR 102 862 V1.1.1, Dec 2011, pp. 1–51

12. J.B. Kenney, Dedicated short-range communications (DSRC) standards in the United States, in Proceedings of the IEEE 99.7, July 2011, pp. 1162–1182. ISSN: 0018–9219. doi:10.1109/JPROC.2011.2132790

13. S. Khan, P. Pedreiras, J. Ferreira, Improved real-time communication infrastructure for ITS, in INForum. Sept **2014**, 430–445 (2014)

14. H. Kopetz, Real-Time Systems: Design Principles for Distributed Embedded Applications. (Kluwer Academic Press, 1997)

15. H. Kopetz, G. Grunsteidl, TTP-a protocol for fault-tolerant realtime systems. Computer **27**(1), 14–23 (1994)

16. L. Lamport, R. Shostak, M. Pease, The byzantine generals problems. ACM Trans. Program. Lang. Syst. **4**(3), 382–401 (1982)

17. N. Lu et al., A distributed reliable multi-channel MAC protocol for vehicular ad hoc networks, in Intelligent Vehicles Symposium, 2009 IEEE, June 2009, pp. 1078–1082. doi:10.1109/IVS.2009.5164431

18. T.K. Mak, K.P. Laberteaux, R. Sengupta, A multi-channel VANET providing concurrent safety and commercial services, in Proceedings of the 2Nd ACM International Workshop on Vehicular Ad Hoc Networks, VANET '05 (ACM, Cologne, 2005), pp. 1–9. doi:10.1145/1080754.1080756. http://doi.acm.org/10.1145/1080754.1080756

19. A. Mehra, J. Rexford, F. Jahanian, Design and evaluation of a windowconsistent replication service. IEEE Trans. Comput. **46**(9), 986–996 (1997)

20. V. Milanes et al., An intelligent V2I-based traffic management system. Intell. IEEE Trans. Transp. Syst. **13**(1), 49–58 (2012). ISSN: 1524–9050. doi:10.1109/TITS.2011.2178839

21. D. Powell, Delta-4–A generic Architecture for Dependable Distributed Computing (ESPRIT Research Reports, 1991)

22. J. Proenza, J. Miro-Julia, *MajorCAN: a modification to the controller area network to achieve atomic broadcast, in IEEE International Workshop on Group Communication and Computations* (Taipei, Taiwan, 2000)

23. J. Rezgui, S. Cherkaoui, O. Chakroun, Deterministic access for DSRC/802.11p vehicular safety communication, in Wireless Communications and Mobile Computing Conference (IWCMC), 2011 7th International, July 2011, pp. 595–600

24. F.B. Schneider, Implementing fault-tolerant services using the state machine approach: a tutorial. ACM Comput. Surv. **22**(4), 299–319 (1990)

25. S. Shrivastava et al., Principal features of the voltan family of reliable node architectures for distributed systems, in IEEE Trans. Compute. (Special Issue on Fault-Tolerant Computing)

41(5), 542–549 (1992)

26. T. Meireles, J. Fonseca, J. Ferreira, The case for wireless vehicular communications supported by roadside infrastructure, in Intelligent Transportation Systems Technologies and Applications (John Wiley and Sons, 2014)

27. C. Temple, Avoiding the babbling-idiot failure in a time-triggered communication system, in Fault Tolerant Computing Symposium (IEEE Computer Society, 1998), pp. 218–227

28. TTTech, Time-Triggered Protocol TTP/C High-Level Specification Document, 1.0 edn. (2002). http://www.ttagroup.org

29. P. Veríssimo, Uncertainty and predictability: can they be reconciled?, in Future Directions in Distributed Computing LNCS 2584 (Springer-Verlag, May 2003)

30. S. Webber, J. Beirne, The stratus architecture, in Digest of Papers FTCS-21 (1991), pp. 79–85

31. J. Wensley et al., SIFT: design and analysis of a fault tolerant computer for aircraft control. Proceedings of IEEE **66**(10), 1240–1255 (1978)

32. M. Wiesmann et al., Understanding replication in databases and distributed systems, in 20th International Conference on Distributed Computing Systems. Proceedings, (2000), pp. 464–474

33. H. Zou, F. Jahanian, A real-time primary-backup replication service. IEEE Trans. Parall. Distrib. Syst. **10**(6), 533–548 (1999)

第 9 章
VANET系统中无缝
连接和主动切换技术研究

摘要

为了实现可靠的车辆通信，提高道路安全性，必须有可靠的车与基础设施（Vehicular – to – Infrastructure，V2I）和车对车（Vehicle – to – Vehicle，V2V）通信作为前提。为了实现无缝通信，需仔细研究车辆在相邻路侧单元（RSU）之间移动时通信的切换过程。信标的使用是 VANET 的一个关键部分，因此研究信标的作用过程是如何影响通信切换非常有必要。需要用一个框架来计算相邻路侧单元覆盖范围内的重叠区域，以保证连通性。在车辆高速移动的环境下，通信切换有着一系列问题，需要研究主动切换技术解决。因此，本章探讨了在 VANET 环境中如何提供和发展无缝连接和可靠通信所需的主动切换机制。

9.1 引言

逐渐进步的智慧城市将在可持续生活的发展中发挥重要作用，从而对整个社会带来积极影响，这就要求使用车辆自组织网络（VANET）来实现智能交通系统（Intelligent Transport Systems，ITS），继而将产生一些用于道路安全、交通效率和信息娱乐的应用程序。这一优化的交通系统旨在提高整体能源利用率、缩短行车时长、减少事故、改善交通管理和提高道路维护效率。为了实现这些应用，必须在车辆到基础设施（V2I）和车辆到车辆（V2V）之间进行无缝通信。因此，要仔细研究如何发展无缝通信机制[3]，这就需要详细了解 VANET 框架内的通信机制。

在 VANET 中，将信标用于发现和维系邻居关系，欧洲 ITS VANET 协议（EVIP）将信标定义为协同感知消息（Cooperative Awareness Messages，CAM），并在车辆和路侧单元（RSU）之间定期生成和发布信标信息。在切换时，信标用于指示车辆移动时新网络的存在，因此信标可用于开发可靠的切换，信标机制将影响切换的整体性能。本章研究了信标、移动环境（包括车辆速度）以及路侧单元位置之间的相互作用，以实现无缝切换。

本章详细讨论的问题如下：首先关注切换机制的分类，使用该分析的关键参数，通过比较仿真的理论值和实测值，将其应用到车辆环境中；然后进行研究以解释所获得的差异，引出了基于累积概率的切换过程的新模型，使用一个分析模型来研究当车辆接近一个新的路侧单元时通信如何变化；之后开发了一个相似模型来进一步研究这些问题；最后给出了 VANET 试验台，对仿真模型和分析模型进行测试。

9.2　切换过程细节

9.2.1　切换的一般特征

切换定义为移动节点（Mobile Node，MN）的连接点（Point of Attachment，PoA）向网络的转变。切换一般可分为以下几类：

- 水平切换与垂直切换：在水平切换中，下一个连接点的技术与上一个连接点相同。例如，3G 到 3G 或 WiFi 到 WiFi。相比之下，在垂直切换中，新的连接点与以前的连接点具有不同的技术。因此，垂直切换具有挑战性，因为当它们发生时，可能伴随着切换所涉及的两个网络的服务质量（Quality of Service，QoS）的巨大变化。不同 QoS 的管理是无缝通信的重要组成部分。

- 硬切换与软切换：在硬切换中，与前一个连接点的连接在建立与新连接点的连接之前就已断开（即先断开再连接）。相比之下，在软切换中，与新连接点的连接是在与前一个连接点的连接断开之前建立的（即先连接后断开）。因此，与硬切换相比，软切换导致的中断更少。

- 向上切换与向下切换：在向上切换中，移动节点上的通信从小覆盖的网络移动到大覆盖的网络（例如，从 WiFi 网络到 LTE/3G 网络）。相比之下，在向下切换中，移动节点从大覆盖的网络转到小覆盖的网络（即从 LTE/3G 网络到 WiFi 网络）。

- 基于网络的切换与基于客户端的切换：在基于网络的切换中，网络负责执行切换，而在基于客户端的切换中，客户端负责执行切换。这意味着对于基于客户端的切换，移动节点必须获取所有相关的网络资源才能实现切换。

9.2.2　高级移交分类

Y – Comm 是一种架构（图 9.1），通过集成通信、移动性、QoS 和安全性来构建未来的移动网络。它将未来的互联网划分为两个框架：核心框架和外围框架。Y – Comm 的研究人员在主动切换领域做出重大贡献以提供无缝通信、QoS 以及安全性[13]。

Y – Comm 项目[12]提出了对切换的高级分类，如图 9.2 所示。切换分为两种高级类型：命令式切换仅因技术原因而发生，因为已经通过技术分析确定这种方法是有益的，因此移动节点改变了它的网络连接。这可以基于新网络提供的信号强度、覆盖率和服务质量等参数，这些切换是必需的，如果不执行，可能会导致严重的性能损失或连接丢失；相反，由于技术问题以外的原因，会发生替代切换[11]。执行替代切换的因素包括基于价格或激励措施对给定网络的侧重性，基于功能或推广以及上下文问题的用户首选项也可能导致切换。

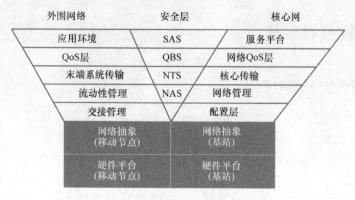

图 9.1　Y – Comm 架构

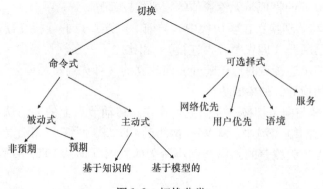

图 9.2　切换分类

命令式切换又分为两种类型，第一种称为被动式切换，这是对底层无线接口中某些网络可用性变化做出的响应。被动式切换可进一步分为预期切换和非预期切换[11]。预期切换是描述存在移动节点可以切换到备选基站情况下的软切换[2]。在非预期切换情况下，移动节点正在超出当前连接点的范围，并且没有要切换到的其他基站。另一种命令式切换称为主动式切换，其使用软切换技术。

目前，正在开发两种类型的主动式切换。第一种是基于知识的，即移动节点试图通过预先测量已知区域（如城市）上可用无线网络的信号强度来获知。这很可能需要驾驶车辆四处行驶并记录这些数据。第二种主动策略是基于一个数学模型，该模型根据移动设备的速度和方向来计算切换点以及移动设备到达该点所需的时间。这种方法的精度取决于各种因素，包括定位技术、使用的传播模型、网络拓扑和特定环境，例如移动节点是室内还是室外以及接收器的质量[11]。

主动式切换策略试图在移动节点到达某个特定位置之前知道该位置的各种网络的状况[1]。使用两个关键参数来开发主动切换算法：垂直切换前的时间（Time Before Vertical Handover，TBVH）是应该进行切换之后的时间，网络驻留时间（Network Dwell Time，NDT）是移动节点在新网络覆盖范围内花费的时间，如图9.3所示。根据文献［11］，通过准确测量切换半径，可以准确估计TBVH和NDT。通过使用这些机制，可以将丢包和服务中断最小化，因为即将发生的切换可以被通知到网络协议栈的更高层。

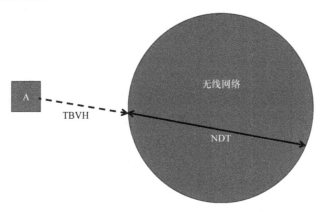

图9.3　说明垂直切换前的时间和网络停留时间

9.3　NDT 和 TBVH 在高移动环境中的应用

为了开发适用于高移动环境（如VANET）的无缝切换机制，有必要对NDT（即车辆在给定网络中能够通信的时长）进行非常准确的估计，移动环境中的切换如图9.4所示。硬边界有一个硬切换阈值圆，在硬边界中有一个虚线圆代表出口阈

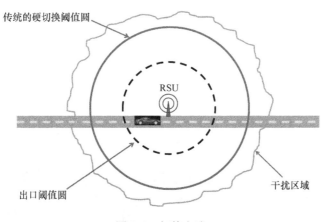

图9.4　切换方法

值。出口阈值圆是开始切换的边界，以便在到达硬边界之前完成切换，这是成功的软切换所需要的。如果在到达硬边界之前切换不成功，则通信中断，导致硬切换。

9.4 理想 NDT 与实测 NDT 的比较

NDT 是指车辆在 RSU 网络范围内的时间。如果在车辆进入通信范围之前就可以估计出这一时间，那么就可以有效地利用资源，并且可以实现主动切换，从而确保可以在任何地点通信。无线网络中的 NDT 由移动离开速率的倒数给出。根据文献 [20]，对于二维流体流动模型，单元内移动节点的平均离开速率 μ_{dwell} 由下式给出：

$$\mu_{\text{dwell}} = E[V]L/(\pi A) \tag{9.1}$$

式中，$E[V]$ 是平均速度，L 是任意形状单元的周长，A 是单元的面积。

使用这种方法，可以根据切换模型非常准确地估计 NDT，如图 9.5 所示。对于一条直道，其大约等于 $2R$，它假定 RSU 沿着一条笔直的道路放置。

$$\text{NDT} = 1/\mu_{\text{ml}} = (\pi \times R_{\text{H}})/V_{\text{max}} \tag{9.2}$$

式中，μ_{ml} 为从公式（移动离开速率公式）中得出的移动离开速率；R_{H} 为切换半径；V_{max} 为车辆最大速度。

$$\text{NDT} = 2R/E[V] \tag{9.3}$$

在机动车道环境下，可直接计算两个行驶点之间的距离。因此，NDT 如下所示：

$$\text{NDT} = \text{NDD}/E_{\text{vel}} \tag{9.4}$$

式中，NDD（Network Dwell Distance）是在给定网络覆盖范围内沿着高速公路行驶的网络驻留距离[11]。高速公路上两点之间的精确距离用全球定位系统（GPS）计

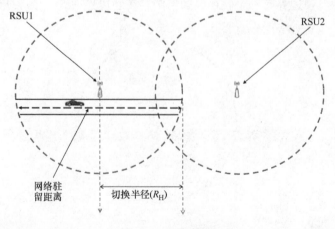

图 9.5　切换半径

算。对于在 VANET 的研究，假设 RSU 沿着一条直道（部署），因此 NDD 大约等于 2R，其中 R 是覆盖半径。在计算中，这被称为理想 NDT，即 NDTi。假设车辆一旦到达通信范围的覆盖边缘，就开始通信。在实时情况下，NDT 的测量定义为 NDTr，是从第一个信标到最后一个信标到达 MAC 层之间的时间，而不会由于图 9.6 所示的比特误差被丢弃在 PHY 层中。在 VANET 中，信标是一种核心的通信方式，目的是向其邻居广播车辆的存在[18]。

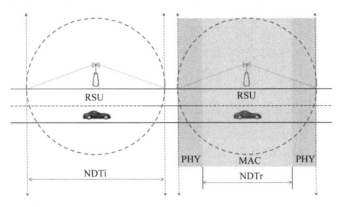

图 9.6　NDTi 与 NDTr

图 9.7 显示了在不同信标产生频率（λ）下以恒定速度（30m/s）移动的车辆上，其广播大小不同的信标的 NDTr，这张图同时包含 NDTi。结果表明，NDTr 随着信标尺寸的增大而减小，即通信时间缩短，说明数据包的大小是决定 NDTr 的一个重要因素。这些图还清楚地表明，在 NDTr 为 10Hz 之后没有峰值增加，一些信标很明显地正在下降，这导致了 NDTr 和 NDTi 之间的差异。

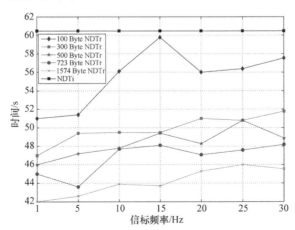

图 9.7　不同信标大小下的 NDTr（30m/s）（见彩插）

结果表明，理想与实测 NDT 的区别取决于信标的频率、信标的大小和车辆的速度。

表 9.1 显示了仿真实验（即 NDTr）的 NDT 值，使用了来自 RSU 的不同 λ 值，NDT 使用式（9.4）（即 NDTi）中的公式计算上限。这个上限不考虑如竞争等任何因素，它假设介质或信道是理想的，而传播是唯一的损失[8]。下一节将通过 PHY 层的仿真解释信标被丢弃的原因和方式。

表 9.1　仿真与理论计算的网络驻留时间比较

速度	NDTi	NDTr				
		$\lambda = 1\,Hz$	$\lambda = 5\,Hz$	$\lambda = 10\,Hz$	$\lambda = 20\,Hz$	$\lambda = 40\,Hz$
$0 \sim 30\,m/s$	60s	54s	55s	57s	57s	57s
40m/s	45s	37s	39s	43s	43s	43s
50m/s	36s	30s	31s	34s	34s	34s

9.5　Veins 框架

在仿真实验中，采用了离散事件仿真环境 OMNeT + +[17] 和 Veins 框架[15,16]。这是一个无线和移动网络的移动性仿真框架。文献［15］在 Veins 框架中实现了一个基于 IEEE 802.11p 的信标模型。IEEE 802.11p 仿真模型中使用的所有 PHY 和 MAC 属性均符合文献［9，10］。

9.5.1　仿真场景

如图 9.8 所示，放置一个固定节点（即 RSU）。另一个移动节点（即车辆）被

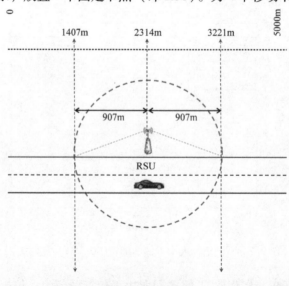

图 9.8　仿真场景

设置为以 30m/s 的固定速度在 RSU 的范围内运行，以收集各种数值供我们研究。为了理解和建模一个类似 NDT 的概念，我们首先必须从一个简单的场景开始。我们考虑了一个非常基本的设置，其中没有干扰或其他噪声、建筑物的影响和交通密度问题，以便集中研究信标、信标大小和车辆速度对 NDT 的影响。这将使我们在研究更复杂的情景之前了解关键因素。

在仿真过程中，RSU 以不同的信标生成速率和不同的信标大小来广播信标。模拟参数包含 EDCA 默认值[5]。其余参数根据 Veins 框架使用的默认值进行设置[15]。

在文献［14］中，信标大小分别为 100B、300B、500B 和 723B，用于 6Mbit/s 数据包差错率建模。该结果已用于 6Mbit/s 数据包差错率建模中 Veins 框架的开发。1574B 的信标也被用于实验研究[4]，并将此结果应用于开发 18Mbit/s 数据包差错率模型中的 Veins 框架。因此，我们在仿真实验中使用了这些大小的信标。

9.5.2　仿真中检测范围的计算

检测范围（Detection Range，DR）[15,17] 的计算基于发射机功率、波长、路径损耗系数，和用于通信的最小接收功率的阈值：

$$DR = [(\lambda^2 \times p_{max})/(16.0 \times \pi^2 \times minRecvPow)]^{1/\alpha} \qquad (9.5)$$

式中，λ 为波长（光速/载波频率）；p_{max} 为可能的最大传输功率；α 为最小路径损耗系数；minRecvPow 为能够实际接收信号的最低功率水平，$minRecvPow = 10^{sat/10}$；sat 为最小信号衰减阈值。

根据表 9.2 和表 9.3 所示的仿真参数，在仿真中计算检测范围。用公式计算出覆盖半径（R）为 907.842567m，如图 9.8 所示。因此将 907m 作为所有数学计算的覆盖半径。

表 9.2　RSU 配置参数

参数	值
传输功率	20mW
比特率	18Mbit/s
灵敏度	-94.0dBm
热噪声	-110.0dBm
头部长度	11B
信标长度	100B, 300B, 500B, 723B, 1574B
发送数据	False

表 9.3　OBU 配置参数

参数	值
速度	10, 30m/s (36, 108km/h)
信道带宽	10MHz
OBU 接收器灵敏度	-94.0dBm

9.5.3　仿真中成功接收数据包的计算

在图 9.9 中，PHY 和 MAC 层接收第一个数据包的时间分别是 T_1 和 T_2。$T_3 \sim T_4$ 是始终成功接收数据包的区域，即成功接收的概率（P）为 1。MAC 和 PHY 层接收最后一个数据包的时间是 T_5、T_6。由于误码而丢失 $T_1 \sim T_2$ 和 $T_5 \sim T_6$ 的所有数据包，这表明只有当数据包到达 MAC 层时才能开始可靠通信。下面总结了在 PHY 层中仿真丢包的原因和方式，在文献［7］中对其有更详细的解释。

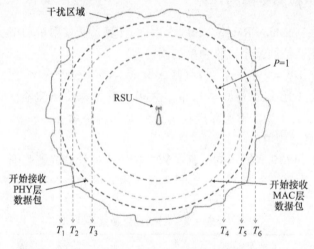

图 9.9　PHY 和 MAC 分割（见彩插）

在仿真中，T_2 是实际通信开始的时间，虽然在 T_1 时接收数据包，但由于误码而丢弃了这些接收到的数据包。因此需要解决的主要问题是：假设车辆在时间 T_1 在 PHY 层收到第一个数据包，可以确定 T_2 吗？为了分析这种影响进一步仔细研究了成功接收数据包的（概率）计算。

如图 9.10 所示，在 OMNeT++ 中用 Veins 框架进行仿真。图中显示了 PacketOk 和随机双对数，该仿真使用一个 RSU 和一辆以 30m/s 速度行驶的车辆进行，其中 RSU 以 1Hz 的信标生成频率广播 956bit 大小的信标。

对于在 PHY 层接收到的每个数据包，计算出一个 PacketOk 编号，该编号是无错误地接收到该包的概率（P）。其根据误码率（Bit Error Rate, BER）和数据包的

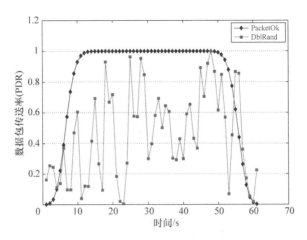

图 9.10　PacketOk 与 DblRand（见彩插）

长度来计算。将计算出的双位数与随机生成的介于 0 和 1 之间的双位数进行比较，如果这个 PacketOk（计算出的数目）小于随机生成的数目，那么相应的数据包在 PHY 层被丢弃，原因是数据包中存在错误[7]。

图 9.10 中下部（折色）线是随机生成的双数，上部（曲色）线是计算出的 PacketOk。如果 PacketOk 数低于随机生成的数曲线，则假定该数据包中存在错误，因此该特定数据包在 PHY 层处被丢弃。在 Veins 框架中，18Mbit/s 比特率的数据包传送率是使用以下公式计算的，该公式已使用文献 [4] 进行了建模。

$$\text{PacketOk}(P) = [1 - 1.5 erfc(0.45 \sqrt{\text{SNR}})]^L \tag{9.6}$$

其中，

$$\text{SNR}(\text{Signalto Noise Ratio}) = 10^{\text{SNR}_{dB}/10} \tag{9.7}$$

式中，L 为包长度。

在图 9.10 中，我们可以观察到，当车辆朝 RSU 方向行驶时，P 增加，并且在某一点上 P 达到 1，这意味着数据包没有错误。换句话说，我们可以说 $P=1$ 的区域是非常可靠的通信区域。这是 $T_3 \sim T_4$ 时间段，如图 9.9 所示。

9.5.4　PHY 层与信标大小关系的进一步研究

为了进一步研究而进行了更多的仿真，这次对在较低层（即 PHY 层）接收到的信标进行了监测。图 9.11 描绘了仿真中在 PHY 和 MAC 层接收到的第一个信标和最后一个信标之间的关系：在车辆速度恒定的情况下，对不同大小、不同频率的信标进行了仿真。与接收到的信标相比，它还显示了在 Veins 框架中计算的实际干扰范围或检测范围。

图 9.12 和图 9.13 显示了在车辆进入覆盖区域期间，PHY 和 MAC 层相对于仿真时间的第一次信标接收。这表明一旦进入检测范围，车辆就开始在 PHY 层接收

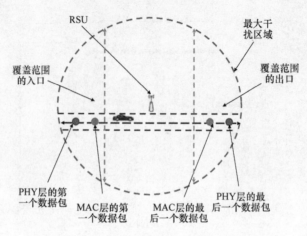

图 9.11　在 PHY 和 MAC 层接收到的第一个和最后一个信标（见彩插）

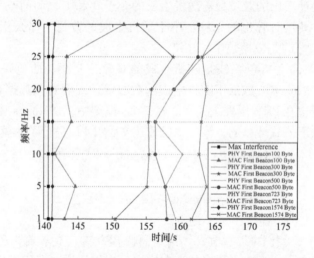

图 9.12　覆盖区入口侧（10m/s）（见彩插）

信标，这个检测范围是满足通信发生的最低标准。由于这些信标的丢失而导致PHY 层第一个信标和 MAC 层第一个信标之间的时间延迟，信标由 PHY 层接收但存在误码，因此在 PHY 层丢弃。还可以看到当信标的大小增加时，在 MAC 层信标的接收存在延迟，即对于较大的信标，由于 PHY 层的误码会丢失更多的信标。由此得出结论，信标大小的增加将降低 NDT 的价值。

　　图 9.14 和图 9.15 显示出了在覆盖区域中的车辆驶离期间，PHY 和 MAC 层最后一次信标接收与仿真时间的关系。

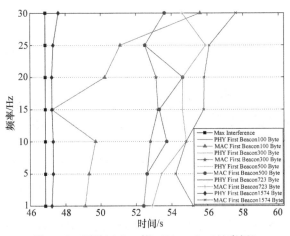

图 9.13　覆盖区入口侧（30m/s）（见彩插）

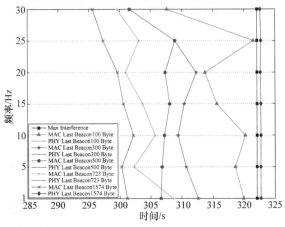

图 9.14　覆盖区的出口侧（10m/s）（见彩插）

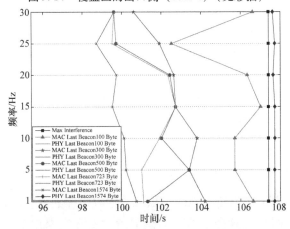

图 9.15　覆盖区的出口侧（30m/s）（见彩插）

9.6 进一步研究

9.6.1 累积概率计算

为了研究信标频率的影响，除了计算在给定时间 t 内成功接收单包的概率外，我们还需要研究成功接收数据包的累积概率。由于我们从仿真中使用得到单包接收概率，因此可以计算累积概率。

因此，如果 P 是成功接收的概率，则 N 个接收序列的累积概率可由式（9.8）给出：

$$P + (1 - P)P + (1 - P)^2 P + \cdots + (1 - P)^{N-1} P \qquad (9.8)$$

在概率论中，当 N 趋于无穷大时，P 为常数，累积概率（Cumulative Probability，CP）趋于 1。在这种情况下，这意味着一旦 CP 达到 1，就保证信标的成功接收。但在这种情况下，由于车辆正朝着 RSU 行驶，每一个序列的 P 都会增加。因此，对于 N 次接收，CP 为

$$CP = P_1 + (1 - P_1)P_2 + (1 - P_1)(1 - P_2)P_3 + \cdots \qquad (9.9)$$

式中，P_N 大于 $P_{N-1} \cdots = 1$。

由于 P 是因为车辆向 RSU 行驶而增加的，因此累积概率可以在接近无穷之前达到 1，从而影响信标的成功接收。此分析适用于车辆进入网络时。

对于驶离时间，我们考虑当我们开车离开时，未从 RSU 收到数据包的概率 $P_n = 1 - P$，即负累积概率。若 P 为接收成功的概率，则负累积概率（CP_n）为

$$CP_n = (1 - P_1) + P_1(1 - P_2) + P_1 P_2(1 - P_3) + \cdots \qquad (9.10)$$

对于驶离场景，当我们远离 RSU 时，成功接收概率 P 降低，因此 $1 - P$ 增加。一旦车辆在 T 周期（信标频率的倒数）后没有接收到信标，它将立即移交给下一个 RSU。我们的结果考虑了 RSU 覆盖的入口和出口区域累积概率的影响。

从图 9.16 可以看出，对于两种不同信标大小的 $NDTr$、$NDTi$、NDT_p 和 NDT_{cp}，其中 NDT_p 是 $P = 1$ 时的 NDT，NDT_{cp} 是 $CP = 1$ 到 $CP_n = 1$ 之间的时间。显然，这些值受到信标大小的影响。相对较小的信标，NDT_{cp} 更大；但是对于更大的信标，则相反。对于大约 723B 的信标大小，NDT_{cp} 和 NDT_p 几乎相等。这表明，对于可预测性很重要的切换，最大信标大小为 600~800B 就可以提供最佳的无缝通信[7] 的机会。

9.6.2 基于累积概率的切换策略

如前所述，P 表示在物理（PHY）层成功接收信标的概率。在已知信噪比和信标长度的情况下，可以计算每个信标的概率[4,14]。在概率论中 P 具有平稳分布的特点，即可能的结果不随时间改变而改变。因此可以将累积概率定义为事件发生的

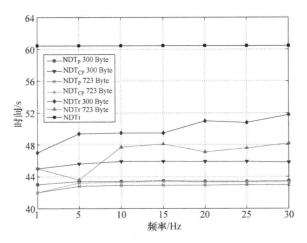

图 9.16　两种信标大小下 NDT$_p$ 与 NDT$_{cp}$，NDTr 与 NDTi 的比较（见彩插）

概率，在这种情况下，在给定的时间或序列号之前成功接收信标。另外，当 CP 为 1 时，确定事件已经发生，如果 P 是常数，那么 CP 在无穷远处通常是 1。然而，在这种情况下，随着移动节点向 RSU 移动，P 显著增加而不具有平稳分布的特点。因此，CP 可能在接近无穷之前变为 1，事实上 CP 可能在 P 变为 1 之前变为 1。这表明在 P 变为 1 之前，可以肯定接收到成功的传输，有必要使用 CP 方法来确定可靠通信的区域。因此需要计算 N 个信标接收序列的 CP，并将其与 P 为 1 时的 CP 进行比较，如图 9.17 所示。

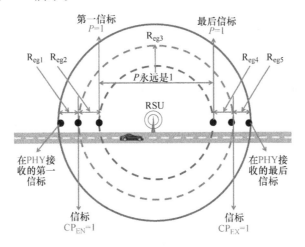

图 9.17　概率分割（见彩插）

我们将车辆进入一个新网络时的 CP 定义为累积进入概率（CP$_{EN}$）。对于出口场景，我们考虑当我们驱车离开时未从 RSU 接收到信标的概率 P_n，即出口累积概率 CP$_{EX}$。对于出口侧，当我们远离 RSU 时，成功接收的概率 P 减小。因此，$1-P$

增加。所以说，我们的结果考虑了累积频率对 RSU 覆盖的入口和出口区域的影响。

图 9.17 显示了名为 R_{eg1}，R_{eg2}，R_{eg3}，R_{eg4} 和 R_{eg5} 的段或区域之间的通信时间。这些区域是通信时间，即车辆在 RSU 覆盖范围的特定部分接收信标的持续时间，在表 9.4 中详细说明。

仿真是在一个 RSU 和一辆汽车沿道路行驶的情况下进行的。在文献 [6] 中的结果表明，对于切换，最大信标大小在 600～800B 时，可以提供无缝通信的最佳机会。因此，考虑在信标大小为 300B、500B 和 723B 进行研究。除此之外，文献 [6] 中的工作还表明，车载通信的理想信标频率范围是 10～20Hz。因此，本文考虑 10Hz、15Hz 和 20Hz 的信标频率。当信标频率增加时，$CP_{EN} = 1$ 和 $P = 1$（即 R_{eg2}）之间以及 $CP_{EX} = 1$ 和 $P = 0$（即 R_{eg5}）之间实现了可观的通信时长。这清楚地表明，较高的信标频率会导致 NDT 的增加，因为几乎在车辆进入覆盖区域时就能听到信标的声音。

表 9.4　区域之间的通信时长

编号	信标大小/B	信标频率/Hz	R_{eg1}/s	R_{eg2}/s	R_{eg3}/s	R_{eg4}/s	R_{eg5}/s
			10m/s				
1	300	10	41.8	8.9	80.5	46.1	4.6
2	300	15	38.46	12.73	81.26	43.73	7.4
3	300	20	35.85	14.75	80.5	41.5	9.1
4	500	10	43.3	7.9	79.5	43.2	8.0
5	500	15	40.13	11.53	80.33	41	10.6
6	500	20	37.6	13.5	79.5	38.95	12.15
7	723	10	44.2	7.5	78.5	41.4	10.3
8	723	15	41.26	10.93	79.26	39.4	12.73
9	723	20	38.75	12.85	78.5	37.45	14.15
			30m/s				
10	300	10	17.1	0	26.5	17.1	0
11	300	15	16.46	0.86	26.73	17.26	0
12	300	20	15.3	1.8	26.5	16.55	0.55
13	500	10	17.1	0	26.5	17.1	0
14	500	15	16.83	0.46	26.73	16.13	1.2
15	500	20	15.7	1.4	26.5	15.3	1.8
16	723	10	17.1	0	26.5	16.1	1.1
17	723	15	17.13	0.2	26.73	15.26	2.06
18	723	20	16	1.1	26.5	14.5	2.0

9.6.3　重叠区域分析

为了验证基于 CP 方法的切换策略，我们提出了两个 RSU 重叠的三种不同方案，如图 9.18 所示。移动节点（即车辆）以 10m/s 和 30 m/s 的速度在这两个 RSU 的覆盖范围内行驶，以便为我们的研究收集各种数值。使用与计算 CP 的 RSU 仿真实验相同的参数设置。

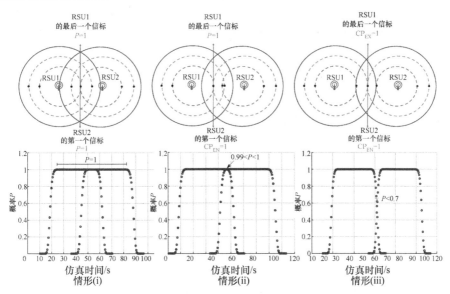

图 9.18　重叠场景（见彩插）

情形（i）：两个 RSU 重叠，使得 $P=1$ 的车辆相继接收到 RSU1 的最后一个信标和 $P=1$ 的 RSU2 的第一个信标。这两个信标之间的时差非常小，因此图 9.18 显示了这两个信标在同一点上。

情形（ii）：两个 RSU 重叠，使得 $P=1$ 的车辆相继接收到 RSU1 的最后一个信标和 $CP_{EN}=1$ 的 RSU2 的第一个信标。

情形（iii）：两个 RSU 重叠，以便依次接收到 $CP_{EX}=1$ 的 RSU1 信标和 $CP_{EN}=1$ 的 RSU2 信标。每种情况的仿真结果如图 9.18 所示。

在情形（i）中，如前所述设置两个 RSU 的重叠，使得在重叠区域的两个 RSU 的 P 为 1。从图中可以清楚地看出，一旦车辆到达 RSU1 的 $P=1$ 的区域，如图 9.18 所示，在车辆离开 RSU2 的 $P=1$ 区域之前，P 没有下降，总是 1。据此观察，这很明显是最可靠的重叠相邻 RSU 的方式，以确保无缝切换。但因为两个 RSU 都在彼此的通信范围内，这种可靠性以图 9.18 所示的更多重叠距离和文献 [5] 所示的高干扰问题为代价。

在情形（ii）中，由于 RSU 的设置使 RSU1 的最后一个信标的 $P=1$，而 RSU2

的 CP_{EN} 在重叠区域处为1。如图9.18所示，与情况（i）相比，这种重叠方式产生的重叠距离较小，而图9.18所示在重叠区域中 P 的下降量非常小，即 $0.99 < P < 1$。根据文献［19］，对于相关安全应用 P 应大于0.99。因此情形（ii）同样可靠，并确保无缝切换。

在情形（iii）下，考虑 RSU1 的 CP_{EX} 和 RSU2 的 CP_{EN} 的重叠来设置 RSU，如文献［5］所示，与情形（i）和（ii）相比，这种重叠方式具有重叠距离更小的优点，有利于减少网络干扰。在重叠区域中，P 降到0.7以下，不适合安全关键应用，但对于使用可靠传输层协议［如传输控制协议（TCP）］的娱乐应用来说可能足够。

如上所示，情形（ii）的性能与情形（i）相同，因此对于关键生命安全应用具有更高优先级的情况下，可以采用这种方法。相比之下，情形（iii）方法更适合于需要最佳覆盖范围且使用非安全应用程序的场景。

9.6.4 信标成功接收概率的变化（ΔP）

9.6.4.1 入口处的变化（ΔP）

对于入口区域，P 的变化率，即成功接收信标的概率的变化率如式（9.11）所示。

$$\Delta P_{ENTRY} = P_N - P_{N-1} \tag{9.11}$$

因为信噪比随着车辆速度的增加而急剧变化，所以 ΔP 非常重要。因此，随着车辆速度的增加，ΔP 显著增加，其中，P_N 是单个数据包"N"的接收概率，而"$N-1$"是前一个数据包。计算 ΔP，直到 P 达到1。

9.6.4.2 出口处的变化（ΔP）

对于出口区域，P 的变化率如式（9.12）所示。

$$\Delta P_{EXIT} = P_N - P_{N+1} \tag{9.12}$$

式中，P_N 是单个数据包"N"的接收概率，"$N+1$"是下一个数据包。计算 ΔP，直到 P 达到0。

使用式（9.13）生成图表，该公式不考虑车辆速度。我们知道，相对于第一个数据包（即 N），第二个数据包（即 $N+1$）的 ΔP 可以计算为 $\Delta P = P_2 - P_1$。

我们知道 P 的公式，因此

$$\Delta P = [1 - 1.5 erfc(0.45 \sqrt{SNR_2})]^L - [1 - 1.5 erfc(0.45 \sqrt{SNR_1})]^L \tag{9.13}$$

通过仿真实验，分析了不同速度、不同信标频率对 P 值的影响。这些结果清楚地表明了信标大小、车辆速度和信标频率的影响。如果基于这些结果对公式进行建模，则对于给定的车辆速度、给定的信标大小和频率，可使用建模公式计算 P 的变化率。在这种变化率已知的情况下，可以计算任意点的 P 和 CP，进而可以更准确地预测 NDTr。

P［式（9.6）］与信噪比的微分（即 $\dfrac{\mathrm{d}P}{\mathrm{d}SNR}$）得到任何给定信噪比的 ΔP，该 ΔP 可用于查找 CP 以及根据预测何时进行切换。结果如图 9.19 所示。然而，从图中可以看出，使用仿真测量的结果与使用公式计算的结果非常接近。因此，我们可以用分析的方法进一步探讨这种情况。

$$\frac{\mathrm{d}P}{\mathrm{d}SNR} = L\frac{0.675}{\sqrt{\pi}}SNR^{-\frac{1}{2}}[1 - 1.5erfc(0.45\sqrt{SNR})]^{L-1}e^{-[(0.45)^2 SNR]}$$

$$(9.14)$$

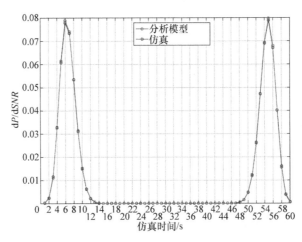

图 9.19　仿真和分析模型的比较（见彩插）

仿真和分析模型的比较结果如图 9.19 所示。仿真结果与分析模型恰当吻合，值得进一步研究分析模型。

9.6.5　下一步研究

从 $\dfrac{\mathrm{d}P}{\mathrm{d}SNR}$ 的仿真值和计算值来看，当 P 接近 1 时，$\dfrac{\mathrm{d}P}{\mathrm{d}SNR}$ 接近 0。此外，我们知道当 P 接近 1 时，即 $[1 - 1.5erfc(0.45\sqrt{SNR})]$ 变为 1。这意味着在关注的区域，

$$\frac{\mathrm{d}P}{\mathrm{d}SNR} \approx L\frac{0.675}{\sqrt{\pi}}SNR^{-\frac{1}{2}}e^{-[(0.45)^2 SNR)]} \approx 0 \qquad (9.15)$$

式中，L 是数据包的长度。

将此近似值与图 9.20 中的分析模型进行比较。结果表明，当车辆接近 RSU 时，近似方程捕捉信噪比的变化。使用近似方程来比较 1556bit、2856bit、5456bit（大约 200B、325B、752B）不同数据包长度的结果，如图 9.21 所示。

图 9.21 显示，信标的长度确实影响 SNR 的变化率，这些值随着 PacketOk 接近 1 时收敛。然而在绘制 $\dfrac{\mathrm{d}P}{\mathrm{d}SNR}$ 的过程中，在考虑的范围内 $\dfrac{\mathrm{d}P}{\mathrm{d}SNR}$ 与数据包长度的变化

率近似可以得到一条直线，表示信噪比和信标长度之间存在线性关系。这条线可以用一个简单的线方程来表示。

$$y = mx + b \tag{9.16}$$

式中，x 和 y 是直线的坐标，m 是直线的斜率，b 是 y 的截距。

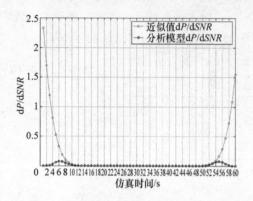

图 9.20 分析模型与近似方法的比较（见彩插）

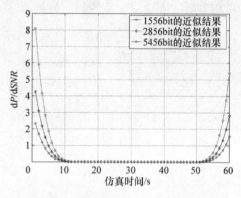

图 9.21 不同数据包长度的近似（见彩插）

式（9.16）可以用信标长度和 $\dfrac{\mathrm{d}P}{\mathrm{d}SNR}$ 表示：

$$\mathrm{d}P/\mathrm{d}SNR = mL + b \tag{9.17}$$

式中，L 是信标的长度，$m = 6.1172 \times 10^{-11}$/bit，$b = -1.00 \times 10^{-13}$，$SNR = 100$。

图 9.22 中的结果表明，当 $SNR = 100$ 时，近似结果的 $\dfrac{\mathrm{d}P}{\mathrm{d}SNR}$ 与实际结果非常接近，因此 m 的值，即当信标接近 RSU 时，信标每比特长度的变化可用于估计 $\dfrac{\mathrm{d}P}{\mathrm{d}SNR}$ 变化。

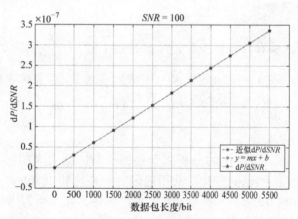

图 9.22 数据包长度的变化率（见彩插）

9.7　试验台

为了进一步研究分析模型和模拟模型，在米德尔塞克斯大学亨顿校区部署了一个原型 VANET 试验台，如图 9.23 所示。这个测试平台将使我们能够正确评估这些模型，从而能够更好地了解实际传输网络的部署。从长远来看，我们正在寻求开发一个综合框架，其中包括正在使用的调制类型以及交通密度，以便在城市和高速公路环境中实现无缝切换。

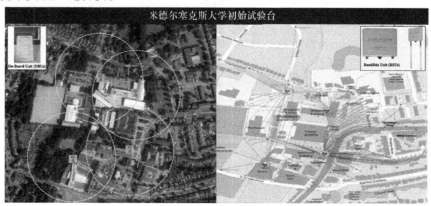

图 9.23　MDX VANET 试验台

9.8　结论

本章着眼于在移动环境中提供无缝通信，提供可靠的车辆通信以便改善道路安全。前面已经给出了仿真和分析模型的结果，并且正在部署一个经过测试的原型 VANET 试验台来进一步探讨这些问题。

参 考 文 献

1. M. Almulla et al., Design of a fast location-based handoff scheme for IEEE 802.11 vehicular networks. IEEE Trans. Veh. Technol. **63**(8), 3853–3866 (2014). ISSN: 0018-9545, doi:10.1109/TVT.2014.2309677
2. M. Augusto et al., MYHand: a novel architecture for improving handovers in NGNs (2014). http://www.thinkmind.org/index.php?view=article&articleid=aict_2013_9_40_10181
3. S. Bi et al., Proper handover between VANET and cellular network improves internet access, in *Vehicular Technology Conference (VTC Fall), 2014 IEEE 80th* September 2014, pp. 1–5. doi:10.1109/VTCFall.2014.6966137
4. P. Fuxjager et al., IEEE 802.11 p transmission using GNURadio, in *Proceedings of the IEEE 6th Karlsruhe Workshop on Software Radios (WSR)* (2010), pp. 83–86. http://userver.ftw.at/~valerio/files/wsr10.pdf
5. C. Ganan et al., Analysis of inter-RSU beaconing interference in VANETs, in *Multiple Access Communications*, Lecture Notes in Computer Science, ed. by B. Bellalta, et al. (Springer, Berlin, 2012), pp. 49–59. ISBN: 978-3-642-34975-1, http://dx.doi.org/10.1007/978-3-642-34976-8

6. A. Ghosh et al., Exploring efficient seamless handover in VANET systems using network dwell time. EURASIP J. Wirel. Commun. Netw. **2014**(1), 227 (2014). ISSN: 1687-1499, doi:10.1186/1687-1499-2014-227

7. A. Ghosh et al., Providing ubiquitous communication using handover techniques in VANET systems, in *Ad Hoc Networking Workshop (MED-HOCNET), 2014 13th Annual Mediterranean* June 2014, pp. 195–202. doi:10.1109/MedHocNet.2014.6849124

8. A. Ghosh et al., Providing ubiquitous communication using road-side units in VANET systems: Unveiling the challenges, in *13th International Conference on ITS Telecommunications (ITST), 2013* November 2013, pp. 74–79. doi:10.1109/ITST.2013.6685524

9. IEEE-Std, IEEE Draft Standard for Wireless Access in Vehicular Environments (WAVE)—Multi-Channel Operation (2010). http://ieeexplore.ieee.org/servlet/opac?punumber=5511462

10. IEEE-Std, IEEE Standard for Information technology-Local and metropolitan area networks-Specific requirements-Part 11: Wireless LAN Medium Access Control (MAC) and Physical Layer (PHY) Specifications—Amendment 8: Medium Access Control (MAC) Quality of Service Enhancements (2005). doi:10.1109/IEEESTD.2005.97890, http://dx.doi.org/10.1109/IEEESTD.2005.97890

11. G. Mapp et al., Exploiting location and contextual information to develop a comprehensive framework for proactive handover in heterogeneous environments. J. Comput. Netw. Commun. **2012** Article ID 748163, pp. 1–17 (2012). doi:10.1155/2012/748163

12. G. Mapp et al., Exploring efficient imperative handover mechanisms for heterogeneous wireless networks, in *International Conference on Network-Based Information Systems, 2009. NBIS '09* August 2009, pp. 286–291. doi:10.1109/NBiS.2009.95

13. G.E. Mapp et al., Y-Comm: a global architecture for heterogeneous networking, in *Proceedings of the 3rd International Conference on Wireless Internet. WICON '07*. Austin, Texas, ICST (Institute for Computer Sciences, Social-Informatics and Telecommunications Engineering) (2007) pp. 22:1–22:5. ISBN: 978-963-9799-12-7, http://dl.acm.org/citation.cfm?id=1460047.1460075

14. K. Sjoberg et al., Measuring and using the RSSI of IEEE 802.11p. eng. Busan, South Korea (2010)

15. C. Sommer, VEINS: vehicles in network simulation (2014). http://veins.car2x.org/

16. C. Sommer, R. German, F. Dressler, Bidirectionally coupled network and road traffic simulation for improved IVC analysis. IEEE Trans. Mob. Comput. **10**(1), 3–15 (2011). ISSN: 1536-1233, doi:10.1109/TMC.2010.133

17. A. Varga, OMNeT++: an extensible, modular, component-based C++ network simulation (2014). http://www.omnetpp.org/

18. A. Vinel et al., Estimation of a successful beacon reception probability in vehicular Ad-hoc networks, in *Proceedings of the 2009 International Conference on Wireless Communications and Mobile Computing: Connecting the World Wirelessly*. IWCMC '09. (ACM, Leipzig, Germany, 2009) pp. 416–420. ISBN: 978-1-60558-569-7, doi:10.1145/1582379.1582470, http://doi.acm.org/10.1145/1582379.1582470

19. A. Vinel, D. Staehle, A. Turlikov, Study of beaconing for Car-to-Car communication in vehicular Ad-hoc networks, in *IEEE International Conference on Communications Workshops, 2009. ICC Workshops 2009* June 2009, pp. 1–5. doi:10.1109/ICCW.2009.5208066

20. J. Wang, Q.-A. Zeng, D.P. Agrawal, Performance analysis of a preemptive and priority reservation handoff scheme for integrated servicebased wireless mobile networks. IEEE Trans. Mob. Comput. **2**(1), 65–75 (2003). ISSN: 1536-1233, doi:10.1109/TMC.2003.1195152

第10章
面向VANET连接分析的车辆移动性建模

摘要

真实的路况和动力学为研究车辆自组织网络（Vehicular Ad‑Hoc Networks, VANET）问题提供了良好的基础。本章提出了一种新的基于异构交通流的数学模型，以获得车辆的时空动力学特性。为了获得更准确、更真实的路况数据，模型中考虑了车辆之间安全距离和车辆长度变化的微观参数。在这些约束的影响下，利用定义的数学模型，计算了不同道路场景下的车辆密度动态变化。该模型能够捕捉交通信号灯、道路事件等道路约束对交通流的影响。车辆自组织网络（VANET）使得人们能在道路上安全行驶，VANET 被定义为移动自组织网络的一个子类，它具有自组织网络的特点。然而，由于道路条件的动态性、交通流理论概念、移动性约束、人类行为和车辆特性等，VANET 表现出不同的动力学特性，这些因素对 VANET 体系结构从物理层到应用层都有很大的影响，也使得研究人员针对 VANET 的不同领域分别进行研究。本研究旨在探讨异构交通流条件下，交通流理论约束对车辆密度的影响。利用车辆在道路上行驶的微观和宏观特性，改进了 VANET 的动态连接。

10.1 车辆移动模式对 VANET 的影响

在车辆研究领域，车辆在真实条件下的宏观和微观特性是需要重点关注和分析的问题。道路条件、个体行为和周围环境等因素影响了车辆在道路上的动态行为。在车辆自组织网络中，车辆间信息的及时分发成为关键问题所在。交通流理论实施后，因为这些架构定义了不同的道路场景，使得车辆的移动模式对网络通信产生了影响。研究人员利用科学、工程和数学不同领域的概念对车辆在 VANET 中的移动进行了建模。这些流动性模型采用重要的道路约束条件，并结合车辆特性和交通法规，为 VANET 定义了更真实的道路条件。文献［6］重点研究了车辆的移动模式对 VANET 路由协议性能的影响。他们在 NS2 模拟器下实现了车辆运动仿真工具 SUMO[5]，以捕捉更真实的交通流，并提出了密度、速度、道路结构等交通约束对 VANET 性能的影响。考虑到车辆的机动性是研究连通性和评估 VANET 性能的关键因素，文献［8］提出了行驶车辆之间等效速度的概念。本章在不同的交通模式和道路情况下，推导出了一个车辆速度与连通性的解析表达式。

不同的道路基础设施和车辆移动方案，会对车辆自组织网络中不同节点的连通性产生相当大的影响。这类网络拓扑结构的不断变化是给出不同连通度值的另一个因素。在现实生活中，车辆在不同的道路上行驶。对于在高速公路上行驶的车辆，研究人员考虑了车辆的单向和双向行驶模式、车辆的速度变化、与其他到达和离开车辆的交互作用等连通性问题。

在不同的研究中，车辆到达率被认为是呈泊松和指数分布的。在动态连接中，还考虑了相邻车辆对移动车辆模式的影响。文献［7］给出了随机路径点和曼哈顿移动模型等不同移动模型下的动态连接。通过使用针对城市环境中 VANET 的模拟结果，对这些模型下重要的连接相关约束进行了比较。当车辆在城市道路环境中行驶时，交通流的微观约束会影响车辆的移动模式。

10.2 考虑车辆密度的 VANET 连通性分析

由于车辆的行驶受到道路事故和基础设施的影响，车辆状况的这种动态变化对车辆密度产生了相当大的影响。道路上车辆的分布需要被视为一个随机变量[19]。可以通过分析观测得到车辆密度对连通性的影响。利用文献［17］中车辆的密度动态特性，实现了一种聚类算法来提高 VANET 性能，它基于现有的较大密度车辆集体移动提供了稳定的连通性，被称为基于密度的聚类算法。

车辆密度取决于不断变化的路况，它在交通流条件的影响下上下波动。车辆密度的这些特性给我们提供了一个新的思考点：为了提高 VANET 中节点在增强连接条件下的传输能力，研究[2]建议在根据动态传输范围分配（Dynamic Transmission Range Assignment，DTRA）算法定义的局部密度估计的基础上，为节点分配一个动态传输范围。该算法在考虑本地交通条件的同时，也考虑了节点周围环境的密度动态，以便为节点分配最佳的传输功率。文献［1］分析了基于 VANET 中不对称密度的消息传播问题，该研究将短距离传输技术和局部密度集中在相反的方向上，以改善连通性。

本研究考虑了在动态道路条件下不同道路场景的密度计算方法。当车辆达到其最大密度值时，它们的速度就会受到阻塞密度的影响。在车辆自由运动的情况下，密度值明显较小，这会影响连通性。在现实的道路环境中，有不同类型的车辆在道路上行驶，这些车辆的长度和速度变化产生了动态的密度值。对于车辆在道路信号灯、转弯点、事件点和交叉口上的队列形式，针对不同的动态连接方式进行分析。

10.3 VANET 异构交通流密度估计的微观参数实现

为了保证乘客安全以及旅途安全，交通管理机构需要制定一些交通法规来管控交通流[24]。研究人员引入了交通流模型来分析道路状况和车辆行为，主要目的是形成一个最大化的现实交通环境，以便对 VANET 进行模拟数据分析。许多研究都考虑了微观和宏观参数，以得到一个真实的道路条件[14]。交通工程师定义了这些交通流重要参数之间的不同关系，以呈现一种新的交通流模型，模型考虑了速度和密度之间的线性关系，相同流量中的不同密度引起的冲击波效应，将交通流与流体特性联系起来，并使用动力学理论概念来定义和联系两种不同的流动状态[9]。

据观察，由于车辆之间的安全距离较小，在前车因为某些道路限制突然停车时，会引发交通事故。为了避免这种情况的发生，交通部门严格遵守车辆之间的安全距离规律。为了获得安全的交通条件，许多研究也都集中在这个问题上。文献［10］的作者参与名为安全速度和安全距离（Safe Speed and Safe Distance，SASPENCE）的项目，为驾驶员提供更加安全的驾驶环境和技术。

车辆自组织网络的设计与实现取决于当前的道路状况。动态密度被用来定义传输范围和稳定网络连接的条件。在这些研究中，使用动态密度来分配车辆自组织网络中的动态传输范围[3,22]。

为了提高车辆自组织网络的性能，还考虑了车辆在道路上的流动性。交通流理论中可用的模型，如流体动力学模型和跟驰模型，在许多车辆自组织网络的研究中都被用来表示交通流[4,13]。此外还给出了基于交通流模型和动态密度的车辆自组织网络分析模型[16,26]。

在本章中，我们得到了在不同道路场景和结构（如高速公路和城市道路）下的移动车辆密度，利用考虑道路影响的流体动力学模型来计算车辆密度；利用车辆跟驰模型，实现了异构交通环境下交通流的安全距离特性；在阻塞密度中引入公路车辆安全间距规范，分析阻塞密度对车辆速度和密度的影响。这些参数的实现提供了更真实的交通流量和道路状况。

10.3.1　异构交通流的阻塞密度计算

从交通流理论的研究可以看出车头时距、间距和占用率等微观参数对交通流的影响[11,20]。在现实生活中，交通流由不同类型的车辆组成，这些车辆可分为轻型交通车辆（Light Traffic Vehicles，LTV），如小汽车，以及重型交通车辆（Heavy Traffic Vehicle，HTV），如公共汽车和货车。这些车辆具有不同的结构和运行特性，并且在动态交通流条件下表现出不同的行为。由于前车的这种异构性，后车必须根据交通安全法与前车保持特定的安全距离。在异构交通流中，后车的车头时距和间距约束依赖于前车的特性。为了观察车辆结构的异构性对车辆动态密度的影响，我们考虑了小汽车和公交车两种主要类型的车流。用速度曲线以及因受前车状态影响的交通流密度、长度和车头间距对车辆的运动进行建模。道路上任何类型的车辆在地点"x"和时间"t"处以速度 $u_i(x,t)$ 向前移动，其中 $i = type$ 指道路上可用的车辆类型，这个速度可以是确定的，也可以依赖于前缘密度和阻塞密度。依据跟驰环境下的 Greenshield 模型[18]，速度、密度和流量关系如式（10.1）所示。

$$U(x,t) = u_f\left(1 - \frac{n(x,t)}{K_{jam}}\right) \tag{10.1}$$

式中，u_f 是车辆的自由速度，K_{jam} 是阻塞密度，$n(x,t)$ 是车辆密度。

引入异构交通流中车辆与前车的安全距离，得到的阻塞密度如式（10.2）所示。

$$K_{jam} = \frac{1}{L + h} \tag{10.2}$$

式中，L 是车辆的长度，h 是特定车辆与前车的安全距离。在一个异构的交通环境中，由于车辆长度的变化，车辆之间的间距被定义为车辆与前车之间的车头时距/安全距离，这是一个随机变量。因此，a 类型车辆的安全距离取决于其他类型前车的概率及其特性。当前车为 b 类型时，设 h_{ab} 为 a 类型车辆的安全距离，h_{ab} 满足 $(h_{ax(i)} > h_{bx(i+1)} u_{x(i)f} > u_{x(i+1)f})$。参数 P_b 是 a 类型车辆前车为 b 类型车的概率。这种状态下，a 类型车辆的安全距离被表征为随机变量，并且将安全距离 h_{ab} 给定为随机变量 h_{ab} 的平均值，即

$$h_a = \sum_{b-1}^{N} p_b h_{ab} \tag{10.3}$$

对于长度和安全距离随机特性下的阻塞密度 K_{jam}，将 i 类型车辆的变量作为均值变量给出，因此变量 L 和 h 是

$$L = \sum_{i=1}^{N} p_i L_i \tag{10.4}$$

$$h = \sum_{i=1}^{N} p_i h_i \tag{10.5}$$

因此，异构交通流的密度可以定义为

$$K_{jam} = \frac{1}{\sum_{i=1}^{N} p_i(L_i + h_i)} \tag{10.6}$$

代入式（10.1）中阻塞密度的值：

$$U(x,t) = u_f\left(1 - \frac{n(x,t)}{\sum_{i=1}^{N} p_i(L_i + h_i)}\right) \tag{10.7}$$

该表达式利用车辆跟驰模型（该模型受异构交通环境中前车的长度和安全距离的影响[23]）给出了车辆的速度。

10.3.2　基于确定性流体动力学模型的异构交通流密度估算

道路交通被交通工程师描述为流体流动。行驶车辆的这种类似流体的行为催生了不同的交通模型，被称为具有流体动力学特性的连续交通流模型。这个流体动力学模型以守恒定律的形式表示交通流。它根据时间和空间提供交通流量和密度，以

偏微分的形式关联交通行为，来表示流量、速度和密度等参数。在文献［25］提出的模型中，我们考虑了单车道、单向和半无限高速公路环境中的异构交通流。位置空间区间为［0，∞)，道路的起点被标记为边界点 0，视为空间原点。由于道路交叉点，道路被分为由 $r=1$, 2, 3, 4 表示的多个路段。车辆可以在这些被称为合流点的交叉口处加入或离开移动流。对于第一段道路，通过时间到达过程 $[G(t)| -\infty < t < \infty]$ 计算到达时间 t 的所有类型车辆的到达次数，该过程被假定为是有限的，概率为 1。该到达过程的特征在于，所有类型的车辆 $\lambda(t)'$ 外部到达率函数都是非负的并且可积。我们已经考虑了两种类型的车辆，即小汽车和公共汽车。因此，小汽车和公交车的到达率由外部到达率函数 $\lambda_c(t)$ 和 $\lambda_b(t)$ 给出。与交通流的重要参数有关的守恒方程为

$$E^+(x,t) = N(x,t) + F(x,t) + E^-(x,t) \tag{10.8}$$

$N(x,t)$ 是位置（0，x）上的车辆总数，$F(x,t)$ 是通过位置 x 的车辆数，而 $E^+(x,t)$、$E^-(x,t)$ 是车辆的到达率和离开率。对小汽车和公共汽车使用下述守恒方程：

$$E_c^+(x,t) = N_c(x,t) + F_c(x,t) + E_c^-(x,t) \tag{10.9a}$$

$$E_b^+(x,t) = N_b(x,t) + F_b(x,t) + E_b^-(x,t) \tag{10.9b}$$

建立了密度、流量、到达和离开速率守恒方程的偏微分方程形式。按时间和空间划分为式（10.9a）和式（10.9b）[15]。在式（10.9a）和式（10.9b）上使用运算符。

$$\frac{\partial n_c(x,t)}{\partial t} + \frac{\partial f_c(x,t)}{\partial x} = e_c^+(x,t) - e_c^-(x,t) \tag{10.10a}$$

$$\frac{\partial n_b(x,t)}{\partial t} + \frac{\partial f_b(x,t)}{\partial x} = e_b^+(x,t) - e_b^-(x,t) \tag{10.10b}$$

根据交通流理论的基本关系：

$$f(x,t) = n(x,t) \times u(x,t) \tag{10.11}$$

使用式（10.10）有

$$\frac{\partial n_c(x,t)}{\partial t} + \frac{\partial[n_c(x,t) \times u_c(x,t)]}{\partial x} = e_c^+(x,t) - e_c^-(x,t) \tag{10.12a}$$

$$\frac{\partial n_b(x,t)}{\partial t} + \frac{\partial[n_b(x,t) \times u_b(x,t)]}{\partial x} = e_b^+(x,t) - e_b^-(x,t) \tag{10.12b}$$

这些关系形成了以偏微分形式表示流体运动的广义守恒定律的一维形式，代表了异构交通流中的小汽车和公共汽车。应用链式规则将速度定义为

$$u[x(t),t] = \frac{\mathrm{d}x(t)}{\mathrm{d}t} \tag{10.13}$$

在代入式（10.8）中的值后，我们得到了计算两种不同类型车辆的密度方程：

$$\frac{\mathrm{d}n_c[x(t),t]}{\mathrm{d}t} = e_c^+(x,t) - e_c^-(x,t) - \frac{\partial u_c(x,t)}{\partial x} n_c[x(t),t] \tag{10.14a}$$

$$\frac{\mathrm{d}n_b(x(t),t)}{\mathrm{d}t} = e_b^+(x,t) - e_b^-(x,t) - \frac{\partial u_b(x,t)}{\partial x} n_b(x(t),t) \tag{10.14b}$$

$$N(x,t) = n_c(x(t),t) - n_b(x(t),t) \tag{10.15}$$

式（10.14a）和式（10.14b）对交通流中不同类型车辆的车头时距和安全距离的微观变量有影响，可以使用具有动态路况影响的式（10.15）来求出总车辆密度[21]。

根据式（10.1）、式（10.10a）和式（10.10b）中定义的车辆跟驰模型，引入了汽车的速度曲线，利用流体动力学模型进行密度估算。迭代运行仿真算法，以获取所有位置当前时间的速度。然后，利用所有位置"x"，使用时间"t"处的速度数据，求解流体动力学模型中密度的微分方程。利用式（10.7）中干扰密度的新值，并给出异构环境下车辆（i）的速度，引入了流体动力学模型中异构性的影响。

10.4 高速公路交通流量数值分析

我们假设没有车辆在交叉口处驶入或驶出高速公路，以便在道路上实现车辆的连续流动。车辆均仅以恒定到达率 $\lambda(t) = 50$ 辆/min 到达位置0。每分钟50辆车的恒定到达形成了足够的交通流以获得车辆密度。这一到达率进一步划分为两类车辆的到达率，即小汽车和公共汽车。小汽车和公交车的到达率分别被定义为具有不同异构到达率的 $\lambda_c(t)$ 和 $\lambda_b(t)$。针对不同的模拟运行更改小汽车和公共汽车的到达率，以创建不同交通流量条件的方案。我们认为在交通开始时道路上最初没有车辆，因此 $n_c(x,0) = 0$，$n_b(x,0) = 0$，对于所有的"x"属于"X"，其中"X"是位置空间，单位为km。所有车辆在（$t = 0$）时的初始速度根据式（10.1）计算，其值应为平均自由速度 $u_f = 1\mathrm{km/min}$。

• 仅限小汽车情况下的阻塞密度：

利用两个不同的公式计算了仅有小汽车情况下的阻塞密度。①$K_{jam} = 1/l_c$，仅考虑车辆长度，因此对于仅限小汽车情况，$l_c = 4\mathrm{m}$。②$K_{jam} = 1/l_c + h_c$，考虑车辆之间的安全距离和试验车辆的长度。

对于仅限小汽车的情况，$l_c = 4\mathrm{m}$，$h_c = 4\mathrm{m}$ 和 $12\mathrm{m}$，适用于两种不同的道路场景。在 $3 \sim 7\mathrm{km}$ 的公路上引入了交通约束，以捕捉阻塞密度和速度变化对车辆密度的影响。随后以不同的时间间隔显示这两个位置之间对车辆密度的影响。当 $t \leq 30\mathrm{min}$ 或 $t > 45\mathrm{min}$ 时，速度场 $U_i(x,t)$ 由式（10.1）（仅适用于小汽车）和式（10.7）（适用于所有 $x \geq 0$ 的异构情况）计算得出。对于 $30 < t \leq 45\mathrm{min}$，速度场计算如下：

$$U_i(x,t) = \begin{cases} U_i(x,t) & x \leqslant 3 \\ U_i(x,t) - \left(\dfrac{U_i(x,t)}{2}\right) & 3 < x \leqslant 4 \\ \dfrac{U_i(x,t)}{2} & 4 < x \leqslant 6 \\ U_i(x,t) + \left(\dfrac{U_i(x,t)}{2}\right)(x-6) & 6 < x \leqslant 7 \\ U_i(x,t) & x > 7 \end{cases} \tag{10.16}$$

图 10.1 显示了 40min 时刻高速公路上车辆的密度。车辆动态密度表现为在 3～7km 的位置之间由于该位置的瞬时约束而产生的动态行为。在这段时间内速度的变化会影响车辆密度。随着车辆的移动,密度开始增大。

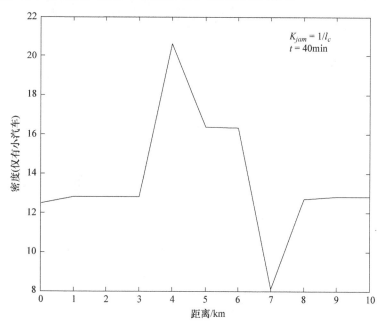

图 10.1　当 $K_{jam} = 1/l_c$ 时仅有小汽车情况下的车辆密度

由于交通流量的突然停止,车辆密度下降,并在行驶一定距离后恢复到恒定速度。在图 10.2 中,引入车辆之间的安全间距,在车辆长度和安全间距的约束下计算阻塞密度。安全距离的增加会影响速度,如图 10.2 所示。速度曲线是针对两辆车之间的两种不同的安全距离(即 4m、10m)绘制的。两辆车之间的可变安全距离定义了两种不同的交通流条件。道路约束对速度的影响表现为速度曲线的减小。由于道路的限制,在 4m 处速度降低,密度急剧变化。

如图 10.3 所示,安全距离的增加使得交通流更为顺畅,与 4m 的安全距离相比,在小于 12m 的安全距离的情况下,动态密度增加。在道路约束的影响下,车辆密度在 3～7km 表现出动态行为。

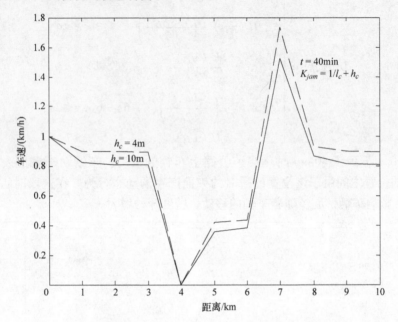

图 10.2　当 $K_{jam} = 1/(l_c + h_c)$ 时仅有小汽车情况下的车速

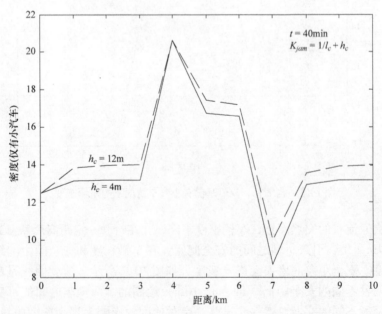

图 10.3　当 $K_{jam} = 1/(l_c + h_c)$ 时仅有小汽车情况下的车辆密度

● 异构交通流情况下的阻塞密度：

考虑到小汽车和公交车的异构交通流的阻塞密度由式（10.7）计算得出，该式考虑了长度、安全距离和不同到达率对小汽车和公共汽车的影响。对于小汽车 $\lambda_c(t)$ 和公共汽车 $\lambda_b(t)$，图中的外部到达率被认为是 $a = \dfrac{\lambda_c(t)}{\lambda_b(t)} = 40/10$，如图 10.4 和图 10.5 所示，$b = \dfrac{\lambda_c(t)}{\lambda_b(t)} = 10/40$，如图 10.6 和图 10.7 所示。本文考虑了小汽车和公共汽车两种不同的车辆到达率和安全距离比 "h_c/h_b"，来分析移动模型在不同道路和交通流情况下的车辆动态密度。在图 10.4 和图 10.5 中，$h_c/h_b = 4/8$，$h_c/h_b = 12/8$ 定义了小汽车和公共汽车之间不断变化的安全距离，小汽车之间有 4m 和 12m 的安全距离，而公共汽车因为在道路上遵循相同的移动模式，所以安全距离保持在 8m 不变。对于图 10.6 和图 10.7，为了观察小汽车之间的恒定安全距离对交通流的影响，改变了公共汽车之间的安全距离。小汽车和公共汽车的安全距离比率定义为 $h_c/h_b = 8/16$ 和 $h_c/h_b = 8/4$，小汽车的安全距离是固定的，公共汽车的安全距离是变化的，如 16m 和 4m。在这两种情况下，汽车长度 l_c 固定为 4m，公共汽车长度 l_b 保持为 10m。图 10.4 ~ 图 10.7 显示了到达率和安全距离比率的变化对车辆速度和密度的影响。不同类型的车辆在道路上的安全距离不同，因此改变 "h_c/h_b" 比率，可以获得道路条件变化对车辆密度的影响。这些结果表明，在所有情况下，由于高速公路的限制，在时间为 40min，行驶到 3 ~ 7km 时速度开始下降。与长车辆相比，在小车辆多且安全距离最佳的情况下交通流动效果更好。车辆之间

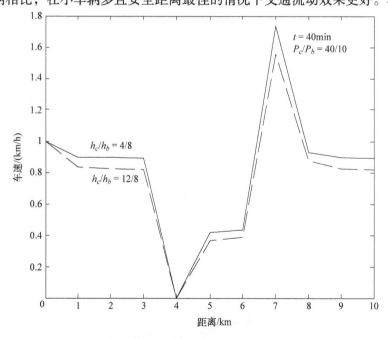

图 10.4　小汽车和公共汽车共存情况下的车速（一）

的到达率和安全距离会影响车辆的密度，微观参数产生的影响仅在只有小汽车行驶和小汽车与公共汽车混合行驶两种情况下被捕捉。合理使用安全距离微观参数，可以控制交通状况。

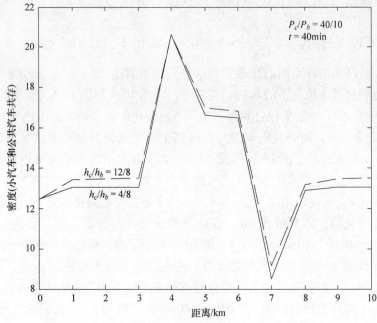

图 10.5　小汽车和公共汽车共存情况下的车辆密度（一）

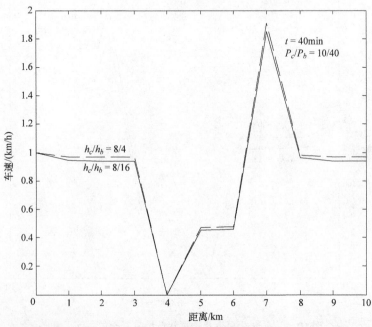

图 10.6　小汽车和公共汽车共存情况下的车速（二）

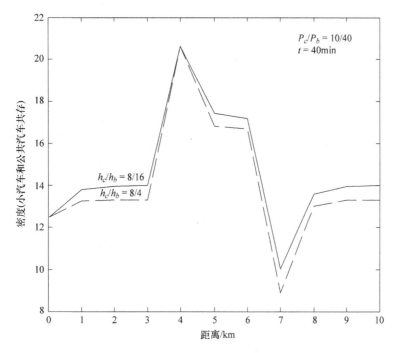

图 10.7　小汽车和公共汽车共存情况下的车辆密度（二）

10.4.1　引入前方交通流对当前速度的影响

在异构交通环境中，由于车辆类型及其特性的不同，交通流呈现出动态特性。前车会影响交通模式，进而影响道路上的车辆密度。为了观察主要交通条件的影响，前文的研究中引入了前方密度分布的概念[12]。为了得到真实的交通状况和密度分布（profile），在我们的工作中，介绍了异构交通环境对前方密度的影响。由于交通信号的实施，前方密度增加，该区域道路的动态密度也会受到影响。以 Δx 代指前方密度并引入式（10.7），引入前方密度后的速度方程为

$$U_i(x,t) = u_f\left[\frac{(1 - N_T)(x + \Delta x, t)}{\sum_{i=1}^{N} p(L_i + h_i)}\right] \tag{10.17}$$

10.4.2　不同安全条件下交叉路口的异构交通密度估计

在该模型中，我们考虑了在市中心环境中单车道、单向、半无限长信号道路上的异构交通流。将道路划分为以 $r = (1, 2, 3, 4, \cdots)$ 表示的路段，并由安装在交叉口的交通信号灯控制。我们假设在交叉路口没有车辆驶入或驶出道路，所有类型的车辆仅以恒定速率 $\lambda(t) = 20$ 辆/min 到达位置 0，这包括所有类型的车辆。对于异构交通流，针对不同的道路场景具有不同的到达率，将小汽车和公交车的到达

率定义为 $\lambda_c(t)'$ 和 $\lambda_b(t)$。我们认为，最初交通开始时，道路上没有车辆，因此对于所有的 x 属于 X（其中 X 是单位为 km 的位置空间），$n_c(x,0)=0$ 和 $n_b(x,0)=0$。根据式（10.1）计算的所有车辆在 $t=0$ 时刻的初始速度为平均自由速度 $V_f=1$ km/min。在距离为 4km 的道路上，由于道路交通的安全距离和前方密度对车辆密度的影响，我们引入了红绿灯来捕捉车辆相互作用的影响。速度场 $U_i(x,t)$ 分别由式（10.1）（仅适用于小汽车）、式（10.17）（适用于前方密度分布下的异构情况）计算得到。交通信号灯每 4～4.5min 变为红灯 30s。此外还需要考虑交通信号灯前的 0.012km 额外距离。停车期间的速度曲线计算如下：

$$U_i(x,t) = \begin{cases} U_i(x,t) & x \leqslant 3.98 \\ \left(\dfrac{U_i(x,t)}{0.02}\right)(4-x) & 3.98 < x \leqslant 4 \\ 0 & 4 < x \leqslant 4.012 \\ \left(\dfrac{U_i(x,t)}{0.02}\right)(x-4.032) & 4.012 < x \leqslant 4.032 \\ U_i(x,t) & x > 4.032 \end{cases} \qquad (10.18)$$

由于不同类型车辆的到达率不断变化，因此道路上的交通状况是动态的；车辆之间的安全距离也受到到达方式的影响。在图 10.8～图 10.10 中，为了捕捉异构交通流对小汽车和公交车密度的影响，假设有 20 辆车，两种类型（小汽车和公共汽车）的外部到达率如下：小汽车 $[\lambda_c(t)] = 12/20$ 和公共汽车 $(\lambda_b(t)) = 08/20$。由于小汽车和公共汽车的到达率不同，其类型对车辆密度产生了不同的影响。在增加车辆之间安全距离的影响下，对于三种不同的道路情况，我们考虑了车辆之间的三种不同安全距离，例如：

- 2×汽车长度，如图 10.8 所示。
- 3×汽车长度，如图 10.9 所示。
- 4×汽车长度，如图 10.10 所示。
- 公共汽车的安全距离固定为 0.012km，因为它们遵循相同的模式。

车辆密度由通过微分方程求解得到的流体动力学模型的结果得出，而对于动态连接的分析，覆盖区域内需要有许多车辆。所需的数据是通过车辆密度的积分得到的，覆盖距离 (x_1, x_2) 内的平均车辆数由下式计算：

$$E[N_T(x_1,x_2,t)] = \int_{x_1}^{x_2} n(x,t)\,\mathrm{d}x \qquad (10.19)$$

图 10.8 显示了道路条件对车辆密度的影响，如车辆之间的安全距离 $= Sdfc = 2 \times$ 汽车长度 $=8$m，其中车辆长度 $=4$m，在时间 4min、4.5min 和 5min 时获取。当交通流变化时，速度模型的建立受道路交通安全距离和前方密度的影响。由于速度通过式（10.14a）和式（10.14b）中不同密度估计的微分方程得到，在迭代过程中会进一步影响到道路车流密度。

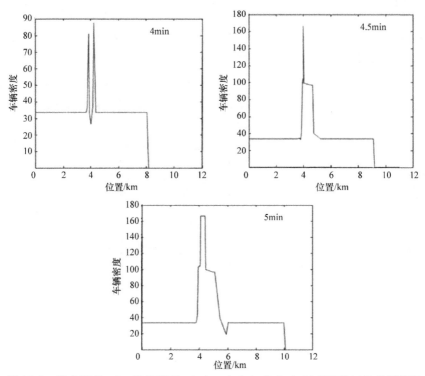

图 10.8　安全距离 =2×汽车长度，4min、4.5min 和 5min 时交叉路口的车辆密度

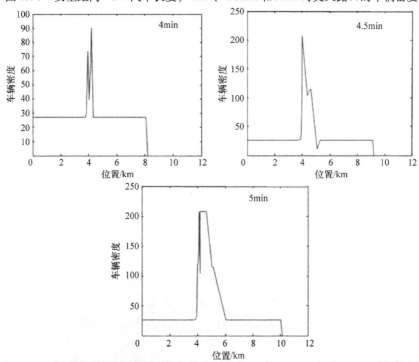

图 10.9　安全距离 =3×汽车长度，4min、4.5min 和 5min 时交叉路口的车辆密度

在4min时刻由于交通信号灯（红灯）而形成了车辆队列，该队列会持续一个图10.8中4.5min时刻的停车周期。5min时刻后，信号灯变为绿灯，车辆分散，密度曲线趋于正常。

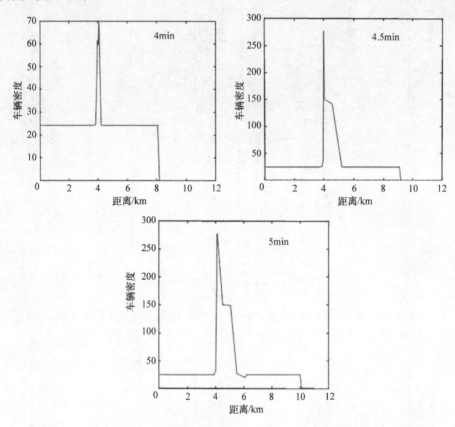

图10.10　安全距离=4×汽车长度，4min、4.5min、5min时交叉路口的车辆密度

在图10.9中，假定车与车之间的安全距离=$Sdfc$=3×汽车长度=12m，其中汽车长度=4m，在不同时间的交通流获取车流密度的动态变化特性。由于交通信号灯变绿，车辆的快速分散会对车辆密度产生影响（如图10.9中4.5min和5min时刻所示），因此在沿道路4km位置处、4min时刻，密度曲线开始变化。

对于图10.10，车辆之间的安全距离=$Sdfc$=4×车辆长度=16m，其中车辆长度=4m。

上述假设的车辆密度在4min、4.5min和5min时刻得到，安全距离的变化影响着道路上的交通流。当红灯亮起时，在4min时刻形成一个平滑的车辆密度峰值。在4.5min和5min时刻，信号灯转为绿灯，车辆队列分散，使得密度曲线处于恒定水平。

安全距离小于"2×车辆长度"下的车辆密度对车辆队列的形成影响较大，红灯使得车流在 4min 时刻停止，造成阻塞。

在 5min 时刻，可以很好地获取到道路上车辆队列的形成和分布情况。在安全距离为 "2 × 车辆长度" 时，车辆的分散是平稳的。由于道路上车辆保持较小的安全距离，其数量是足够的，与安全距离为 "3 × 车辆长度" 和 "4 × 车辆长度" 时的情况相比，更能清晰地观察到车辆队列的形成。

10.5 结论

本章引入的交通流动性模型能够针对不同的路况获取更真实的交通流状况。与先前的研究相比，通过流体动力学模型的应用以及不同异构交通流环境下安全距离和车辆长度等微观关键参数的引入，所获得的车辆密度比以往的研究更为真实。在数学模型中，通过使用偏微分方程找到总的车辆密度来考虑不同类型车辆的可用性，进一步研究了车辆结构特性和运动方式等重要约束条件对密度的影响，并得到了安全距离和前车的微观参数对车辆密度和速度的影响。车辆的流动性可以通过车辆之间的安全距离来操纵，流动性模型还为进一步的 VANET 分析提供了有用的数据。

参 考 文 献

1. A. Agarwal, T.D.C. Little, Impact of asymmetric traffic densities on delay tolerant vehicular ad hoc network, in *Vehicular Networking Conference (VNC), 2009 IEEE*, (IEEE, 2009), pp. 1–8

2. M. Artimy, Local density estimation and dynamic transmission-range assignment in vehicular ad hoc network, in *IEEE Transactions on Intelligent Transportation Systems*, vol. 8, no. 3 (2007), pp. 400–412

3. M.M. Artimy, W. Robertson, W.J. Phillips, Assignment of dynamic transmission range based on estimation of vehicle density, in *Proceedings of the 2nd ACM international workshop on Vehicular ad hoc networks*, (ACM, 2005), pp. 40–48

4. M.M. Artimy, W. Robertson, W.J. Phillips, Minimum transmission range in vehicular ad hoc networks over uninterrupted highways, in *Intelligent Transportation Systems Conference, 2006. ITSC'06. IEEE*, (IEEE, 2006), pp. 1400–1405

5. M. Behrisch et al., SUMO-Simulation of Urban MObility, in *The Third International Conference on Advances in System Simulation (SIMUL 2011)*, (Barcelona, Spain, 2011)

6. W.F. Chan, M.L. Sim, S.W. Lee, Performance analysis of vehicular ad hoc networks with realistic mobility pattern, in *IEEE International Conference on Telecommunications and Malaysia International Conference on Communications, 2007. ICT-MICC 2007*, (IEEE, 2007), pp. 318–323

7. H. Conceicao, M. Ferreira, J. Barros, A cautionary view of mobility and connectivity modeling in vehicular ad-hoc networks, in *Vehicular Technology Conference, 2009. VTC Spring 2009. IEEE 69th*, (IEEE, 2009), pp. 1–5

8. S. Durrani, X. Zhou, A. Chandra, Effect of vehicle mobility on connectivity of vehicular ad hoc networks, in *Vehicular Technology Conference Fall (VTC 2010-Fall), 2010 IEEE 72nd*, (IEEE, 2010), pp. 1–5

9. FHWA, http://www.fhwa.dot.gov/research. Accessed 10 May 2015

10. M. Fiorani et al. SASPENCE-Safe speed and safe distance: project overview and customer benefit analysis of a novel driver's collision avoidance support system, in *Proceedings of the 5th*

European Congress and Exhibition on Intelligent Transport Systems and Services, (Hannover, Germany, 2005)

11. F.L. Hall, Traffic stream characteristics, in *Traffic Flow Theory. US Federal Highway Administration* (1996)

12. I.W.-H. Ho, K.K. Leung, J.W. Polak, Stochastic model and connectivity dynamics for VANETs in signalized road systems. In: *IEEE/ACM Transactions on Networking (TON)*, vol. 19, no. 1 (2011), pp. 195–208

13. I.W.H. Ho, K.K, Leung, Node connectivity in vehicular ad hoc networks with structured mobility, in *32nd IEEE Conference on Local Computer Networks, 2007. LCN 2007*, (IEEE, 2007), pp. 635–642

14. S.P. Hoogendoorn, P.H.L. Bovy, State-of-the-art of vehicular trafficflow modelling, in *Proceedings of the Institution of Mechanical Engineers. Part I: J. Syst. Control Eng.* 215(4), 283–303 (2001)

15. B.S. Kerner, *Introduction to Modern Traffic Flow Theory and Control: The Long Toad to Three-Phase Traffic Theory*, (Springer Science & Business Media, 2009)

16. M. Khabazian, M.K. Mehmet Ali, A performance modeling of connectivity in vehicular ad hoc networks, in *IEEE Transactions on Vehicular Technology*, vol. 57, no. 4 (2008), pp. 2440–2450

17. S. Kukliński, G, Wolny, Density based clustering algorithm for VANETs, in *5th International Conference on Testbeds and Research Infrastructures for the Development of Networks & Communities and Workshops, 2009. TridentCom 2009*, (IEEE, 2009), pp. 1–6

18. M. Kutz, *Handbook of Transportation Engineering*, vol. 768 (McGraw-Hill, New York, 2004)

19. K.K. Leung, W. Massey, W. Whitt et al., Traffic models for wireless communication networks. IEEE J. Sel. Areas Commun. 12(8), 1353–1364 (1994)

20. R.T. Luttinen et al., *Statistical Analysis of Vehicle Time Headways*, (Helsinki University of Technology, 1996)

21. W.A. Massey, W. Whitt, A stochastic model to capture space and time dynamics in wireless communication systems, in *Probability in the Engineering and Informational Sciences*, vol. 8, no. 04 (1994), pp. 541–569

22. S. Panichpapiboon, W. Pattara-atikom, Evaluation of a neighborbased vehicle density estimation scheme, in: *8th International Conference on ITS Telecommunications, 2008. ITST 2008*, (IEEE, 2008), pp. 294–298

23. T.Q. Tang et al., A new dynamic model for heterogeneous traffic flow. Phys. Lett. A 373(29), 2461–2466 (2009)

24. The Highway Code, http://www.direct.gov.uk. Accessed 10 May 2015

25. T. Umer et al., Implementation of microscopic parameters for density estimation of heterogeneous traffic flow for VANET, in *2010 7th International Symposium on Communication Systems Networks and Digital Signal Processing (CSNDSP)*, (IEEE, 2010), pp. 66–70

26. S. Yousefi et al., Improving connectivity in vehicular ad hoc networks: an analytical study. Comput. Commun. 31(9), 1653–1659 (2008)

第11章
HDy Copilot：用于事故自动检测
和多模式警报发布的移动应用程序

摘要

道路交通事故的预防被认为是世界上最大的公共伤害预防问题之一，而技术的快速发展为智能交通系统（Intelligent Transportation System，ITS）解决这一问题带来了全球的机遇。为此，eCall 作为欧盟提出的一项倡议，旨在为事故发生地提供快速援助，它提供了 HDy Copilot，这是一个通过电子呼叫和 IEEE 802.11p（ITS－G5）将事故检测与多模式警报发布集成于一体的应用程序。所提出的事故检测算法通过 ODB－Ⅱ接收来自车辆的输入，以及来自智能手机传感器的输入，即加速计、磁力计和陀螺仪来进行检测。它采用 Android 智能手机作为人机界面，使驾驶员能够配置应用程序，接收附近其他车辆发出的道路危险警告，并在错误的事故检测后取消倒计时程序。HDy Copilot 是为 Android 操作系统开发的，它提供了允许访问其硬件资源的开源 API。该应用程序在 IEEE 802.11p 原型系统上完成了实现和测试，测试结果表明，该应用程序能成功地检测到碰撞、翻车，并在发送最小数据集（Minimum Set of Data，MSD）的同时执行 eCall。

11.1 引言

尽管汽车行业在过去几年里生产出了更加安全、高效的汽车，但道路交通事故的发生率依然居高不下，在 2013 年，超过 26000 人死于欧盟（EU）的道路上[11]。据欧盟统计，2013 年共发生 1054745 起事故，造成 1387957 人受伤，这是近 10 年来的最低数字[11]。为了解决这些问题，道路车辆正在引进新的技术。随着车载通信系统的发展，智能交通系统（Intelligent Transportation Systems，ITS）的概念随之出现，旨在为交通管理提供创新服务，以确保道路的安全性以及交通网络良好的连接性和协调性。目前，它是车载通信领域内的一个研究热点。许多大学、研究所、汽车制造商和电信公司正在研究和开发大规模部署的解决方案。为了统一和指导研究工作，需要对其进行标准化。因此，欧洲电信标准协会（ETSI）和电气与电子工程师协会（IEEE）已经发布了该研究领域应遵循的标准。

随着电信技术的发展，人们期望车辆间的通信能够为驾驶员提供更多关于周围环境的信息，从而使驾驶员能够做出更好的决策，进一步提高安全性和效率。有了更多的可用信息，驾驶员就可以制定最佳路线，甚至在知道某个位置被标记为不安全时能在行驶中谨慎地靠近该位置。

如今，高端车辆提供一些ITS服务，例如路线规划（GPS导航）系统、事故检测系统以及车载计算机上内置的交通、天气和娱乐应用。在老式和低端车辆中，可使用智能手机来提供相同的功能和服务。如今，智能手机是推动ITS的一个有价值的解决方案，因为它们是可以与车辆集成的功能强大（在性能和传感器能力方面）的设备。

交通安全、减少污染和时间/成本效率是部分ITS最重要的目标。这些目标都旨在为人类生活带来好处。根据文献［16］，这些好处可分为以下三类：交通效率、环境保护和安全性增强。在本章中，我们着眼于安全性增强应用，即自动事故检测、紧急援助和道路危险警告发布。

11.1.1　车辆事故检测

由于碰撞和翻车，车辆事故往往会造成更多的损失和人员伤亡。当遇到事故时，汽车可能会发生前方、侧方、后方甚至对角碰撞。任何一个方向的碰撞都是可能的，因此，为了开发一个有效的自动事故检测（Autonomous Accident Detection, AAD）机制，所有类型的事故都应该被考虑和检测。

11.1.1.1　碰撞检测

碰撞通常在短时间内产生速度的突然变化，当一个物体撞向另一个物体时碰撞发生。碰撞的严重程度取决于碰撞物体的方向、方位、速度和速度变化的持续时间。如果物体在同一方向上运动，但方位不同，碰撞将比它们在同一方位上朝同一方向行驶时更加剧烈。这意味着当物体之间的相对速度增加时，碰撞将更加严重。速度随时间的变化称为加速度 $\left(\dfrac{\partial v}{\partial t}\right)$。在碰撞/事故检测系统中，事故中的加速度是需要考虑的一个重要参数。Weiner[28]、Thompson等[26]和Kumar等[23]分别描述了使用$4g(g=9.8\mathrm{m/s^2})$阈值的事故检测系统，超过该阈值，就会发生事故。Thompson等人同时也表明，智能手机的掉落和轻型车抛锚的加速度不太可能超过$4g$，这证明了这一阈值对错误检测起到了正确的过滤作用。欧洲的道路约束系统被用来降低离开道路的车辆发生事故的严重程度。为了实现这一目标，这些系统的评估基于欧洲标准EN1317[13,14]。该标准基于加速度严重性指数（Acceleration Severity Index, ASI）和理论头部撞击速度（Theoretical Head Impact Velocity, THIV）。表11.1给出了ASI数值范围。

该表测量碰撞影响的严重程度，分为三个级别：碰撞严重程度A级较低，C级最严重。A级表示轻伤（如有），这表明在B级及以上会存在潜在的严重伤害。Gabauer等[17]和Shojaati[24]的研究证明了加速度严重性指数与头部损伤标准（Head Injury Criteria, HIC）和简化损伤量表（Abbreviated Injury Scale, AIS）之间

表 11.1　ASI 和理论头部撞击速度（THIV）标度值[14]

影响严重程度	指数值
A	ASI≤1.0 和 THIV≤33km/h
B	ASI≤1.4 和 THIV≤33km/h
C	ASI≤1.9 和 THIV≤33km/h

的关系。HIC 和 AIS 都是用来描述车载人员受伤严重程度的指标。为了确定 ASI，需要三轴加速度计来测量纵向（A_x）、横向（A_y）和垂直（A_z）加速度分量。

计算 ASI 的步骤如下：

1）记录加速度分量（A_x、A_y 和 A_z）值。

2）用四极无相位巴特沃斯数字滤波器过滤数据。

① 评估组件。

$T = \dfrac{1}{S}$ = 采样时间（s），S = 采样频率。

$CFR = 13\text{Hz}$ = 滤波器截止频率。

$$W_d = 2\pi CFR$$

$$W_a = \tan\left(W_d\,\dfrac{T}{2} \right)$$

$$a_0 = \dfrac{W_a^2}{1 + \sqrt{2}\,W_a + W_a^2}$$

$$a_1 = 2a_0$$

$$a_2 = a_0$$

$$b_1 = \dfrac{-2\left(W_a^2 - 1 \right)}{1 + \sqrt{2}\,W_a + W_a^2}$$

$$b_2 = \dfrac{-1 + \sqrt{2}\,W_a - W_a^2}{1 + \sqrt{2}\,W_a + W_a^2}$$

② 对于三个加速度分量中的每一个，如果 $X(k)$ 是任何测量系列的第 k 个元素，$Y(k)$ 是滤波系列的第 k 个元素，则有

$$Y(k) = a_0 X(k) + a_1 X(k-1) + a_2 X(k-2) + b_1 Y(k-1) + b_2 Y(k-2) \quad (11.1)$$

式（11.1）是一个两极滤波器，为了执行所需的四极滤波器功能，数据应传递给滤波器两次 [式（11.2）]。图 11.1 描述了数据如何被过滤。

$$Z(k) = a_0 Y(k) + a_1 Y(k-1) + a_2 Y(k-2) + b_1 Z(k-1) + b_2 Z(k-2) \quad (11.2)$$

3）作为时间函数计算 ASI：

$$ASI = \sqrt{\left(\dfrac{\overline{A_x}}{\hat{A}_x} \right)^2 + \left(\dfrac{\overline{A_y}}{\hat{A}_y} \right)^2 + \left(\dfrac{\overline{A_z}}{\hat{A}_z} \right)^2}$$

$$(11.3)$$

式中，$\overline{A_x}$、$\overline{A_y}$ 和 $\overline{A_z}$ 是车辆加速度的滤波分量 $\hat{A}_x$、$\hat{A}_y$ 和 $\hat{A}_z$ 在 EN 1317[13] 中定义的阈

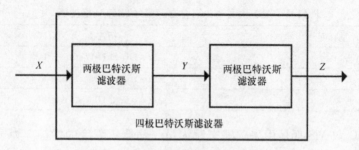

图 11.1　巴特沃斯四极滤波器

值，对于系有安全带的车载人员，$\hat{A}_x = 12$，$\hat{A}_y = 9$ 和 $\hat{A}_z = 10$。

4）ASI 应至少计算到小数点后两位，并四舍五入到小数点后一位，即 1.44 = 1.4，1.45 = 1.5。

11.1.1.2　翻车检测

当车辆在其主轴上滚动时会发生翻车。为了检测这种旋转，有必要分析汽车三个主轴随时间的旋转。翻车事故往往更具破坏性，造成更严重的人身伤害和车辆损坏。因此，ITS 对于翻车检测投入了越来越多的研究，并提出了翻车实时检测系统。如图 11.2 所示，轴与汽车一起旋转，即，它们被固定到汽车上，当车辆在 X 轴上旋转至少 45°时发生翻车。

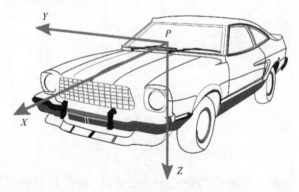

图 11.2　加速度计轴的方向和方位

11.1.2　eCall

2013 年，欧盟（EU）道路上有 26000 人死亡，这是自 2001 年以来的最低数字[10]。伤员接受紧急医疗系统（Emergency Medical System，EMS）及时救治的时间会影响死亡和受伤的概率。根据 Henriksson 等人[18]的研究，如果 EMS 有更快的响应，死亡率和受伤率可以降低。如果在事故发生后立即请求帮助，可以获得更快的响应。此外，如果事故的确切位置以及其他额外信息被提供给 EMS，则可能会带来更快更好的响应。

为了加快欧洲 EMS 的响应，欧盟委员会宣布在 2017 年底或 2018 年初强制在新车上部署 eCall[8]。eCall 是一种自动事故检测器，在发生事故时，它会通过欧洲 112 紧急号码自动向急救中心请求帮助。发生事故时，车辆系统执行由语音呼叫和最小数据集（Minimum Set of Data，MSD）组成的 eCall，该数据集还通过移动网络运营商（Mobile Network Operator，MNO）传输到最合适的公共安全应答点（Public Safety Answering Point，PSAP）。MSD 传输所采用的解决方案是在语音信道中传输数据的带内调制解调器，MSD 应包含有助于加快 EMS 到达事故现场的信息。根据 eCall 驾驶小组的建议[6]，MSD[12] 应以 140B 的数据包发送。

eCall 链

要执行 eCall，必须在 eCall 链的所有中间部分中实现几个技术方面的问题，该链如图 11.3 所示。

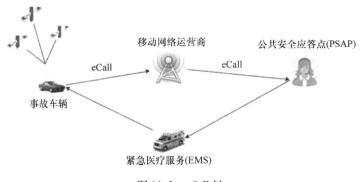

图 11.3　eCall 链

eCall 链包括三个部分，分别是汽车制造商、移动网络运营商和参与国。欧盟委员会通过了监管措施，要求对这三个部分进行技术部署和升级。各部分负责根据 eCall 规范升级其所涉及的技术。

如图 11.3 所示，当发生事故时，车辆系统执行由语音呼叫和 MSD 组成的 eCall，MSD 通过 MNO 发送到最合适的 PSAP。

为了加快欧洲 EMS 的响应，欧盟委员会宣布从 2017 年或 2018 年初开始强制在新车上部署 eCall。MSD 传输所采用的解决方案是采用一个在语音信道中传输数据的带内调制解调器[1]。为了支持这种类型的连接，MNO 需要在指定日期之前升级其网络。欧盟委员会还指导 PSAP 的升级，以便正确分析接收到的信息，如 MSD。根据 eCall 驾驶小组的建议[7]，MSD 应以 140B 的格式发送，其中需包含以下信息：

● 控制信息：1B，用于指定是自动还是手动触发 eCall、是否为测试呼叫以及是否对提供的位置有把握。

● VIN：根据 ISO 3779 标准，发送车辆识别号（Vehicle Identification Number，VIN）需要 20B。由于并非所有成员国都能提供国内和国外注册车辆的 VIN 数据库，因此应进一步评估在 PSAP 上使用此信息的优势。

- 时间戳：4B，事故发生的时间应采用 UTC 标准。
- 位置：基于最后三个位置的纬度（4B）、经度（4B）和行驶方向（1B）。
- 服务提供方：在 IPv4 中，服务提供商的 IP 地址需要 4B，为可选字段。
- 可选数据：用于其他信息，最多 106B，为可选字段。

eCall 系统应该在所有参与国都能无缝工作，即，如果一名驾驶员在外国发生车辆事故，eCall 将按照该国的 PSAP 执行。

在 eCall 驾驶小组的建议中[7]，可以找到 eCall 服务链。如图 11.4 所示，该链有六个主要域。每个域的描述如下：

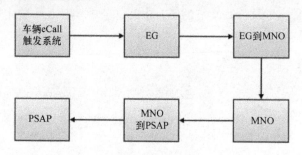

图 11.4　eCall 服务链

- 车辆 eCall 触发系统：由传感器组成，用于检测前方、侧方、后方和侧倾碰撞。触发应通过安全气囊模块和/或其他传感器数据（如陀螺仪、雷达、速度）的组合产生。基于速度变化的触发阈值也可以作为可选数据发送，以帮助 PSAP 预测严重伤害的可能性。eCall 也可以手动触发。
- EG：车载软件触发 eCall，从触发系统提供必要的信息，并通过带内模块启动 112 呼叫和 MSD 传输。
- EG 到 MNO：网络接收 112 呼叫和 MSD。
- MNO：移动网络运营商（MNO）通过 CLI、MSD 和蜂窝定位来完善 112 呼叫。
- MNO 到 PSAP：将完善的 112 调用转发到相应的 PSAP。
- PSAP：接听 112 语音电话，解码并可视化手机位置和 PSAP。

11.2　相关工作

大多数（并非全部）汽车生产公司都有自己的内置系统来监视和检测事故，如保时捷汽车连接（Porsche Car Connect，PCC）系统[21]。PCC 的辅助传感器安装在车辆保险杠中，用以协助检测正面碰撞，也可以用来检测侧倾，并触发帘式安全气囊和安全带预紧器。保时捷应用程序包括在发生事故时自动拨打紧急电话等功能，如果车辆被盗，在欧洲大部分地区都可以被定位。同样，此系统和大多数类似的系统仅限于特定制造商提供的可选配件，并需要为此承担高额的成本，忽视了低成本智能手机的可用性。

文献［29］中提出了一种利用智能手机的自动交通事故检测和通知机制，称为 WreckWatch。文章介绍了智能手机如何利用加速度计和声音数据自动检测交通事故，并在事故发生后通知中央应急服务器。但 WreckWatch 有许多局限性，如声音数据不足以检测交通事故、忽略了使用车载传感器进行检测等。

文献［2］中展示了基于 GPS 和 GSM 的事故检测和报告系统，GPS 主要用于监视位置，GSM 通过呼叫通知监控部门。文中所提出的算法存在许多不足，由于该算法没有对实际事故进行监测，仅将速度作为事故的一个参数，这与实际情况相差甚远。不仅使用 GPS，在文献［5］中，作者提出了一种在道路事故中提供紧急救援服务的综合系统。该系统（黑匣子）致力于建立一个商业基础设施，车辆安全部门可以利用这些设施加强车辆碰撞报告，使用运动传感器提供碰撞后分析，在图像中记录事件，并减少紧急救援到达事故地点所需的时间。文中所提议的系统只适合商业用途，因为它未考虑车载传感器及设备和手机可用的功能。除此之外，该系统的成本非常高，并非所有的汽车都可以进行改装。

对用于促进道路安全的 Android 和 iOS 应用程序库的调查显示，只有极少数的应用程序具有较高评分和积极的用户反馈。下面介绍此类应用的示例。

- SaveDrives：一种增强安全性的应用，但主要用于用户录制旅程视频和 GPS 跟踪。SaveDrives 声称提供了 SaveDrives 紧急服务，借助内置的加速度计检测严重事故，并通知用户的家人和朋友。但这一说法没有得到事故检测机制的技术细节的支持，也没有考虑具体的 eCall 实现。

- WreckCheck：一个车辆事故检查列表和移动应用程序，指导用户事故发生后应当考虑的必要步骤。该应用程序使用移动设备的定位服务、录音机和摄像头来记录事故。尽管该应用程序是由美国国家保险专员协会（National Association of Insurance Commissioners）[20] 提出的，其目的是协助索赔，但它忽略了一些属性，如考虑车载传感器的数据等。

- Avertino：安全增强性应用程序。生成基于位置的永久、定期甚至临时的道路危险警告。这些事件由应用程序用户报告，并由其他用户确认。当接近标记的位置时，应用程序通过视觉和听觉警报警告用户。它还提供了在地图上可视化所报告事件的可能性。适用于 iOS 和 Android 系统。

- iOnRoad Augmented Driving：另一个安全增强性应用。使用增强现实技术，通过摄像头实时分析用户驾驶时车辆前方的所有对象。当用户突破了车辆间所应保持的最小安全距离或接近出/入口时生成警报。适用于 iOS 和 Android 系统。

- CarSafe：一个提高驾驶员安全性的应用程序，该应用将来自车辆前后摄像头和手机内置传感器的信息结合起来，以检测不安全的驾驶状况。该应用程序主要用于监控驾驶员和路况并生成报警信息，不支持事故检测。

- Sprint Drive First：一个驾驶员辅助应用。它可以自动检测用户开车的时间、使手机静音并自动回复短信和电话。它不会检测到任何事故，也不会在发生事故时启动呼叫。

据作者所知，没有任何应用程序能实现自动事故检测（Automatic Accident Detection，AAD）和符合欧盟 ITS – G5 标准的 eCall 帮助请求。大多数可用的应用程序通过提供有关事故地点的信息或关于到达目的地的最短最安全的路线信息来帮助驾驶员。虽然，一些研究项目已经探索了 ITS 中智能手机的功能，但成果有限，而且大多数都是基于仿真的[25]。文献［19］中的工作描述了使用智能手机评估路面质量。该应用程序利用了现代智能手机的硬件功能，如加速度计和 GPS。汽车在坑洼处突然移动会产生加速度，这可以通过不同的方式对其加以解释。这些加速和位置（信息）通过网络报告给应用程序用户可以访问的 web 服务。应用程序中的地图会显示这些路面坑洼处，以便于驾驶员进行决策。在文献［4］中，Cano 等人提供一个通过蓝牙连接到车载 OBD – Ⅱ系统的 Android 应用程序，目的是利用智能手机的加速计和 OBD – Ⅱ安全气囊信号检测事故。当检测到 5g 或更高加速度或安全气囊信号被触发时，应用程序将启动 1min 倒数计时器。如果用户没有取消倒计时，则应用程序会将事件确认为意外事件并启动自动帮助请求过程。此过程包括向特定服务和预定义的用户联系人发送电子邮件和带有事故信息（如位置）的短消息服务（Short Message Service，SMS）。在发送 SMS 和邮件后，将拨打紧急服务电话。

其他一些类似的研究项目提供了事故检测的基本工作，但是没有集成智能手机和基于 IEEE 802.11p 的车辆通信的项目，并且缺乏 eCall 的 MSD 实现。

11.3　系统实现

为了提供 AAD 机制和 eCall 实现，已经开发了一个本地 Android 应用程序，并通过单板计算机（Single Board Computer，SBC）将其连接到 IT2S 平台。图 11.5 描述了硬件体系结构，而图 11.6 显示了所提议机制的整个原型实现。智能手机通过 USB 而非蓝牙连接到单板计算机，这样设计的原因有两个。首先，通过蓝牙连接时，智能手机会消耗更多的电量。其次，与 USB 连接相比，蓝牙通信很难保证实时性。

IT2S 平台[15]是由葡萄牙 Aveiro 电信研究所开发的 ITS – G5 平台，由以下两个研究项目资助：公路环境高级预警系统（HEADWAY）[3]和提高交通效率的智能协同传感（ICSI）[9]。该平台对本项目有用的主要特性是：可提供全球定位系统（GPS）接收器、两个射频（RF）模块、用于较低 MAC 和基带物理层实现的现场可编程门阵列（FPGA）以及通用串行总线（USB）连接，如图 11.5 所示。

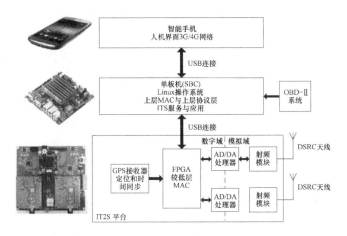

图 11.5　硬件体系结构

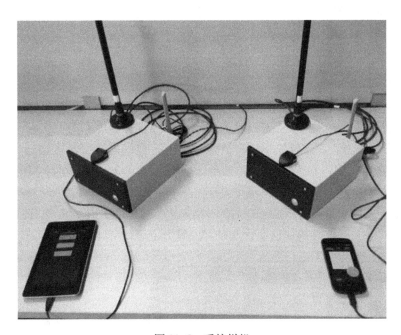

图 11.6　系统样机

IT2S 平台通过 USB 对外通信。Android 设备与 IT2S 平台集成为一个应用程序单元（Application Unit，AU），以持续交换数据。交换的数据有两种类型：车辆传感器数据和道路危险警告（Road Hazard Warnings，RHW）数据。使用 OBD – Ⅱ 协议从车辆收集的车辆传感器数据从车辆传递到设备。RHW 数据可以通过设备（RHW 手动报告或 AAD）和车辆（输入 RHW）进行传输。为了管理这些数据，图 11.7 描绘了由两个通信实体认可的数据帧。如图 11.7a 所示，OBD – Ⅱ 数据帧由帧类型、参数标识符（Parameter Identificator，PID）和值组成。帧类型指示符用一个字节编码，表示帧所携带的数据类型。OBD－Ⅱ信号 PID 字段由两个字节编码，表示 OBD－Ⅱ信号（速度、安全气囊等），值字段包含信号的值/数量。对于大多数信号，需要两个或四个字节来编码这些数据。

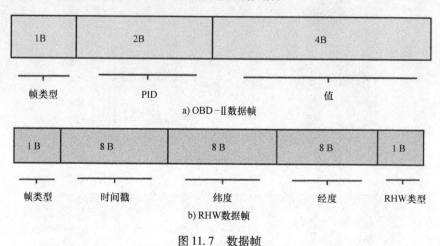

图 11.7　数据帧

图 11.7b 显示了 RHW 数据帧。与 OBD－Ⅱ数据帧一样，该帧包含一个用一个字节编码的帧类型指示符，后跟 RHW 时间戳、纬度、经度和类型。时间戳、纬度和经度分别用 8 个字节编码。RHW 类型用一个字节编码。USB 连接还可以为 Android 设备充电，因为它提供 500mA 的电流，该电流允许设备在运行 ADA 时保持充电状态。

智能手机由于其硬件资源和软件（可编程）功能而被作为应用程序单元。此外，它还提供了三轴直线加速度计和估算 ASI 所需的计算能力，从而起到 AAD 的作用。此外，全球移动通信系统（Global System for Mobile Communications，GSM）/通用分组无线服务（General Packet Radio Service，GPRS）的功能有助于 eCall 的实现。开发的应用程序可以细分为两个模块：

- 界面设计：与图形用户界面元素有关，如图标、颜色、布局、图像和视觉效果。

- 应用内核：与应用程序的功能有关，它允许 GUI 元素在需要时执行任务以及处理 AAD 和 eCall。

11.3.1　界面设计

该应用程序中"通知"GUI 布局如图 11.8 所示。它由一个大的方形面板组成，根据与特定事件的距离，将颜色改为绿色、黄色和红色。主正方形面板有一个灰色圆圈，显示有关事件类型的文本信息，在主屏幕的左下角还有一个"设置"按钮，用以配置程序设置。"通知"的设计目的旨在通过显示道路危险警告以及其在行驶路线中的确切位置来警告驾驶员注意道路危险。布局设计简单，用户可以一目了然地找到所需信息。在图 11.8d 的"报告"中，用户可以通过点击按钮来发送有关当前车辆所在位置的交通、危险位置和事故的报告。该报告还通过 IT2S 平台广播到附近的 IT2S 或其他 ITS – G5 平台。因此，与运行此应用程序的平台连接的每个设备都将在其"通知"上显示该事件。OBD – Ⅱ信息（图 11.8e）显示了连接到 SBC 的 OBD – Ⅱ读取器的信息。图 11.9a 展示了 eCall 配置界面。在这里，用户可以设置国家紧急联系电话（eCall 中心的联系电话）以及其他紧急情况下需要通知的联系电话。当应用程序检测到事故或车辆侧翻时，将初始化一个倒计时事件并向用户显示，如图 11.9b 所示。倒计时为用户提供足够的时间，以便在错误检测的情

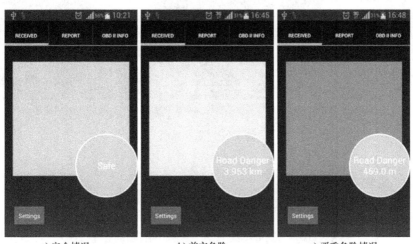

a) 安全情况　　　　　　　　　　b) 前方危险　　　　　　　　　　c) 严重危险情况

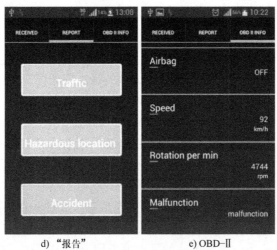

d)"报告"　　　　　　　　e) OBD–Ⅱ

图 11.8　"通知"GUI

况下（例如，在电话掉线的情况下）取消启动 eCall 或其他相关活动。一旦倒计时周期结束，将执行 eCall（电话呼叫 + 发送 MSD），并将广播事件发送到 IT2S 平台，如图 11.9c 所示。

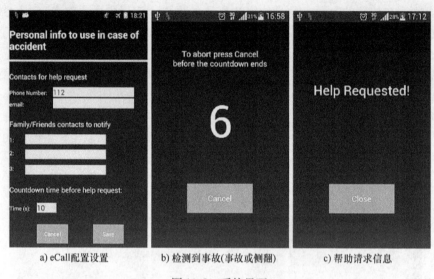

a) eCall配置设置　　　　b) 检测到事故(事故或侧翻)　　　　c) 帮助请求信息

图 11.9　系统界面

11.3.2　应用内核

11.3.2.1　活动图

为了更深入地阐述 HDy Copilot 的行为，我们制作了一个活动图。该图图形化地表示了 HDy Copilot 的工作流，即，由系统功能及其与用户和其他参与者的交互产生的过程。

在活动图中，圆边框对象称为动作。这些动作定义了应用程序如何处理某些情况，并共同描述了应用程序的工作流。方形对象是注解。在这种类型的图中，可以通过分离/加入来表示并行操作。HDy Copilot 的活动图如图 11.10 所示。当 Android 设备通过 USB 连接到 IT2S 平台时，应用程序就会启动。在 Android 中有一个活动负责启动应用程序。在这种情况下是"MainActivity"。一旦创建了该活动（通过"onCreate（）"回调方法创建活动），它将启动一个名为"USB service"的服务来建立 USB 会话。如果会话初始化成功，则应用程序开始与 IT2S 平台交换数据。当应用程序启动时，MainActivity 创建"Received""Report"和"OBD – Ⅱ"活动，并实例化一些所需的数据，如传感器、定位系统等。此外，它还执行预设动作。该动作的子活动图如图 11.11 所示。如果数据库为空（当应用程序第一次启动时发生），则启动"UserSetting"活动。如果数据字段已正确归档，则数据将保存到数据库中，然后通过回调方法"onStop（）"结束"UserSettings"活动。由于大多数设备都有 GPS 定位系统，可以提供十分精确的定位数据，HDy Copilot 将 GPS 用于其 ADA、RHW 手动报告和用户与传入 RHW 之间距离的计算。

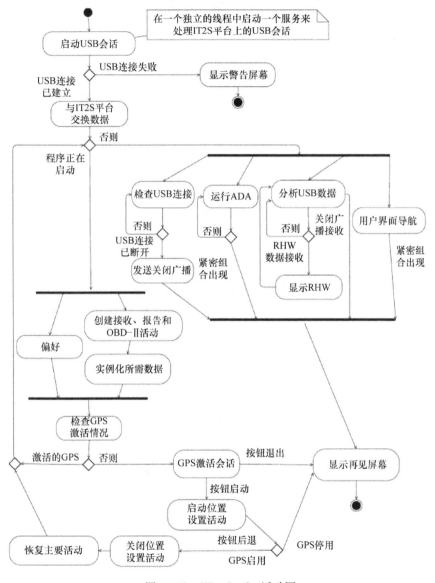

图 11.10　HDy Copilot 活动图

如果 GPS 没有被启用，则会提供给用户一个对话框，提示用户有两个选择：一是按下 "Enable" 按钮，这将启动 "Location Settings" 活动（该活动不属于该应用程序）；二是按下 "Quit" 按钮，将在屏幕上显示 "goodbye"。如果用户处在 "Location Settings" 活动中，则可以启用 GPS。当点击设备后退按钮导航回 HDy Co-

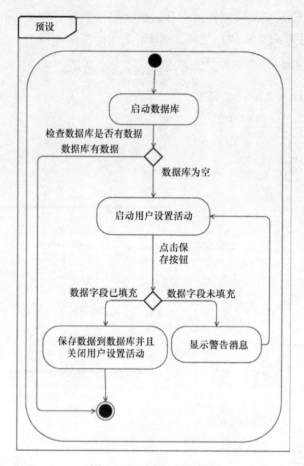

图 11.11　预设子活动图

pilot 时，再次进行验证，如果未启用 GPS，应用程序将在屏幕上显示"goodbye"并终止应用。如果已启用 GPS，"Location Setting"活动将关闭，"MainActivity"将恢复，并向用户显示应用 GUI。

此时，应用程序启动结束，且没有处于运行状态。ADA 启动并开始执行。"Run ADA"动作的右侧还有一个靶形符号。为了简单起见，稍后描述该动作的子活动，如图 11.15 所示。

数据与 IT2S 平台持续交换数据，OBD - Ⅱ消息和 RHW 是交换的两种类型的数据。系统不断分析传入的数据帧，并在收到 RHW 数据帧的情况下，将其信息显示给用户。图 11.12 对该子活动图进行了说明和描述。应用程序工作流程的另一个重要方面是用户与它的交互。此交互绑定在用户界面导航操作中。该动作的子活动如图 11.13 所示。

11.3.2.2　事故检测算法

事故检测算法（Accident Detection Algorithm，ADA）是 eCall 系统的核心，旨

在为 AU 提供自动检测车辆事故的方案。为了正确识别车辆事故，系统应同时检测碰撞和翻车事故。车辆碰撞会产生一定的加速度值，可用于预测对乘客造成伤害的严重性。如前所述，在欧洲使用加速度严重性指数（Acceleration Severity Index，ASI）来评估涉及路侧安全硬件的完全碰撞测试中潜在的乘客风险。文献［22，27，28］的作者研究了事故中产生的加速度，并将商定的阈值设为 $4g(g = 9.8 \mathrm{m/s}^2)$，超过该值就会导致事故的发生。因此，在我们的系统中，我们使用阈值 $4g$ 和 ASI 指标，即用阈值评估是否发生碰撞，用 ASI 指标评估伤害的严重程度。在实验室的测试中达到了 $4g$ 的阈值，证明可以使用智能手机检测加速度。

要正确检测碰撞，车辆和智能手机必须经受相同的非弹性约束，以使智能手机感受到的力与车辆相等。为此，应在手机支架或类似解决方案的协助下将智能手机牢固地放置在车辆中。用于检测碰撞的另一种方法是安全气囊弹开。这些信息可以通过车载诊断（On – Board Diagnostic，OBD）系统传输的 OBD – II 信息获得。

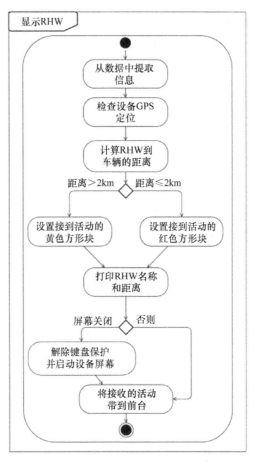

图 11.12　"RHW"动作的子活动图展示

为了检测翻车事故，事故检测算法使用传感器融合技术不断监测智能手机的方向。通过使用 Android 传感器管理接口，设备方向是通过使用加速度计和磁力仪数据、调用"SensorManager. getorientation（）"方法来确定的。由于磁力计的存在，该方法的输出是带有高频噪声的数据。为了消除噪声，采用了低通滤波器。另一方面，利用传感器融合算法从陀螺仪中提取数据。然后将这些数据乘以采样间隔以确定旋转增量。设备的方向是所有旋转增量的总和。为了消除产生的漂移，采用了高通滤波器。最终所得到的方向是来自加速度计/磁力计方向的低频分量和陀螺仪方向的高频分量之和。传感器融合流程图如图 11.14 所示。

最终输出相对于初始位置的 X、Y 和 Z 方向的变化（以度为单位）。当智能手机在 Z 轴上从其初始位置旋转至少 45°时，将做出翻车事故发生的认定。

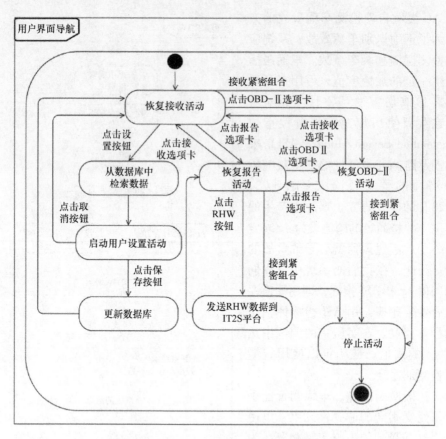

图 11.13　用户界面导航子活动图

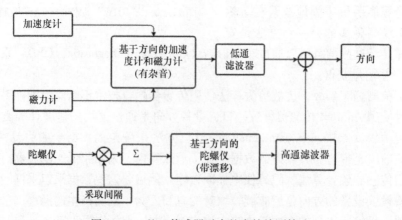

图 11.14　基于传感器融合的事故检测算法

　　"Run ADA" 活动图如图 11.15 所示。在算法初始化之后，它将持续执行状态直到应用程序终止。该算法使用了 Android 智能手机的线性加速度计、磁力计和陀螺仪传感器。此外，该算法还使用车辆传感器数据，尤其是安全气囊展开信号。通过传感器数据以及用户不中止事故验证的决定，用于评估事故是否发生。

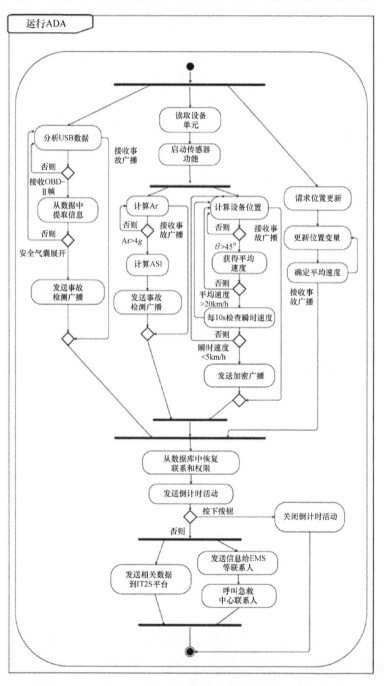

图 11.15　事故检测算法的活动图

　　算法被初始化后，它会持续监视三个数据源：传入的 USB 数据帧、所需的设备传感器和设备 GPS 位置更新。它们由"分析传入的 USB 数据""读取设备传感器"和"请求位置更新"操作来表示。传感器融合技术应用于每一个新的传感器样本。当以下三种情况之一发生时，该算法会检测到事故：安全气囊弹开、翻车或碰撞。该算法不断分析传入的 USB 数据，特别是 OBD – Ⅱ 数据帧。接收到这些帧后，就会进行数据提取，并且如果该数据携带安全气囊弹开的信号，则验证事故发生并发出事故检测广播。

　　系统不断以相同的采样频率对设备的传感器（数据）进行分析，并在启动时进行校准。然后在每个新样本上读取传感器（数据）并应用融合传感器技术（线性加速度计除外）。当加速度低于 $4g$ 阈值时，对下一个样本重复该过程。如果超过 $4g$ 阈值，则验证碰撞发生，算法继续进行 ASI 计算和事故警报传输。如果装置的（现有）位置与初始位置相差超过 45°，则检查装置的平均速度，这个平均速度是使用 GPS API 计算的，并不断更新。如果平均速度大于 20km/h，这个过程将继续进行，否则它将忽略位置变化并再次计算。实施了速度验证以避免误报。20km/h 阈值是根据设备位置更改前的最后 10s 计算得出的。此阈值确保车辆在翻车之前保持行驶状态。设备位置更改后，算法对瞬时速度进行为时 10s 的检查。在翻车之后，车辆通常是固定不动的。在这种情况下，瞬时速度应该为 0。由于已验证低速下 GPS 速度计算不一致，因此使用的阈值为 5km/h。如果瞬时速度低于 5km/h，算法将验证翻车发生并广播警报消息，否则将重复该过程。等待时间和平均速度阈值都是可配置的值，仅用于演示目的，如果在实际测试中证明它们无效，则可以对其进行修改。

　　一旦三个事故检测器验证了一个事故的发生，该算法就开始检索数据库中存储的信息并启动"Countdown"。倒计时时间由用户在"UserSetting"中配置。

　　事故警报由两个渠道广播。第一种是车联网，通过 IT2S 平台发送包含道路危险警告的分散环境通知信息（Decentralized Environmental Notification Message，DENM）。第二种是紧急医疗系统（Emergency Medical System，EMS），通过执行 eCall。在开发过程中，已验证使用所提供的 API 很难执行 eCall。解决这个问题的办法是发送一条包含 eCall 最小数据集的 SMS，然后语音呼叫 EMS。在 SMS 中，仅仅不包括车辆识别码（Vehicle Identification Number，VIN）。这是因为 eCall 负责机构仍在评估是否在实际生活中使用它。发送到 EMS 的 SMS 也会发送到存储的朋友/家庭联系人。

　　为了实现所需的功能，我们提供了下列软件服务：

- Android 管理器：是一种处理智能手机和其他外设之间通信和事件的服务。
- OBD – Ⅱ 管理器：负责读取和发送 OBD – Ⅱ 数据。
- IT2S 管理器：管理广播消息并将其发送到 IT2S 平台。

11.4　系统验证

在实施 HDy Copilot 后，将进行实验室测试以评估其鲁棒性和缺点。HDy Copi-lot 最重要的功能是 AAD（自动事故检测）机制和 eCall。开发了事故检测算法用以在发生碰撞或者翻车时检测事故，并执行 eCall。已经进行了一些测试，以评估该算法和设备本身是否能够检测这两种类型的事故。安全气囊弹开信号没有经过验证，因为该实验需要实车验证。

11.4.1　碰撞检测试验

ADA 利用安全气囊 OBD – Ⅱ信号和智能手机内置的线性加速度计来检测碰撞。加速度计输出三轴感知的加速度，不受重力的影响。为了验证事故，最终加速度（$\overrightarrow{ar}$）必须大于或等于 $4g$，如算法部分所述。进行的第一项测试是评估智能手机线性加速度计是否能感知到该量级的加速度。为了获得更大的加速度，需要速度产生较大变化，这种速度上的突然变化很难在不损坏设备的情况下实现。为了解决这个问题，加速度值是通过剧烈摇动设备产生的。

图 11.16 显示了在第一次测试中采样时间内所产生的 $\overrightarrow{ar}$ 值，在第一次试验中，设备剧烈晃动过一次（一次摆动）。采样时间是测试期间记录的每个新的线性加速度传感器采样在协调时间（Coordinated Universal Time，UTC）中的时间戳。此次测试的脉冲最大值是在 1382467055930 UTC 时刻记录的 $\overrightarrow{ar} = 4.441g$。这表明，加速度值有可能超过 $4g$ 阈值，而且一旦 $\overrightarrow{ar}$ 值大于阈值，设备就可以检测到碰撞。该测试的 ASI 变化如图 11.17 所示，检测到的最大 ASI 值是 ASI = 0.34，这时 ASI 处于等

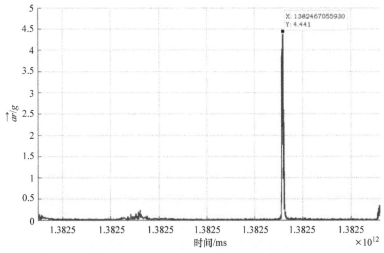

图 11.16　微弱脉冲下加速

级 A——最不严重级别。

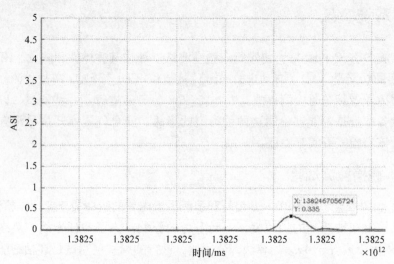

图 11.17　微弱脉冲产生的 ASI 值

　　图 11.18 显示了脉冲的放大图。该脉冲持续了大约 505ms。如图 11.18 所示，使用上升时刻（1382467055629 UTC）和下降时刻（1382467056134 UTC）离 $\vec{ar}=1g$ 最近的样本之间的运行时间进行测量。通过这种测试（一次摆动），不可能显著提高 $\vec{ar}$ 和 ASI，因此事故的严重程度不足以启动 AAD。

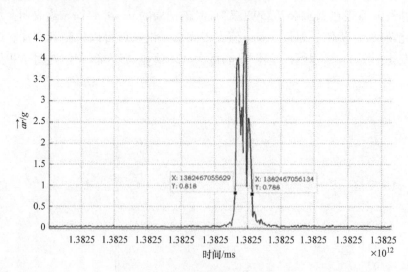

图 11.18　微弱脉冲放大图

　　这意味着对于较大的 $\vec{ar}$ 脉冲宽度，得到的 ASI 最大值应该更大。为了证明这一说法，进行了另一项试验，其中包括几次剧烈摇晃设备（几次摆动），以便在较长一段时间内保持较高的 $\vec{ar}$ 值。图 11.19 给出了测试结果。此时 $\vec{ar}$ 最大值为 $\vec{ar}$ = 4.461g，脉冲宽度为 1918ms。脉冲放大图如图 11.20 所示，最大 ASI 如图 11.21 所示。该脉冲产生的最大 ASI 值为 ASI = 1.73，如图 11.21 所示，相应的 ASI 处于 C 级。由此得出的结论是，应用程序将报告的 ASI 级别不仅取决于最大 $\vec{ar}$ 值，而且还考虑了碰撞的方向。

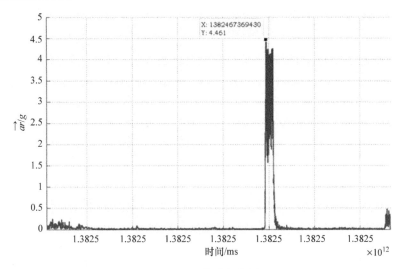

图 11.19　脉冲变化图

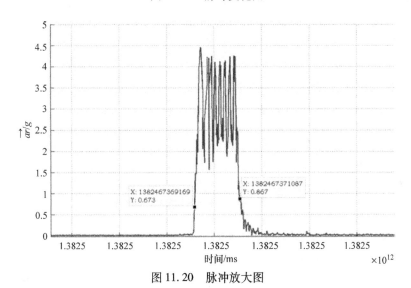

图 11.20　脉冲放大图

11.4.2　翻车检测试验

为了检测是否发生翻车，将验证其 Z 轴（方位角）相较于设备初始位置应发

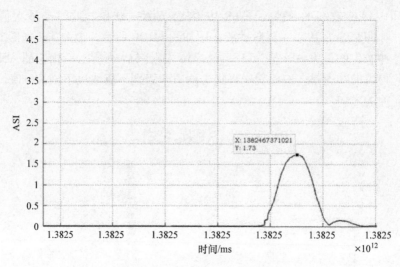

图 11.21　最大 ASI 脉冲放大图

生超过 45°的变化。翻车验证考虑了车辆的平均速度和位置变化后的瞬时速度。该项测试的目的是验证传感器融合技术的输出是否准确。它基于在平板上将设备从纵向模式（初始位置）更改为横向模式。这个测试只允许在设备的 Z 轴上旋转，X 轴和 Y 轴旋转无效。图 11.22 给出了测试结果。实验结果表明，传感器融合技术正确捕捉到了人像与景物之间的位置变化为 90°。通过这些结果，可以得出设备位置被正确检测的结论，从而允许应用程序检测翻车。

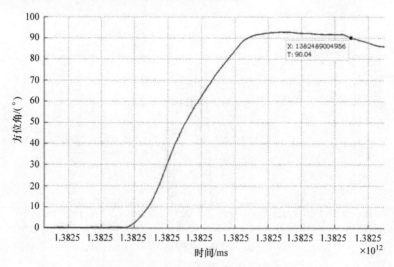

图 11.22　方位角（Z 轴旋转）变化

11.4.3　鲁棒性测试

在验证了基于设备传感器检测事故的能力之后，将在不同的场景中测试应用程序行为，以评估其鲁棒性。这些测试已在运行时对应用程序执行，表 11.2 ~ 表 11.4记录并显示了观察到的各种行为。

第一个鲁棒性测试的目的是验证翻车。它以平均速度（$\overline{v}$）和瞬时速度（v_i）运行。一旦应用程序检测到翻车，它就会启动应用程序的"Countdown"。与预期一致，只有当平均速度≥20m/s 和瞬时速度≤5m/s 时，才验证发生翻车。从翻车验证到启动"Countdown"之间的运行时间为690ms，这证明应用程序响应速度很快。运行的不同测试结果见表 11.2。

当启动"Countdown"后，如果倒计时不被中断，HDy Copilot 进行警报传输：数据在10494ms 后发送到 IT2S 平台，SMS 在10094ms 后发送，语音通话在5093ms 后发送 SMS。这些时间测量值仅仅是一项测试的结果，该值提供了一种如何处理警报广播的思路，见表 11.3。在这个特殊的测试中，倒计时时间设置为10s，以验证是否在倒计时计数器到期后已将 SMS 和数据发送到 OBU。发送 SMS 后，一旦收到发送确认，将执行呼叫。处理时间取决于移动网络提供商，而不是直接取决于应用程序，因此在测试中没有考虑这一点。收到 SMS 传送的确认后，应用程序将等待5s 后启动语音呼叫。实践证明，这个等待时间在整个应用程序开发过程中是必需的，以确保 GSM 连接不被阻塞，否则呼叫可能失败。

最后一次测试用于评估 HDy Copilot 在检测事故和发布道路危险警告方面的后台执行能力。实验结果表明，如表 11.4 所示，应用程序并不完全依赖 USB 连接来检测事故。如果 USB 连接中断，HDy Copilot 与 IT2S 平台的通信将终止；此外，它将停止接收 OBD - Ⅱ数据，因此，车辆安全气囊弹开的信号将不会触发警报广播。但是，与 IT2S 断开连接并不会停止应用程序的执行。例如，在一场真实的车祸中，智能手机可能会从它的支架上掉落，导致 USB 线脱落。在这种情况下，应用程序继续执行，能够检测碰撞、翻车并执行已经实现的 eCall 解决方案，并通知用户已设置好的联系人。当与 IT2S 平台断开连接时，HDy Copilot 也停止接收和报告道路危险警告，因为其设计为仅通过 USB 与 OBU 互通消息。

表 11.2　翻车检测鲁棒性测试

翻车旋转（$\theta \geqslant 45°$）		
场景	响应	检验时间/ms
$v = 21$ 和 $v_i = 4$	无事发生	—
$v = 19$ 和 $v_i = 10$	无事发生	—
$v = 19$ 和 $v_i = 4$	无事发生	—
$v = 20$ 和 $v_i = 5$	倒计时启动	625

表11.3 帮助请求过程的运行时间

开始事件	结束事件	检验时间/ms
倒计时活动启动	向 OBU 发送数据	10494
倒计时活动启动	向 OBU 发送数据	10094
SMS 传送	执行呼叫	5093

表11.4 后台运行鲁棒性测试

事件	场景	响应
检测到冲突	USB 连接	帮助请求已全部结束
检测到冲突	USB 断开连接	帮助请求结束，无数据发送到 OBU
检测到翻车	USB 连接	帮助请求已全部结束
检测到翻车	USB 断开连接	帮助请求结束，无数据发送到 OBU
接收到 RHW	USB 连接	接收到的活动发送到前台

11.5 结论

与供应商特定的内置系统相比，使用智能手机作为事故检测平台提供了一种低成本且便携的解决方案。本章提出了一种基于 Android 智能手机、OBD－Ⅱ数据、车间通信和集成 eCall 的事故检测机制。HDy Copilot 是为 Android 操作系统开发的，因为它提供了开源 API，允许访问其几乎所有的硬件。该应用程序使用加速度严重性指数来评估涉及路侧安全硬件的完全碰撞测试中潜在的乘客风险。一旦事故探测器确认发生了事故，算法就开始倒计时。在发生事故（碰撞和翻车）时，DENM消息将广播到附近的所有车辆，同时向紧急号码发送 SMS 和语音呼叫。为了进一步控制误报，仅当驾驶员未能中断倒计时序列时才会发送警告通知，该倒计时序列由事故检测算法自动启动。通过进行碰撞和鲁棒性测试，对系统进行了全面的评估和功能验证。

参 考 文 献

1. 3GPP, eCall data transfer; In-band modem solution. TR 26.967. 3rd Generation Partnership Project (3GPP), Oct 2012. http://www.etsi.org/deliver/etsi_tr/126900_126999/126967/11.00.00_60/

2. M.S. Amin, J. Jalil, M.B.I. Reaz, Accident detection and reporting system using GPS, GPRS and GSM technology, in *2012 International Conference on Informatics, Electronics & Vision (ICIEV)* (IEEE, 2012), pp. 640–643

3. Brisa Inovação, HEADWAY—Connecting vehicles and highways. http://www.brisainovacao.pt/en/innovation/projects/headway (2015)

4. J. Carlos Cano et al., Providing accident detection in vehicular networks through OBD-II devices and android-based smartphones, in *Proceedings of the 5th IEEE Workshop On User Mobility and Vehicular Networks* (2011)

5. S. Chaklader et al., Black Box: an emergency rescue dispatch system for road vehicles for instant notification of road accidents and post crash analysis, in *2014 International Conference on Informatics, Electronics & Vision (ICIEV)* (IEEE, 2014), pp. 1–6
6. eCall Driving Group, Recommendations of the DG eCall for the introduction of the pan-European eCall. TS, Apr 2006
7. eCall Driving Group, Recommendations of the DG eCall for the introduction of the pan-European eCall. TS. Safety Forum. http://www.ecall.fi/Position_papers_DG_eCall_v2.pdf
8. European Commission, eCall: automated emergency call for road accidents mandatory in cars from 2015. http://europa.eu/rapid/pressrelease_IP-13-534_en.htm (2014)
9. European Commission, Intelligent cooperative sensing for improved traffic efficiency. http://www.ict-icsi.eu/ (2015)
10. European Commission, Statistics—accidents data. http://ec.europa.eu/transport/road_safety/specialist/statistics/index_en.htm (2015)
11. European Commission, Statistics—accidents data. http://ec.europa.eu/transport/road_safety/specialist/statistics/index_en.htm
12. European Committee for Standardization, Intelligent transport systems—eSafety—eCall: HGV/GV additional data concept specification. Technical report, Sept 2011
13. European Committee for Standardization, Road restraint systems—Part 1: Terminology and general criteria for test methods. Technical report, July 2010
14. European Committee for Standardization, Road restraint systems—Part 2: Performance classes, impact test acceptance criteria and test methods for safety barriers including vehicle parapets. Technical report, July 2010
15. J. Ferreira et al., Fail silent road side unit for vehicular communications, in *Proceedings of Workshop ASCoMS (Architecting Safety in Collaborative Mobile Systems) of the 32nd International Conference on Computer Safety, Reliability and Security* (2013)
16. L. Figueiredo, Sistemas Inteligentes de Transporte. Ph.D. thesis. Faculdade de Engenharia da Universidade do Porto, Feb 2005
17. D. Gabauer, H.C. Gabler, Evaluation of threshold values of acceleration severity index by using event data recorder technology. Transp. Res. Rec. J. Transp. Res. Board **1904**(1), 37–45 (2005)
18. E. Henriksson, M. Ostrom, A. Eriksson, Preventability of vehicle-related fatalities. Accid. Anal. Prev. **33**, 467–475 (2001)
19. G. Kanonirs et al., Towards vehicular sensor networks with android smartphones for road surface monitoring, in *Proceedings of the Second International Workshop on Networks of Cooperating Objects (CONET'11)* (2011)
20. National Association of Insurance Commissioners. http://www.naic.org/ (2015)
21. Porsche AG, Porsche Car Connect (PCC). http://www.porsche.com/usa/models/macan/macan-s/comfort/car-connect (2015)
22. D. Punetha, D. Kumar, V. Mehta, Article: design and realization of the Accelerometer based Transportation System (ATS). Int. J. Comput. Appl. **49**(15), 17–20 (2012)
23. D. Punetha, D. Kumar, V. Mehta, Design and realization of the accelerometer based transportation system. Int. J. Comput. Appl. **50** (2012)
24. M. Shojaati, Correlation between injury risk and impact severity index ASI. ETH Zurich (2003)
25. F.A. Teixeira et al., Vehicular networks using the IEEE 802.11p standard: an experimental analysis. Veh. Commun. **1**(2), 91–96 (2014). ISSN: 2214-2096
26. C. Thompson et al., Using smartphones to detect car accidents and provide situational awareness to emergency responders, in *Mobile Wireless Middleware, Operating Systems, and Applications* (Springer, 2010), pp. 29–42
27. C. Thompson et al., Using smartphones to detect car accidents and provide situational awareness to emergency responders, in *MOBILWARE'10* (2010), pp. 29–42
28. S. Weiner, Feasibility of a 802.11 VANET Based Car Accident Alert System. http://origin.www.ieee.org/documents/weiner_feasibility_802.11.pdf (2010)
29. J. White et al., Wreckwatch: automatic traffic accident detection and notification with smartphones. Mobile Netw. Appl. **16**(3), 285–303 (2011)

北京市版权局著作权合同登记　图字：01‑2019‑6040 号。

图书在版编目（CIP）数据

智能交通系统：提高道路安全的可靠车辆通信/（葡）穆罕默德·阿拉姆，（葡）若阿金·费雷拉，（葡）若泽·丰塞卡编著；惠飞等译 . —北京：机械工业出版社，2022.3

（智能交通先进技术译丛）

书名原文：Intelligent Transportation Systems：Dependable Vehicular Communications for Improved Road Safety

ISBN 978‑7‑111‑70369‑3

Ⅰ.①智…　Ⅱ.①穆…　②若…③若…④惠…　Ⅲ.①交通运输管理 – 智能系统　Ⅳ.①U495

中国版本图书馆 CIP 数据核字（2022）第 041844 号

机械工业出版社（北京市百万庄大街 22 号　邮政编码 100037）
策划编辑：李　军　　　　责任编辑：李　军　丁　锋
责任校对：梁　静　王明欣　封面设计：鞠　杨
责任印制：单爱军
北京虎彩文化传播有限公司印刷
2022 年 7 月第 1 版第 1 次印刷
169mm×239mm·14.75 印张·8 插页·302 千字
标准书号：ISBN 978‑7‑111‑70369‑3
定价：169.00 元

电话服务　　　　　　　　　网络服务
客服电话：010‑88361066　机 工 官 网：www.cmpbook.com
　　　　　010‑88379833　机 工 官 博：weibo.com/cmp1952
　　　　　010‑68326294　金 书 网：www.golden‑book.com
封底无防伪标均为盗版　机工教育服务网：www.cmpedu.com